Knaur
MensSana

Über die Autorin:

Caroline Myss arbeitete als Journalistin und Herausgeberin für den amerikanischen Verlag Stilpoint. Seit 1982 lehrt sie gemeinsam mit Dr. Norman Shealy, dem Gründer der »American Holistic Medical Association«, die intuitive Diagnose, mit deren Hilfe man in der Lage ist, Erkrankungen präzise zu diagnostizieren und die Gesundheit wiederherzustellen. Myss gilt als *die* Kapazität auf dem Gebiet der Energie-Medizin. Sie hält weltweit Vorträge sowie Seminare und lebt in Chicago.

Caroline Myss

Mut zur Heilung

Wie Sie Ihre Energien nutzen, um gesund zu werden

Aus dem Amerikanischen
von Marita Böhm

Knaur
MensSana

Die amerikanische Originalausgabe erschien 1997 unter dem Titel
»Why People Don't Heal and How They Can«
bei Harmony Books, New York

Besuchen Sie uns im Internet:
www.knaur.de

Vollständige Taschenbuchausgabe 2002

Umschlaggestaltung: Agentur Zero, München
Satz: Ventura Publisher im Verlag
Druck und Bindung: Nørhaven Paperback A/S
Printed in Denmark
ISBN 3-426-87135-1

2 4 5 3

Dieses Buch widme ich
mit großer Liebe und Wertschätzung
Rachel Naomi Remen
und Daniel Lowenstein
dafür, daß sie
in mein Leben eingetreten sind.

Inhalt

Einführung
Was ist Energiemedizin?

Ich habe dieses Buch geschrieben, um Ihnen eine neue Sicht von Gesundheit zu vermitteln, besonders in Hinblick darauf, warum wir manchmal nicht gesund werden und wie wir es dennoch werden können. Es kann den Anschein erwecken, daß ich das Thema Heilung durch die Hintertür betrete, da ich der Frage, warum wir in einer Krankheit verharren, soviel Beachtung schenke, aber ich glaube, daß viele vor dem Gesundwerden fast genausoviel Angst haben wie vor einer Krankheit. Indem wir verstehen, wie Angst und andere negative Emotionen sich ungünstig auf die Heilung auswirken, vermögen wir leichter zu erkennen, wie wir, bewußt oder unbewußt, unseren eigenen Heilungsprozeß behindern.

Mir ist inzwischen klargeworden, daß die Annahme, daß jeder gesund sein oder werden will, nicht nur irreführend, sondern auch potentiell gefährlich ist. Eine Krankheit kann beispielsweise ein wirksamer Weg sein, um Aufmerksamkeit zu erhalten, die einem ansonsten nicht zuteil wird – als eine Form von Macht kann sie fast als reizvoll erscheinen. Ferner kann eine Krankheit Ihnen die Botschaft vermitteln, daß Sie Ihr Leben wirklich gründlich ändern müssen. Weil Veränderungen zu den erschreckendsten Aspekten des Lebens zählen, können Sie eine Veränderung vielleicht mehr fürchten als eine Krankheit und darum immer wieder aufschieben.

Ein zentrales Mißverständnis der heutigen ganzheitlichen

Betrachtungsweise ist der Glaube, daß Krankheit aus persönlicher Negativität hervorgeht, entweder aus tragischen vergangenen Erfahrungen, aus negativen Einstellungen, die unseren Geist und unseren Körper vergiften, oder aus einem im früheren Leben angesammelten schlechten Karma. Doch Negativität ist nicht der einzige Ursprung von Krankheit: Sie kann auch als die Antwort auf ein Gebet auftreten. Sie kann uns körperlich auf einen Weg der Einsicht und des Lernens führen, den wir sonst nie betreten würden. Sie kann ein Katalysator dafür sein, das persönliche Bewußtsein und das Verständnis für einen höheren Lebenssinn zu erweitern.

Wie furchtbar eine Krankheit sein mag, sie ist auch eine Einladung dazu, sich auf die Natur des Geheimnisses einzulassen. Unser Leben setzt sich aus einer Reihe von Geheimnissen zusammen, die wir zwar ergründen sollen, die aber zugleich ungelöst bleiben sollen. Wir sollten mit den Fragen leben, die wir uns über unser Leben stellen, sie sogar als Gefährten benutzen und uns von ihnen in die tiefsten Winkel unseres Wesens führen lassen, in denen wir das Heilige entdecken. Ich hoffe, daß dieses Buch Ihnen helfen wird, Möglichkeiten zu erschließen, die Bedeutung von Krankheiten und anderen Herausforderungen des Lebens neu zu formulieren, und sich tiefer in Ihre Geheimnisse und weiter auf Ihrem persönlichen Weg zur Beherrschung des Geistes zu bewegen.

Auch wenn eine Krankheit Ihnen helfen kann, Ihre grundlegende Ganzheit, Ihre Einheit mit Gott, den Menschen und allen Lebewesen zu finden, müssen Sie nicht krank werden, um anzufangen, Ihren Geist zu verstehen und Ihr Leben zu heilen. Ich habe festgestellt, daß Menschen anfangen sich als heil zu erkennen, wenn sie von dem erfahren, was ich als »Energiemedizin« bezeichne. Der Energiemedizin zufolge ist der menschliche Geist eine Manifestation von Energie. Der menschliche Körper besitzt sieben Energiezentren, die im Hindu-System Chakras genannt werden. Jedes Chakra entspricht in etwa einem Bereich im physischen Körper. Ich stelle mir die Chakras gern als »energetische« Disketten oder Datenbanken vor, die alle möglichen Informationen sammeln. In meiner Arbeit habe ich festgestellt, daß diese sieben Energiezentren mit den sieben christlichen Sakramenten und den zehn Sephiroth des Lebensbaumes in der jüdischen kabbalistischen Tradition übereinstimmen, die allesamt die verschiedenen Fragen und Herausforderungen des Lebens symbolisieren.

Unser Geist entwickelt sich in sieben Phasen des spirituellen Wachstums zu Reife und zunehmender Selbsterkenntnis. Im Laufe dieser Phasen eignen wir uns verschiedene Arten von persönlicher Macht an. Die Chakras – und ihre Entsprechungen in den Sakramenten und dem Lebensbaum – kennzeichnen einen inneren Weg der spirituellen Entwicklung. Sie bilden die Stufen, auf denen sich unser persönlicher Weg zum Erwachen eines höheren Bewußtseins entfaltet. Indem wir die Sprache der Chakras lernen und die spirituellen Eigenschaften nähren, können gleichzeitig unsere physischen Körper gestärkt werden, und es kann uns helfen, eine Krankheit zu heilen oder unsere Gesundheit zu erhalten.

Ben hatte Prostatakrebs, als er an einem meiner Workshops teilnahm, und er sprach sofort darauf an, als ich die Übereinstimmungen zwischen den Chakras, den Sakramenten und dem Lebensbaum erläuterte. Für ihn stellten sie eine neue Sprache der Heilung dar. Er fing an, die Vorstellungen aus dem Workshop, so wie ich sie auch in diesem Buch aufzeige, für seine Heilung anzuwenden. Immer wenn er einen Termin bei seinem Arzt hatte, sprach er zuvor ein Gebet oder ein Mantra, in welchem er die Macht der Chakras, der Sakramente und des Lebensbaums anrief, um seinen Körper zu »aktivieren«. Innerhalb von sechs Monaten ging sein Krebs zurück.

Als medizinisch intuitiv Begabte kann ich den Menschen das Wesen ihrer physischen Krankheiten und die in ihren Körpern vorhandenen energetischen Funktionsstörungen beschreiben. Ich lese das Energiefeld, das den Körper durchdringt und ihn umgibt. Dabei erhalte ich Informationen über dramatische Kindheitserlebnisse, Verhaltensmuster, sogar abergläubische Ansichten, die allesamt Einfluß auf die körperliche Gesundheit der Betreffenden ausüben. Aufgrund dieser Informationen, die ich intuitiv in den Energiefeldern, auch in den Chakras, wahrnehme, kann ich ihnen Ratschläge für die Behandlung ihrer Krankheit auf physischer wie auf spiritueller Ebene geben.

Mit der Energiemedizin werden Geist und Körper in gleichem Maße behandelt. Wenn Sie die Sprache der Chakras lernen, werden Sie allmählich die emotionalen, psychologischen und geistigen Streßfaktoren erkennen, die Ihre Gesundheit beeinträchtigen und mit Ihren körperlichen Symptomen übereinstimmen. Darüber hinaus wird Ihre Gesundheit von Ihrer Selbstachtung, Ihren früheren und gegenwärtigen Beziehungen, Ihrer Reaktion auf intensive oder traumatische Erfahrungen, Ihren Erinnerungen und Ihrem Umgang mit Energie in Alltagssituationen beeinflußt.

Tatsächlich beruht die Energiemedizin auf sehr altem Wissen, ihre Prinzipien und Techniken waren schon den alten hinduistischen, chinesischen und schamanischen Heilern bekannt. Das Neue an ihr ist mein Ansatz, die östlichen spirituellen Chakravorstellungen mit westlichen spirituellen Wahrheiten und ethischen Grundsätzen zu verbinden, um eine neue Sprache der Energie hervorzubringen. Das Wort *Energie* hat inzwischen viele Bedeutungen angenommen;

ich bezeichne damit beides: die stoffliche wie auch die geistige Energie. In der östlichen Metaphysik und der westlichen Theosophie werden verschiedentlich eine Reihe energetischer Hüllen oder Schichten beschrieben, die den physischen Körper umgeben und in Wechselbeziehung mit ihm stehen. Wir alle besitzen ein solches Energiefeld, und es enthält wertvolle Informationen über unseren physischen, psychologischen und spirituellen Zustand und unsere Bedürfnisse.

Als Intuitive kann ich dieses Feld lesen und einen direkten Zusammenhang zwischen beispielsweise dem Energieverlust in der Bauchspeicheldrüse und der Entstehung von Diabetes oder Hypoglykämie (Unterzuckerung) erkennen. Überdies kann ich diese Entwicklung auf bestimmte Probleme im Leben eines Menschen zurückverfolgen – wie etwa auf den Streß, der aus zuviel Verantwortung oder der Angst davor resultiert. Wenn Sie die Sprache der Chakras lernen, werden auch Sie mit der Zeit körperliche und geistige Energieverbindungen erkennen. Diese Erkenntnis können Sie einsetzen, um eine Krankheit zu heilen oder zu verhindern, indem Sie gewisse Veränderungen in Ihrem Leben vornehmen.

Sie können auch lernen, von der symbolischen Sicht Gebrauch zu machen und intuitiv die Machtsymbole in Ihrem Leben zu deuten. Sie lernen sichtbar zu machen, wo Sie Ihre persönliche Energie investiert haben und wie Sie den höheren Sinn enthüllen, der hinter den Herausforderungen Ihres Lebens steht. Schließlich können Sie herausfinden, in welchem Zusammenhang all diese Faktoren zu Ihrer Gesundheit stehen.

Dieses Buch enthält eine kurze Einführung in die Sprache der Chakras, wobei ich mich kürzer fasse als in meinem ersten Buch »Geistkörper-Anatomie«. Sie brauchen die Grundlagen

der energetischen Sprache, um Ihren eigenen Weg der Heilung einschlagen zu können. Wenn Sie »Geistkörper-Anatomie« gelesen haben, kann Ihnen dieser Überblick über die Chakras zur Auffrischung dienen.
Am Ende des Buches gehe ich noch einmal ausführlicher auf die Sprache der Chakras ein. Dabei zeige ich Wege auf, wie man ihre Energie für die Heilung anwenden kann, beschreibe Techniken, wie man die symbolische Sicht entwickelt, und stelle die Heilung in einen umfassenderen symbolischen Kontext. Darüber habe ich bislang noch nicht geschrieben, doch ich wende diesen Ansatz bereits seit einiger Zeit in meinen Workshops an.
Ich betrachte die Geschichte unserer spirituellen Entwicklung als eine Aufeinanderfolge von Macht- bzw. Energiekulturen, die ungefähr mit den astrologischen Zeitaltern übereinstimmen. Ein astrologisches Zeitalter dauert etwa zweitausend Jahre, in welchen das menschliche Bewußtsein sich in eine bestimmte Richtung entwickelt. In jedem dieser Zeitalter herrschte eine bestimmte Form der Energie vor, die sich auf das Leben, die Gesundheit und die spirituelle Einstellung der Menschen auswirkte. Jedes Zeitalter hat bestimmte Erkenntnisse über die Natur der Wirklichkeit und die Macht des menschlichen Geistes beigetragen – Erkenntnisse, die noch heute unsere Gesundheit und unsere Seelen beeinflussen. Um die für diese Zeitalter bezeichnende Art der Macht oder Energie besser verstehen zu können, ziehe ich die Symbolik der Astrologie heran.
Das Widder-Zeitalter erstreckte sich von etwa 2000 v. Chr. bis Christi Geburt, mit der das Fische-Zeitalter begann. Heute, am Ende des zwanzigsten Jahrhunderts, treten wir in das Wassermann-Zeitalter ein. Der Widder, ein Feuerzeichen, symbolisiert das Feuer des Entzündens, die Schöpfung, die Anfänge des Tierkreises selbst und, wie ich es sehe, eine Belebung vie-

ler Kulturen und Zivilisationen. Im Widder-Zeitalter entstand eine Einheit von Stammeskultur, Stammesdenken und Stammesrecht, die das primitivere Stammeswesen des vorhergehenden Stier-Zeitalters ablöste. Im Zeitalter des Widders begann die Beherrschung der physischen Umwelt, es entstanden Gesetze von Hammurabi bis Moses, es wurde ein gesellschaftliches und kulturelles Fundament gelegt, auf dem wir die emotionale, psychologische und spirituelle Entwicklung der nächsten Ära aufbauten.

Das Fische-Zeitalter war eine Epoche des Dualismus, in der sich das menschliche Bewußtsein auf machtvolle Weise in Polaritäten spaltete: zwischen westlicher und östlicher Kultur, Kirche und Staat, Körper und Geist (wie im Manichäismus), die Wissenschaft von der Magnetik, selbst politische Polaritäten von links und rechts. Gleichzeitig sagten wir uns vom Stammesgeist los, um ein klareres Selbstbewußtsein zu entwickeln: die Renaissance feierte das Individuum, Künstler und Komponisten begannen ihre Werke zu signieren, und das Tagebuch wurde eingeführt. Die Rechtsvorstellungen entwickelten sich von Stammesregeln zu den Rechten des einzelnen, wie wir sie in der Magna Carta, der amerikanischen Verfassung und jüngeren Gesetzen finden, die darauf hinzielen, die gesellschaftlichen und religiösen Einschränkungen zu lokkern.

Nach diesen Zeitaltern, die durch Fische und Tiere repräsentiert werden, beginnt mit dem Wassermann-Zeitalter eines, das durch einen Menschen symbolisiert wird: den Wasserträger. Wenn Teilung das Thema der Fische war, ist Ganzheit das Thema des Wassermanns: In dieser Ära werden wir danach streben, die spirituelle Einheit zu entdecken. Die Religionen der Welt unternehmen nun auf beispiellose Weise den Versuch, sich miteinander in Einklang zu bringen, und wir scheinen einen globalen Marktplatz, eine globale Technologie und ein globales Bewußtsein für soziale Gerechtigkeit und die Notwendigkeit des Umweltschutzes zu entwickeln, trotz offenkundiger Verstöße gegen die beiden letztgenannten. 1968 auf dem Parteitag der Demokraten in Chicago war zum ersten Mal das Lied zu hören: »Die ganze Welt sieht zu!« – dies ist genauso prophetisch geworden wie der von Marshall McLuhan geprägte Begriff »globales Dorf«, der die entstehende Weltkultur bezeichnet. Diese neue Art von weltweiter Stammeseinheit wird das viel beschränktere Stammessystem des Fische-Zeitalters ersetzen.

Mit jedem astrologischen Zeitalter ist das spirituelle Bewußtsein gereift, und so konnten die Menschen immer stärker sich selbst, des im anderen Leben innewohnenden Geistes und der größeren Macht um sie herum gewahr werden. Wir müssen untersuchen, welche Rolle jedes dieser Zeitalter gespielt hat, um verstehen zu können, wie wir ihre Einstellungen und Überzeugungen absorbiert haben und wie und wo sie unsere Bemühungen um persönliche, physische und spirituelle Heilung behindern. Im Laufe der astrologischen Zeitalter folgten verschiedene Anschauungen und verschiedene Formen physischer und spiritueller Macht aufeinander. Ich bezeichne diese Einstellungen und Mächte als stammesbezogen, persönlich und symbolisch. Wenn wir die Merkmale der Macht verstehen, die jedem astrologischen Zeitalter innewohnt, dann erkennen wir, daß uns mehrere Wahrnehmungsebenen zur Verfügung stehen: Die Stammessicht ist feinsensorisch; die persönliche Sicht erstreckt sich auf emotionale und psychologische Deutungen, die die Wahrnehmung relativieren; und die symbolische Sicht reicht in das unpersönliche Reich der archetypischen Einsicht hinein.

Die für das Widder-Zeitalter charakteristische Stammesmacht bedeutet im wesentlichen Gruppenbewußtsein, das am ehesten mit der Zugehörigkeit zu einer Familie, ethnischen

Gruppe, Religion und Nation assoziiert ist. Die Stärken der Stammesmacht – Sicherheit, Ordnung, Loyalität, Identitätsgefühl – können leicht zu ihren Schwächen werden: Starrheit, Konformität, patriarchalische Regierungsform, Fremdenfeindlichkeit. Das Stammesbewußtsein konzentriert sich auf Äußerlichkeiten und schließt viele innere persönliche und spirituelle Bedürfnisse aus. Daher ist es in hohem Maße ein feinsensorisches Wahrnehmungssystem.

Im Gegensatz dazu ist die persönliche Macht mit unserer emotionalen und psychologischen Identität verbunden, die durch das Fische-Zeitalter verkörpert wurde. In dessen Verlauf blühten die Wissenschaften und die Künste, und der Wert der individuellen Begabung stieg. Die Schwächen der persönlichen Macht sind übermäßige Ichbezogenheit, Narzißmus und die Neigung, gut und böse, männlich und weiblich, Osten und Westen, Wissen und Intuition, linke und rechte Gehirnhälfte zu polarisieren.

Schließlich ermöglicht es uns die symbolische Macht, Dinge in unpersönlichen Begriffen zu erkennen. Mit ihr können wir sowohl die Geschichte als auch unser eigenes Leben mit der für das Wassermann-Zeitalter charakteristischen, vereinigenden Sicht betrachten und so die innere Macht des Bewußtseins entdecken. Die Energie dieses anbrechenden astrologischen Zeitalters treibt uns an, eine Kultur hervorzubringen, in der Geist und Energie eine höhere Priorität erhalten als Materie und Körper. Sie bringt uns dazu zu verstehen, daß die Energie in unserem Geist, unserem Körper und unserer Seele dieselbe ist wie die von Gott oder der größeren Göttlichkeit. Wenn wir in das Wassermann-Zeitalter eintreten, bleiben wir jedoch weiterhin mit der evolutionären Energie verbunden, die in jedem einzelnen vorhergehenden Zeitalter enthalten war.

Wenn wir unter Berücksichtigung dieser drei Zeitalter an

Macht und Energie denken, können wir zu einer völlig neuen Wahrnehmung unserer persönlichen Lebensentscheidungen gelangen. Wir erkennen, wie sie auf unseren Geist und unsere Gesundheit einwirken und wie wir uns selbst helfen können, unsere Gesundheit wiederzuerlangen und unseren Geist zurückzurufen.

In der Menschheitsgeschichte spiegeln sich unsere eigene spirituelle Entwicklung und unser eigenes Bedürfnis, uns den Veränderungen anzupassen, wider. Probleme und Krankheiten sind notwendiger Teil unserer spirituellen Entwicklung. So wie wir auf die Weltgeschichte zurückblicken und in anscheinend zusammenhangslosen Ereignissen Bedeutungen erkennen, finden wir auch in den Zerrüttungen und Herausforderungen in unserem täglichen Leben einen Sinn.

Ich möchte durch die Verknüpfung all dieser Informationen dem Leser ein Hilfsmittel an die Hand geben, mit dem er sich ohne Angst auf eine Krankheit einlassen und sich mutig Veränderungen stellen kann. Ich hoffe, daß dieses Buch Ihnen einige neue und nützliche Methoden vermittelt, mit denen Sie sich selbst, Ihre gesundheitliche Herausforderung und Ihr Heilungspotential erkennen. Im besonderen möchte ich, daß Sie im Kontext der heutigen Kultur eine neue Vision von sich erschaffen, so daß Sie einen Weg entwickeln können, um sich selbst symbolisch zu sehen. Ich bin davon überzeugt, daß Sie dadurch das tief im menschlichen Geist verborgen liegende heilende Feuer entzünden können.

Dieses heilende Feuer ist überall auf dem Planeten am Werke: Die Menschen werden von einer Kraft, die größer ist als sie selbst, gezwungen, sich selbst, ihre Kulturen, ihre Umwelt zu heilen – also zu einer bewußten Spezies zu werden. Aus diesem Grund wünschen sich so viele von uns, gesund und bewußt zu sein – und leiden an ihrer Unfähigkeit, dieses Ziel voll und ganz zu erreichen. Wenn wir die Dynamik dieser neuen Kultur verstehen, von der wir nun ein Teil sind, werden wir eher imstande sein, gesunde Menschen zu werden, und anfangen, unser Schicksal zu erfüllen.

Wenn ich Menschen unterrichte, die versuchen, die symbolische Sprache der Chakras, der Sakramente, des Lebensbaums und den kulturellen Kontext der persönlichen Heilung zu lernen und zu erfahren, erlebe ich, daß dies den Glauben an göttliche Führung stärkt. Die Aneignung dieser metaphysischen Symbolsprache scheint ihnen zu helfen, Kontakt zu der heilenden Energie herzustellen, die unserem Geist innewohnt.

Ich lernte Ellie vor vier Jahren in einem Workshop in Europa kennen. Damals war ich bereits völlig von den Ähnlichkeiten zwischen den Sakramenten, dem Lebensbaum und dem Chakrasystem gefesselt. Ich hatte keine Ahnung, daß Ellie der erste Mensch sein würde, mit dem ich meine neuen Erkenntnisse teilen würde. In einem vertraulichen Gespräch erzählte sie mir, daß bei ihr in den letzten acht Jahren wiederholt Krebs aufgetreten sei. Ihr erster Tumor hatte sich in ihrem linken Bein gebildet. Nach der operativen Entfernung dieses kleinen bösartigen Tumors sagte man ihr, daß der Krebs eingedämmt sei und alles gut aussähe. Etwa vier Jahre später entdeckte sie einen anderen Tumor in ihrem Arm. Nach der Operation hieß es wieder, daß der Krebs unter Kontrolle gebracht zu sein schien, aber diesmal riet ihr der Arzt außerdem, ihren Körper gründlich zu beobachten. Zur Zeit unserer Begegnung setzte Ellie sich mit ihrem dritten Tumor auseinander, der drei Jahre nach dem zweiten wieder in ihrem Bein aufgetreten war. Sie wußte, daß auch dieser bösartig war, und sie befand sich inzwischen in einem Zustand panischer Angst davor, immer wieder bösartige Tumoren zu entwickeln, egal was sie auch unternahm. Darüber hinaus war sie inzwischen von dem Gedanken besessen, daß jeder Schmerz, den sie in ihrem Körper fühlte, wo immer er auch sein mochte, ein Hinweis auf die Bildung eines weiteren Tumors sein könnte.

Ellie war tief bestürzt, weil sie alles dafür getan hatte, um ihren Körper »rein« zu halten. Wenn Diät, körperliche Betätigung, Therapie, Yoga und alle möglichen ganzheitlichen Behandlungsmethoden nicht funktionierten, was konnte sie dann noch ausprobieren? Gab es einen Gott, der wirklich zuhört, und wenn ja, wo war dieser Gott in ihrem Leben?

In meiner Arbeit passiert es mir manchmal, daß mir die richtigen Worte fehlen, und das war ein solcher Augenblick. Weil ich nicht wußte, was ich Ellie antworten sollte, sagte ich ihr schließlich, daß ich mir oft die gleichen Fragen gestellt habe und eine Antwort niemals so gekommen sei, wie ich es erwartet hätte. Ich sagte, daß ich bei der Chakraarbeit häufig das Gefühl hatte, das Modell, auch wenn es uralt und heilig ist, sei heute unvollständig. Ich erzählte Ellie, wie ich eines Tages, als ich eine Gruppe von Schülern unterrichtete, das Modell von sieben Kreisen betrachtete, die ich an die Tafel gemalt hatte, und anstatt das Chakrasystem zu sehen, dachte ich plötzlich über die sieben christlichen Sakramente nach. Kurz darauf hatte ich eine ähnliche Eingebung über den Baum des Lebens, wie er in der jüdischen Kabbala beschrieben wird. Ich war tief beeindruckt von der Verbindung dieser drei heiligen Traditionen und der Erkenntnis, daß Gott mir den heiligen Kanal der göttlichen Energie durch den menschlichen Körper gezeigt hat.

Ich erläuterte Ellie die Verbindung dieser drei spirituellen Traditionen und wie sie durch eine symbolische Linse gesehen werden müssen, um sich ihre Macht erschließen zu können. So sei die Taufe, das erste christliche Sakrament, dahingehend zu deuten, daß sie unsere Fähigkeit repräsentiere, unser ganzes Leben und alle Menschen darin zusammen mit unserer Beziehung zur Erde als ein Geschenk zu betrachten, das wir anzunehmen gebeten werden. Ich forderte Ellie auf, sich dies vorzustellen und dem nicht nur die Bedeutung von Shekinah, die die Vereinigung mit der menschlichen Gemeinschaft darstellt, hinzuzufügen, sondern auch Gaias Energie – die Lebenskraft der Natur selbst. Während ich zu Ellie sprach, schloß sie ihre Augen, und ich konnte ihre Aufmerksamkeit förmlich spüren. Ich wies sie an, diese Verbindung zur Erde und zu ihrem Leben zu fühlen und sie in ihr erstes Chakra zu lenken mit der Vorstellung, daß sie sich wieder voll und ganz mit dem Lebenssystem verbinde.

Ich setzte diese Beschreibung mit den übrigen Chakras fort, und als ich damit fertig war, schien Ellie sich in tiefer Meditation zu befinden. Nach etwa einer halben Stunde kam sie wieder zu sich und sagte ruhig: »Mir war nicht klar, daß die Folgen meiner Krebsgeschichte mehr zerstören als nur meinen Körper. Mir war nicht klar, daß ich den Kontakt zur Lebensenergie selbst völlig verloren habe und daß keine Ernährung oder was auch immer diesen ersetzen kann. Ich darf mich nicht nur einfach auf die Heilung von dem Krebs konzentrieren, sondern ich muß meine Verbindung zum Leben heilen.«

In der folgenden Zeit wiederholte Ellie kontinuierlich diese Visualisierung. Sie blieb mit mir in Verbindung, und bei jedem Telefongespräch berichtete sie, daß sie spürte, wie ihr physisches System wieder zum Leben erwachte. Sie sagte, daß sie eine Struktur für ihre Visualisierungen geschaffen habe, in der sie daran arbeite, die Bedeutung der Lektionen, die jedem Chakra, Sakrament und Sephirah des Lebensbaums innewohnen, zu integrieren. Sie beschloß, ihre Operation eine Zeitlang aufzuschieben, weil sie sehen wollte, ob ihre innere Arbeit wirklich eine Veränderung in ihrem Körper bewirken könne. Wenn ja, so würde sie wissen, daß sie schließlich ihr Muster der wiederholten Entwicklung von Krebs durchbrochen habe.

Innerhalb eines Monats begann ihr Tumor zu schrumpfen, was genau das Zeichen war, auf das Ellie gewartet hatte. Nun glaubte sie tief in ihrer Seele, daß sie nie wieder Krebs entwickeln würde, und ließ sich den Tumor operativ entfernen.

Auch wenn die Geschichte von Ellies Heilung besonders dramatisch ist, dürfen Sie nicht vergessen, daß Heilung von vielen verschiedenen Arten von Erkrankungen stattfinden und überdies emotionaler, spiritueller sowie physischer Natur sein kann. Die Geschichten, die Sie in diesem Buch lesen werden, reichen vom Alltäglichen bis zum Außergewöhnlichen, mit vielen Abstufungen dazwischen. Wahrscheinlich werden Sie Ihre eigene gesundheitliche Herausforderung oder Lebenskrise in einer oder mehreren von ihnen wiedererkennen. Ich wünsche mir, daß Sie zuversichtlich bleiben, hier etwas zu finden, das Ihrer Heilung förderlich ist.

Mit am wichtigsten für die Heilung des Lebens oder einer Krankheit ist der Glaube an die Bedeutung der Vergebung. Vergebung macht die für die Heilung notwendige Energie verfügbar. Ich werde Anregungen geben, wie Sie lernen, zu vergeben beziehungsweise die Vergangenheit loszulassen. Ich werde neue Rituale und Anrufungen vorstellen, die Ihnen helfen können, Ihr gegenwärtiges Leben symbolisch zu sehen, Ihre persönliche Energie zu stärken, sich mit der göttlichen Energie zu verbinden und sich zu heilen.

Während die erste Hälfte dieses Buches sich intensiv mit den Gründen befaßt, warum Menschen nicht gesund werden, wird die zweite Hälfte Ihnen ausführlich aufzeigen, wie Heilung doch gelingen kann. Zunächst einmal werden wir uns mit dem Problem befassen, das ich für den größten Stolperstein für Heilung in unserer heutigen Kultur halte.

Erster Teil

Warum Menschen nicht gesund werden …

KAPITEL 1

Wundologie und das heilende Feuer

Im Spätfrühling 1988 traf ich bei der Findhorn-Gemeinde im Nordosten Schottlands ein, um einen Workshop über Heilung zu halten. Zu dieser Zeit in meiner Laufbahn neigten die Teilnehmer und Teilnehmerinnen meiner Workshops dazu, nach persönlicher Heilung zu suchen. Sie erwarteten von mir, einer medizinisch Intuitiven, daß ich ihre Heilung unmittelbar fördere, indem ich sie persönlich beriet und ihnen einen Behandlungsplan aufstellte. Heute werden meine Workshops überwiegend von Menschen besucht, die sich eine stärkere Intuition aneignen wollen, um sich und ihr Leben zu heilen, oder von Menschen aus medizinischen Berufen, die lernen möchten, wie man anderen helfen kann, sich selbst zu heilen.

Obwohl ich selbst keine Heilerin bin, war ich damals natürlich bestrebt, den Menschen so gut ich konnte zu helfen. Bei meinen Gesundheitseinschätzungen bestätigte ich oft einfach nur die Vermutungen, Einsichten oder Ahnungen, die sie bereits über sich selbst hegten, und die Veränderungen, die sie in ihrem Leben vorzunehmen hatten. Manchmal initiierten diese Einschätzungen einen inneren physischen oder spirituellen Heilungsprozeß. Trotzdem fanden damals meine Workshop-Teilnehmer und ich, daß wir auf dem richtigen Weg waren. Schließlich waren Heilung und Gesundheit zum Mittelpunkt ganzheitlicher Bewußtseinskultur und meines Lebens geworden. Fast jeder, dem ich begegnete, ob beruflich oder persönlich, sprach darüber, entweder Heiler werden zu wollen oder einen Heiler zu brauchen, gerade einen neuen Heiler aufzusuchen oder daran zu glauben, zum Heiler bestimmt zu sein, sobald die eigene Heilung abgeschlossen sei.

Es gefiel mir, in der Welt herumzureisen und spirituell engagierte Leute kennenzulernen, die mich genauso brauchten wie ich sie, und im Laufe der Zeit hatte ich besonders Findhorn liebengelernt, eine Gemeinschaft von etwa dreihundert Personen, die gemeinsam und mit der Natur leben und Achtung vor allen spirituellen Wegen haben. Einige Mitglieder der Gemeinde leben in einem bezaubernden, umgebauten Hotel aus der Zeit der Jahrhundertwende; andere haben sich in einer schönen Parkgegend entlang der Findhorn Bay häuslich niedergelassen. Die schroffe Schönheit des schottischen Hochlandes, verbunden mit dem spirituellen Zentrum der Gemeinde, macht Findhorn zu einem überaus attraktiven Platz. Wann immer ich dorthin gehe, scheine ich eine besondere energetische Aufladung zu erhalten, die zu einer wichtigen Einsicht führt, und jener Besuch im Jahr 1988 war keine Ausnahme. Doch diesmal kam die Einsicht auf recht unvorhersehbare Weise.

Vor Beginn des einwöchigen Workshops hatte ich mich mit meiner Freundin Mary zum Mittagessen verabredet. Da ich frühzeitig im Speiseraum erschienen war, gesellte ich mich zu zwei Herren, um eine Tasse Tee zu trinken. Mary kam eine Weile später, und als sie zu unserem Tisch herüberkam, stellte ich ihr die beiden Männer vor. Sie hatte gerade die Hand ausgestreckt, um sie zu begrüßen, als ein anderes Mitglied der Findhorn-Gemeinde, Wayne, zu ihr trat und sie fragte: »Mary, haben Sie am 8. Juni Zeit? Wir suchen einen Begleiter für einen Gast, der für einen Tag nach Findhorn kommt.«

MarysTon war ebenso aufschlußreich wie die Ausführlichkeit ihrer Antwort. Sie fuhr ihn an: »Der 8. Juni? Sagten Sie, der 8. Juni?« Voller Wut und Groll fuhr sie fort: »Auf keinen Fall! Am 8. Juni habe ich ein Treffen mit meiner Selbsthilfegruppe für Inzestopfer, und dieses Treffen würde ich nie platzen lassen! Schließlich verlassen wir uns aufeinander. Wir Inzestopfer müssen füreinander dasein. Wen haben wir denn sonst?«
Mary redete noch eine Zeitlang weiter, aber vor allem an diese Worte kann ich mich noch genau erinnern. Ich war wie gebannt von dem plötzlichen theatralischen Benehmen, das durch eine einfache Frage über ihren Zeitplan ausgelöst worden war. Wayne nahm kaum Notiz von ihrer Antwort, bedankte sich bei ihr und ging, aber ich war befremdet. Später, als Mary und ich zu Mittag aßen, fragte ich sie nach ihrer Reaktion:
»Mary, warum hast du in deiner Antwort auf Waynes Frage alle drei Männer wissen lassen, daß du Inzestopfer bist und noch immer zornig darüber und daß du auf Männer im allgemeinen wütend bist? Wayne hat dich doch nur gefragt, ob du am 8. Juni frei wärst, und als Antwort hast du diesen drei Männern eine kleine Therapiestunde gegeben. Ein einfaches Ja oder Nein hätte doch vollkommen gereicht.«
Mary sah mich an, als ob ich sie verraten hätte. Ihr Körper versteifte sich, und sie sagte betont, mit eiskalter, abwehrender Stimme: »Ich habe so geantwortet, weil ich Inzestopfer bin.« Sie wandte sich vom Tisch ab, hörte auf zu essen und warf ihre Serviette über ihren Teller, um zu verstehen zu geben, daß unser gemeinsames Mittagessen beendet sei. Obwohl es mir in diesem Moment nicht klar war, ging auch unsere Freundschaft dem Ende zu.
»Mary, meine Liebe«, erwiderte ich und dämpfte meine Stimme ein wenig. »Ich weiß, daß du ein Inzestopfer bist, aber ich versuche zu verstehen, warum du es als notwendig erachtet hast, zwei Fremden und Wayne deine Geschichte zu erzäh-

len, wenn er doch nur wissen wollte, ob du am 8. Juni aushelfen kannst. Wolltest du, daß diese Männer dich auf bestimmte Weise behandeln oder mit dir auf bestimmte Weise reden? Was hat dich dazu gebracht, nach sieben Sekunden Bekanntschaft mit zwei Leuten deine Verletzungen offenzulegen?«

Mary sagte mir, daß ich es einfach nicht verstehen könne, weil ich nicht erlebt habe, was sie und zahlreiche andere Inzestopfer durchgemacht haben, aber daß sie von mir als ihrer Freundin mehr Mitgefühl erwartet hätte. Ich erwiderte darauf, daß meine Frage nichts mit fehlendem Mitgefühl zu tun habe. Ich konnte die energetische Trennung zwischen uns spüren, als mir bewußt wurde, daß wir unsere Freundschaft nur unter bestimmten Bedingungen fortsetzen könnten: Ich müßte mit Mary in der »Sprache der Wunden« sprechen, einige sehr spezielle Regeln für das Verhalten einer unterstützenden Freundin einhalten und immer daran denken, daß sie sich selbst durch eine negative Erfahrung definierte.

Abgesehen von ihrer schmerzlichen Kindheit hatte Mary auch eine lange Krankengeschichte. Sie hatte immer Schmerzen – an einigen Tagen emotionaler und an anderen Tagen physischer Art. Sie war zwar freundlich und immer bereit, ihre Freunde zu unterstützen, zog aber die Gesellschaft von Menschen vor, die in der Kindheit ebenfalls mißbraucht worden waren. An jenem Tag bei unserem Mittagessen erkannte ich, daß Mary mit Menschen zusammensein mußte, die dieselbe Sprache sprechen und dieselben Einstellungen und Verhaltensweisen miteinander teilen. Für diese Haltung fiel mir sofort der Begriff »Wundologie« ein. Ich bin der Überzeugung, daß wir unsere physische und spirituelle Energie belasten und verlieren und leichter krank werden, wenn wir uns über unsere Wunden definieren.

An jenem Tag fühlte ich mich, als wäre ich aus der heilenden Umgebung von Findhorn und der allgemeinen Bewußtseins-

bewegung katapultiert worden und würde sie als Außenstehende betrachten. Obwohl mir dieses Denk- und Verhaltensmuster zuvor weder bei Mary noch bei einer anderen Person aufgefallen war, wiederholte sich merkwürdigerweise schon am nächsten Tag dieses Erlebnis.
Ich erschien zwanzig Minuten früher zu meinem Workshop, um mich auf meine Präsentation vorzubereiten, als ich eine Frau bemerkte, die allein dasaß. Ich gesellte mich zu ihr und fragte sie: »Wie heißen Sie?« Mehr fragte ich nicht. Doch ohne mich überhaupt anzusehen, antwortete sie: »Ich bin Inzestopfer, aber inzwischen bin ich 56 Jahre alt und über das Trauma hinweg. Ich habe eine wunderbare Selbsthilfegruppe, und mehrere von uns kommen mindestens einmal die Woche zusammen, was meiner Meinung nach für die Heilung unbedingt erforderlich ist.«
Da sie mir ihren Namen nicht genannt hatte, fragte ich noch einmal: »Und wie heißen Sie?« Aber darauf erhielt ich wieder keine Antwort. Sie schien ganz benommen. Es kam mir so vor, als hätte sie sich lange darauf vorbereitet, etwas in der Öffentlichkeit zu sagen, und nun, als die Gelegenheit da war, konnte sie sich nicht auf Fragen einlassen, die nicht auf ihrem Programm standen. Anstatt mir ihren Namen zu sagen, erzählte sie mir, wie gern sie Workshops wie die meinen besuche, weil es den Teilnehmern freistünde, offen über ihre Vergangenheit zu reden, und sie hoffte, daß ich ihnen genügend Zeit einräumen würde, um ihre persönlichen Geschichten miteinander teilen zu können. Ich bedankte mich bei ihr und verließ den Raum, weil ich einen Augenblick Zeit brauchte, um meine Gedanken zu sammeln.
Die Begegnung mit dieser Frau einen Tag nach dem Vorfall mit Mary war kein Zufall. Ich glaube, daß ich dabei geführt wurde, mich mit den Methoden zu beschäftigen, von denen wir erwarten, daß sie unser Leben heilen – Therapie und

Selbsthilfegruppen. Ich erkannte, daß viele Menschen, die sich mitten in einem Heilungs»prozeß« befinden, das Gefühl haben, festzusitzen. Sie bemühen sich, sich ihren Verletzungen und Wunden zu stellen, arbeiten mutig daran, Bedeutung in schreckliche vergangene Erfahrungen und Traumata zu bringen, und üben sich in mitfühlendem Verständnis für andere, die ihre Wunden teilen. Aber sie heilen sich nicht. Sie haben ihr Leben um ihre Wunden und den Prozeß, sie anzunehmen, herum neu definiert. Sie arbeiten nicht daran, über ihre Wunden hinauszukommen. In Wirklichkeit sitzen sie in ihren Wunden fest.

Inzwischen bin ich darin geübt, die Sprache der Wundologie zu erkennen. Und ich glaube, daß ich dazu bestimmt war, die Überzeugungen in Frage zu stellen, die ich und viele andere damals so hochgehalten haben – besonders die Überzeugung, daß jeder, der verwundet oder krank ist, seine Gesundheit vollständig wiederherstellen will.

Damals in Findhorn fühlte ich mich, als ob man mir eine magische Brille gegeben hätte, mit der ich plötzlich das Verhalten meiner Workshop-Teilnehmer ganz neu wahrnahm. Und ich stellte schnell fest, daß die Sprache der Wundologie auch außerhalb von Findhorn gesprochen wurde. Menschen überall in der Welt verwechseln den therapeutischen Wert des Ausdrucks der eigenen Persönlichkeit mit der Erlaubnis, andere mit ihren Wunden zu manipulieren. Anstatt das Offenlegen ihrer Wunden als ein Frühstadium des Heilungsprozesses zu betrachten, benutzen sie ihre Wunden als Flagge und ihre Gruppen als Familien und Nationen.

Wie sind wir in eine solche kritische Lage geraten? Vor etwas mehr als einer Generation war unsere Gesellschaft eine, in der die Menschen Probleme damit hatten, selbst ihre unschuldigsten psychologischen und emotionalen Bedürfnisse auszudrücken. Heute trägt man seine tiefsten Wunden wie eine Tapferkeitsmedaille zur Schau. Wie sind wir dazu gekommen? Um das zu erklären, muß ich ein paar Jahrzehnte zurückgehen.

Sich öffnen

Ich hatte 1983 mit meiner intuitiven Arbeit begonnen, als ich Krankheiten in anderen Menschen wahrzunehmen vermochte. Zu der Zeit hatte ich überhaupt keine Ausbildung im medizinischen Bereich, sondern einen Verlag mitgegründet, der Bücher über Bewußtsein, Gesundheit und alternative oder ergänzende Medizin herausgab. Wir veröffentlichten Erfahrungsberichte von Heilungen und Bücher von eher wissenschaftlich orientierten Autoren, die über Forschungsarbeiten und Entdeckungen bei medizinischen Behandlungsmethoden, die damals als alternativ betrachtet wurden, schrieben. Jene Jahre als Verlegerin und zugleich medizinisch Intuitive bildeten mich in einer sich ergänzenden Weise aus, daß ich heute glaube, daß diese persönliche Entwicklung von einer höheren Kraft gelenkt worden sein muß.
Die unzähligen Manuskripte mit persönlichen Geschichten, die bei uns eingingen, ließen die große Angst erkennen, die Menschen empfinden, wenn sie mit einer unheilbaren Krankheit konfrontiert werden. Aber viele der Geschichten offenbarten auch die Macht des menschlichen Geistes – wie es gelingen kann, einen Heilungsprozeß zu beschleunigen, in dem die Lebenskraft zurückgewonnen, einer Krankheit Bedeutung verliehen und scheinbar chronische oder unheilbare Krankheiten geheilt werden konnten. Gelegentlich stieß ich auf ein Manuskript von einem Patienten, der zwar den Kampf um das physische Leben verloren, aber dafür inneren Frieden gewonnen hatte – das Gefühl, dieses Leben vollendet zu haben,

und ein Akzeptieren der nächsten Stufe: den Tod des Körpers. In den frühen Achtzigern war unsere Kultur hungrig nach Heilung und auf der Suche nach der Erfahrung oder dem Geisteszustand, der ein heilendes Feuer entzünden würde. Als ich 1984 begann, Workshops zu halten, war auf dem Gebiet der alternativen Heilung ein neues Vokabular für psychologische und emotionale Heilung eingeführt worden. Man sprach offen über seine körperliche, geistige und seelische Gesundheit. Es wurde gang und gäbe, die Einzelheiten seiner persönlichen Vergangenheit einander mitzuteilen, ebenso wie freimütig über Kindheitserfahrungen von Inzest, Belästigung und Mißbrauch geredet wurde. Die gesellschaftlichen Grenzen, die zuvor den sozialen Austausch eingeschränkt hatten, lösten sich in eine neue Form von extremer und spontaner Intimität auf. Diese neue Form der Intimität ging aus der therapeutischen Kultur der sechziger Jahre hervor. Vor den Sechzigern wurden Familiengeheimnisse, finanzielle Informationen, politische Zugehörigkeit, berufliche Probleme und Gerüchte darüber, wer eine Affäre mit wem hat, allesamt als »intime« Informationen betrachtet, über die nur mit Familienangehörigen und sehr engen Freunden geredet wurde. Es galt schon als intim, jemanden zu fragen, welche Partei er gewählt habe. Und selbst unter sehr alten und vertrauten Freunden wurden solche Themen nicht mit Leichtigkeit behandelt: Vor den sechziger Jahren fehlte uns das Vokabular dafür, mit anderen die intimsten Inhalte unseres emotionalen Lebens zu teilen. Individuelle emotionale Bedürfnisse waren noch kein Teil der allgemeinen Kultur. Wir fühlten uns noch nicht wohl dabei, persönliche Erfahrungen zum Ausdruck zu bringen, und im allgemeinen wurde die Meinung vertreten, daß unsere physischen und emotionalen Grundbedürfnisse befriedigt werden, wenn wir uns um unsere Arbeit und familiären Pflichten kümmern.

Überdies betrachtete die Gesellschaft vor den sechziger Jahren im allgemeinen diejenigen, die Hilfe bei einem Psychiater suchten, als geisteskrank. Noch 1972 war die Enthüllung, daß ein Kandidat für die Vizepräsidentschaft – George McGoverns Mitkandidat Thomas Eagleton – sich einer Psychotherapie unterzogen hatte, Grund genug, ihn aus der Wahlliste zu streichen. Die Vorstellung, sich therapeutisch durch ein Trauma hindurchzuarbeiten, war noch immer ungewohnt, so daß fast schon jeder seelische Streß als Geisteskrankheit angesehen wurde. Man fürchtete sich vor den geheimen Winkeln des Geistes und des Herzens, und nur wenige erforschten sie bereitwillig. Und diejenigen, die sich damit beschäftigten, erwarben sich den Ruf, Rebellen, Exzentriker, Mystiker, Einsiedler oder Ausgestoßene zu sein. Die meisten Menschen interessierten sich nicht für ihre inneren Kräfte, sondern fühlten sich sicher mit der Überzeugung, daß ihr Geist und ihr Herz auf natürliche Weise ein Maß an Zufriedenheit erreichen würden, wenn nur die äußeren Teile des Lebens stabil sind.
Die therapeutische Ära brachte eine völlig neue Dimension des Denkens hervor: Sie erschloß die innere Welt. Mit jedem weiteren Schritt nach innen kamen neue Erkenntnisse über uns an die Oberfläche und sprengten die langbewachten Grenzen um unsere Emotionen und Psyche. Die Vorstellung, daß »wir unsere eigene Wirklichkeit erschaffen«, tauchte auf. Die elektrisierende Idee, daß wir eine Art von grundlegender, persönlicher spiritueller Macht besitzen, begeisterte die Menschen, und *Selbstverantwortung* wurde zu einem neuen Schlagwort. Wir wendeten diese Überzeugungen auf jeden Aspekt unseres Lebens an. Und wir begannen, sie ganz besonders auf den Heilungsprozeß anzuwenden.
Plötzlich waren alle möglichen Menschen darauf erpicht, »sich zu erheben und zu verkündigen«, nicht nur, daß sie krank seien, sondern auch für ihre Krankheit verantwortlich.

Es schien, als ob dieser Akt der öffentlichen Reinigung an sich eine Art von Macht beinhalte, die einen sicheren Übergang in die Gesundheit gewährt. In meinen eigenen Workshops und in anderen, die ich besuchte, nannte ein Teilnehmer nach dem anderen eine bestimmte Krankheit und fügte dann hinzu: »Ich weiß, daß ich dafür verantwortlich bin.« Wie es vorher ein Tabu war, in der Öffentlichkeit über Emotionen zu sprechen, galt es nun als eine Voraussetzung für die Heilung.

Angespornt von der Idee, daß eine emotionale Wunde, die sie früher erfahren hatten, an der Wurzel ihrer physischen Krankheit liegt, tauchten die Leute in ihr Innenleben ein, fest entschlossen, alle negativen Erinnerungen, Gedanken und Einstellungen auszumerzen. Wenn sie nur diesen überaus geheimen emotionalen Impuls offenbaren oder diese negative Kindheitserfahrung freigeben könnten, so glaubten sie, würde ihr biologisches System darauf reagieren und sie mit völliger Gesundheit belohnen. Fast jeder, dem ich in jenen Jahren begegnete, war davon überzeugt, daß die vollständige Wiederherstellung der Gesundheit lediglich eine psychologische Einsicht weit entfernt sei. Erstaunlicherweise sprühte jeder Workshop-Teilnehmer, der ein solches öffentliches Bekenntnisritual durchmachte, geradezu vor Begeisterung und Hoffnung. Und manchmal, wenn die Geschichte äußerst dramatisch war, folgte dem Bekenntnis sogar ein Applaus.

Wie die anderen Workshop-Teilnehmer glaubte auch ich, daß der Schlüssel zur physischen Heilung in der Psyche zu suchen sei. Eine innere Kraft, davon war ich überzeugt, enthält den notwendigen Treibstoff, um unsere Biochemie neu zu ordnen und unsere Körper wiederaufzubauen. Gelegentlich wurde in den Workshops jemand, dem es gelungen war, eine Krankheit zu heilen – der die Krankheit nicht einfach zum vorübergehenden Abklingen gebracht, sondern tatsächlich vollständige Genesung erreicht hatte –, fast wie eine Be-

rühmtheit gefeiert. In den Pausen scharten sich dann alle um den Selbstheiler und fragten: »Wie haben Sie es zuwege gebracht, sich selbst zu heilen?« Auch ich hörte zu, begierig danach, von einer außergewöhnlichen Behandlung, einem Ernährungsprogramm oder einer Psychotherapie zu erfahren, welche die Heilung sicherstellen würden.
Die Selbstheiler führten eine Fülle von Therapien an, einschließlich Ernährungsumstellung, Vitamintherapie, Schlammbäder, Hypnose, Rückführungen, körperliche Bewegung, Körperarbeit und Darmreinigung. Am häufigsten jedoch beschrieben sie Behandlungsmethoden, die Körper, Geist und Seele zusammen halfen. Aber unabhängig von den Therapien oder Ernährungsprogrammen – das größte Geschenk der Selbstheiler war die Hoffnung, die sie der übrigen Gruppe brachten. Diejenigen, die es geschafft hatten, ihre Gesundheit wiederzuerlangen, wurden als lebender Beweis dafür betrachtet, daß persönliche Bemühungen um Selbstentdeckung und Heilung – an Workshops teilzunehmen, Bücher zu lesen und zu lernen, seine Persönlichkeit zum Ausdruck zu bringen – sich auszahlen werden.

Der Wendepunkt

Aus Gründen, die ich nicht erklären kann, war 1988 das Jahr, in dem sich die Ansichten und Überzeugungen über Heilung veränderten, zumindest in den Kreisen, in denen ich lehrte. Um diese Zeit hielt ich Workshops in vielen verschiedenen Ländern, und in jenem Jahr begegnete ich überall der gleichen Reaktion: Die Workshop-Teilnehmer interessierten sich nicht länger ausschließlich dafür, wie man sich heilt. Sie wollten vielmehr wissen, warum sie nicht gesund wurden. Sie hatten zwar die unterschiedlichsten alternativen Heilmetho-

den ausprobiert, aber diese hatten keine endgültige Heilung herbeigeführt. Im Mittelpunkt stand nicht mehr die Begeisterung für ihre persönliche Suche nach der richtigen Lebensweise, nach der einzigartigen Kombination von ganzheitlichen Behandlungsmethoden. Es hatte sich eine schreckliche Enttäuschung verbreitet, und es stand die Frage im Raum: »Was passiert hier? Warum funktioniert denn überhaupt nichts?«
Die Verzweiflung, die all die Menschen empfanden, war unglaublich. Ich kann mich nicht einmal mehr daran erinnern, wie viele Male ich gefragt wurde: »Glauben Sie, daß ich für irgend etwas bestraft werde?« Zu der Zeit hatte ich keine angemessene Antwort, sondern nur meinen alten Lieblingsspruch parat: »Halten Sie an Ihrem Glauben fest, und konzentrieren Sie sich weiter auf Ihre Heilung. Sie können es sich nicht erlauben, negativ zu werden.« Wahrscheinlich wäre es genauso hilfreich gewesen, wenn ich gesagt hätte: »Denken Sie nicht über einen blauen Affen nach.«
Natürlich sind Glauben und Optimismus wichtige Faktoren bei der Heilung von jeder Lebenskrise, einschließlich Krankheit, und das traf damals genauso zu wie heute. Aber im Jahre 1988 konnte ich sehen, daß sich die Leute von der Aussicht auf ganzheitliche Gesundheit und Selbstverantwortung zurückzogen und zu dem Aberglauben zurückkehrten, den ich als Stammesgeist bezeichne. Sie befürchteten, für etwas Schreckliches, das sie getan hatten, bestraft worden zu sein; sie sahen die Krankheit oder das Leiden als ein Urteil an, das der Himmel über sie gefällt hatte. Insgeheim wurde ich genauso verwirrt wie sie. Während ich zusah, wie sie sich so tapfer mit ihrer Heilung abmühten, begann ich mich ebenfalls zu fragen, ob sie vielleicht etwas verkehrt machten, ob sie vielleicht nicht geheilt sein sollten oder ob die richtige Behandlung vielleicht noch gar nicht entdeckt worden war …

Die verführerische Macht von Wunden

Dann kam mein schicksalhaftes Mittagessen mit Mary in Findhorn, dem sich die Begegnung mit dem Inzestopfer in meinem Workshop über Heilung anschloß, und ich begann so langsam zu ahnen, wo das Problem lag. In den darauffolgenden Jahren wurde die Wundologie mein wichtigstes Thema. Ich hörte ganz anders hin, wenn meine Workshop-Teilnehmer etwas erzählten. Ich begann zu erkennen, ob eine Person wirklich Heilung erlebte, was eine Bestätigung erfordert, oder ob jemand den »Verkaufswert« oder die »gesellschaftliche Währung« seiner Wunde – das heißt den manipulativen Wert der Wunde – entdeckt hatte.

»Wann immer du ein neues Wort lernst, solltest du aufmerksam zuhören«, hatte meine Lieblingstante mich als Kind gelehrt, »denn du wirst hören, daß alle es benutzen.« Sie hatte recht, denn sobald ich mich auf die Wundologie eingestimmt hatte, unterhielten sich die meisten Teilnehmer und Teilnehmerinnen an meinen Workshops in dieser neuen Sprache, indem sie offen ihre persönlichen Geschichten einander mitteilten. Zuweilen hatte dieses Einandermitteilen sogar etwas Wetteiferndes an sich, wenn eine Person zu versuchen schien, die schmerzlichen Erfahrungen einer anderen in den Schatten zu stellen.

Das Einandermitteilen von Wunden war zur neuen Sprache der Intimität, einer Abkürzung, um Vertrauen und Verständnis zu erlangen, geworden. Der Austausch von intimen Enthüllungen, der ursprünglich als angemessener Dialog zwischen Therapeuten und Patienten entwickelt und beabsichtigt worden war, war das Bindungsritual für Menschen geworden, einfach um einander kennenzulernen. Beispielsweise traf ich einmal eine Frau, die mir als erstes erklärte, sie könne nur mit

Menschen befreundet sein, die bereit seien, »ihre Wunden zu ehren«. Als ich sie bat, mir zu erklären, was das in der Praxis bedeute, antwortete sie, daß sie erst jetzt anfangen würde, alle Verletzungen, die sie als Kind erlebt habe, zu verarbeiten, und während der Heilung von diesen Wunden habe sie häufig Stimmungsumschwünge und depressive Anfälle. »Ihre Wunden zu ehren« bedeutete, diese Stimmungen zu respektieren und nicht anzugreifen. Sie nahm das Recht für sich in Anspruch, den Ton für jegliches gesellschaftliche Ereignis anzugeben, an dem sie teilnahm. Wenn sie niedergeschlagen war, erwartete sie von ihren Freunden, keine gute Laune aufkommen zu lassen, sondern sich stimmungsmäßig und in der Unterhaltung an sie anzupassen. Ich fragte sie, wie lange sie dieses hohe Maß an Unterstützung voraussichtlich brauchen würde. »Es kann Jahre dauern«, erwiderte sie, »und in dem Fall erwarte ich von meinen Freunden, daß sie mir diese Zeit einräumen.«

Diese Form von sozialer Autorität kann sehr machtvoll werden, sogar süchtig machen – Gesundheit verlangt niemals eine solche Macht. Als ich meine neue Bekannte fragte, welches Interesse sie an Heilung habe angesichts ihres »Behagens mit ihrem Unbehagen«, war sie durch meine Frage und meine Unfähigkeit, »ihre Wunden zu ehren«, beleidigt. Obwohl ich zu erklären versuchte, daß ich aufrichtig ihren Heilungsprozeß verstehen wollte, konnte sie mir keine Antwort auf meine Frage geben.

Wundologie dient auch dazu, romantische Bande zu knüpfen. Viele Leute haben mir gegenüber zugegeben, daß sie an Workshops weniger wegen eines tatsächlichen Heilungsbedürfnisses teilnehmen, sondern vielmehr wegen der sozialen Kontakte. Weil Einsamkeit in unserer Kultur derart grassiert, wird die Intimität der Informationen, die zwei Einzelpersonen, die sich in einem Workshop begegnen, so selbstverständ-

lich austauschen, oft mit Liebe verwechselt. Es gibt sogar »Dreizehn-Schrittler« – Personen, die eine Zwölf-Schritte-Selbsthilfegruppe dazu benutzen, potentielle romantische Partner in verwundbaren Geisteszuständen zu »finden«.
Viele Menschen beschreiben ihren »Seelenpartner« als die Person, die ihren in der Kindheit durchgemachten emotionalen Schmerz versteht. Ein solches Band kann sich zunächst sicherlich romantisch anfühlen, aber das Fundament einer solchen Beziehung ist in Wirklichkeit Verletzung, Schmerz und Angst. In diesem Beispiel wird der Schmerz zu einer Grundvoraussetzung dafür, dicht beieinander zu bleiben und einander zu brauchen, und Heilung kann als eine konkrete Gefahr für die Bindung verstanden werden. Die Partnerschaft ist zwangsläufig gefährdet, wenn einer der beiden zu der Überzeugung kommt, daß es an der Zeit ist, die Vergangenheit freizugeben und weiterzugehen.
Verstehen Sie mich nicht falsch – alle möglichen Selbsthilfegruppen, von den Anonymen Alkoholikern und anderen Zwölf-Schritte-Programmen bis zu denjenigen, die Menschen beistehen, die in der Kindheit einen Elternteil verloren haben, können entscheidende Hilfen und Einsichten liefern. Das Einandermitteilen von Wunden kann eine Atmosphäre schaffen, die die Menschen befreit – manchmal zum ersten Mal in ihrem Leben. Hier können sie sich schmerzhafte Erinnerungen zurückrufen und Gefühle und Ängste mit mitfühlenden, aber nicht urteilenden Gefährten ergründen, die sich der Aufgabe verschrieben haben, sie zu unterstützen.
Die warme und verständnisvolle Atmosphäre bietet den Gruppenmitgliedern überdies ein gesellschaftliches Leben, das ihnen möglicherweise gefehlt hatte, bevor sie sich der Gruppe anschlossen. Meine Bekannte Jane erzählte mir: »Die Leute in meiner Selbsthilfegruppe sind, soweit es mich betrifft, meine neue Familie geworden. Ich fühle mich nicht von

ihnen verurteilt so wie in meiner leiblichen Familie. Inzwischen habe ich überhaupt kein Bedürfnis mehr, meine Familie zu sehen.« Sicherlich ist die Absicht zu heilen in den Selbsthilfegruppen ehrlich und verdient es, anerkannt zu werden; zahlreiche Menschen haben Nutzen daraus gezogen und ziehen weiterhin Nutzen, wenn sie an ihnen teilnehmen.
Neben dieser heilsamen Unterstützung durch die Selbsthilfegruppen gibt es jedoch eine andere Dynamik, die mich dazu veranlaßt hat, ihren Heilungswert in Frage zu stellen. Diejenigen, für die die Selbsthilfegruppe zu einem wichtigen Bestandteil ihres gesellschaftlichen Lebens geworden ist, möchten natürlich auf unbestimmte Zeit Mitglied bleiben. Aber weil die Voraussetzung für die Mitgliedschaft ein anhaltendes Bedürfnis nach Unterstützung ist, muß man die Gruppenbotschaft: »Bleibe nichtgeheilt« akzeptieren. Das heißt, um weiterhin der Gruppe angehören zu können, muß man von allen anderen Freunden und der Familie »getrennt bleiben«.
Dies erinnert an einen berühmten Ausspruch von Buddha. »Meine Lehren sind ein Floß«, sagte er, »dafür bestimmt, dir zu helfen, den Fluß zu überqueren. Sobald du das andere Ufer erreicht hast, setze es ab und führe dein Leben weiter.« Mit »das andere Ufer« beschrieb Buddha Erleuchtung, das Ziel seiner Lehren. Sobald du erleuchtet bist, lebe dein Leben weiter, sagte er – aber trage bloß nicht das Floß mit dir herum!
Es ist uns nicht bestimmt, verwundet zu bleiben. Wir sollen uns durch unsere Tragödien und Herausforderungen bewegen und einander dabei unterstützen, sie zu bewältigen. Dadurch, daß wir in der Macht unserer Wunden steckenbleiben, blokkieren wir unsere eigene Transformation. Wir übersehen die größeren Geschenke, die unseren Wunden innewohnen – die Kraft, sie zu überwinden, und die Lektionen, die wir durch sie erhalten sollen. Wunden sind das Mittel, durch das wir in

die Herzen anderer Menschen eintreten. Sie sollen uns lehren, mitfühlend und weise zu werden.
Nehmen wir einmal an, Janes Selbsthilfegruppe würde sagen, es sei die Aufgabe der Gruppe, Jane Kraft zu geben, damit sie die unerledigten Angelegenheiten mit ihrer Familie in Angriff nehmen könne. Die Gruppe würde sagen, daß Jane in Wirklichkeit wegliefe, solange sie ihrer Familie mit einer solchen Wut aus dem Weg ginge. Auf diese Weise könne sie keine Heilung herbeiführen und es stünde ihr nur ein begrenzter Zeitraum zur Verfügung, in dem die Gruppe ihr helfen würde, Fähigkeiten zu entwickeln, ihrer Familie gewachsen zu sein. Am Ende dieses Zeitraums würde man von ihr erwarten, sich wieder zu ihrer leiblichen Familie zu begeben und herauszufinden, ob sie nun mit ihr in Wechselbeziehung treten könne, ohne ihre Zustimmung zu erwarten oder zu brauchen. Wenn sie dazu imstande wäre, hätte sie ihre größte Wunde geheilt.
Tatsächlich habe ich Jane das nahegelegt, aber sie wehrte sofort ab. Ihre neugefundene Familie zu verlassen wäre für sie so, als würde sie in ein emotionales schwarzes Loch fallen. Sie war so stark an ihre Selbsthilfegruppe gebunden, daß sie sich nicht einmal vorstellen konnte, fähig zu werden, sich ohne diese zurechtzufinden. Für sie war die Gruppe mehr als ein wöchentliches Treffen; sie war der Mittelpunkt ihres gesellschaftlichen Lebens. Für Jane kam es nicht in Frage, sich von der Gruppe zu trennen, auch wenn es von ihr erforderte, »aktiv verwundet« und heilungsbedürftig zu bleiben.

Ihr »zellulares Bankkonto«

Um die gefährlichen Auswirkungen der Wundologie zu verstehen, müssen wir uns zuerst mit dem Wesen der Energie beschäftigen, die unser Leben auf der Erde antreibt. In jedem von uns gibt es Hunderte von Energieschaltkreisen, die durch den ganzen Körper verlaufen. Diese Energie, der göttliche Lebensatem, der jeden von uns belebt, wird in jeder Kultur anders bezeichnet. Die Inder nennen es *Prana* und die Chinesen *Ch'i*, für die Christen ist es *Gnade* oder *der Heilige Geist*, während Säkularisten es als *Vitalität* oder einfach *Lebenskraft* bezeichnen. Wir können uns vorstellen, wie diese Energie vom Universum, von Gott oder vom Tao in uns hineinfließt. Doch während sie durch uns hindurchfließt, gibt sie uns das, was wir brauchen, um unseren stofflichen Körper, unseren Geist sowie unsere Emotionen zu nähren und mit unserer äußeren Umgebung zurechtzukommen. Alles in unserem Leben – jeder Gedanke, jede Handlung – erfordert etwas von dieser Energie. Wir alle erhalten diese Lebenskraft, ob wir uns nun dessen bewußt sind oder nicht, doch es ist möglich, unsere Aufnahme und den Gebrauch von ihr zu steigern. Genaugenommen bedeutet *Bewußtsein*, sich dieses Flusses der Lebenskraft gewahr zu sein und imstande zu sein, ihn in gewisse Zonen des Körpers zu lenken, ohne ihn von anderen Körperbereichen abzuziehen.

Stellen Sie sich diesen Energiefluß als eine finanzielle Zuwendung vor, die hundert Mark pro Tag entspricht. Ihre Aufgabe besteht darin, zu lernen, diesen Betrag weise anzulegen, damit Ihre Investitionen Ihnen Zinsen einbringen und Sie nicht in Schulden stürzen. Gute Investitionen können nicht nur Ihre Energie erhöhen, sondern auch einen energetischen Überschuß bewirken. Schlechte Investitionen dagegen werden zu Schulden führen. Wenn die Schulden höher werden als Ihre tägliche Zuwendung, müssen Sie sich etwas leihen – in energetischen Begriffen müssen Sie sich Energie leihen.

Dieses zusätzliche energetische Guthaben wird hauptsächlich aus zwei Quellen bezogen. Eine Quelle ist die Energie anderer Menschen, denen gegenüber Sie sich vielleicht schmarotzerhaft verhalten, um so Ihr eigenes System zu versorgen. Wenn Sie die Energie anderer auf diese Weise verwenden, werden Sie schließlich davon abhängig und immer gieriger und hilfloser. Sie werden sich immer mehr auf andere verlassen, um Ihre Selbstachtung zu erhöhen oder von ihnen Ideen zu erhalten, wie Sie leben, handeln oder denken sollen, weil Sie nicht länger die Energie haben, Ihr eigenes Leben zu erschaffen. Diese Energiequelle steht gewöhnlich nicht lange zur Verfügung, weil die Menschen, die Ihre »Versorger« sind, bald erkennen, daß der Umgang mit Ihnen sie energetisch erschöpft, und sie Ihnen dann aus dem Weg gehen werden.

Die andere Quelle für die Aufstockung Ihres energetischen Guthabens sind die Energieressourcen, die in Ihrem Zellgewebe gespeichert sind. Jede Zelle in Ihrem Körper muß täglich mit einer frischen Zufuhr von Energie versorgt werden, um gedeihen zu können, ebenso wie sie jeden Tag frisches Wasser braucht. Ihre tägliche Zuwendung von hundert energetischen Mark sollte für die Erhaltung Ihres physischen und emotionalen Lebenssystems aufgewendet werden. Mit dieser Energie nähren Sie Ihre Kreativität, Ihre Beziehungen und Ihr lebenswichtiges Bedürfnis nach einer positiven Einstellung. Wenn Sie Ihrem zellularen Bankkonto zuviel energetisches Guthaben entnehmen, stürzen Sie sich in Schulden. Je höher die Schulden werden, um so schwächer wird Ihr Zellgewebe. Wenn Sie dieses Muster nicht ändern, indem Sie Ihre Schulden mit Ihrer täglichen Zuwendung abzahlen, werden Sie krankheitsanfällig.

Es ist teuer – sogar unerschwinglich –, an den negativen Ereignissen unserer Vergangenheit festzuhalten. Es kommt dem Versuch gleich, die Toten am Leben zu erhalten, und es kostet eine enorme Menge an Energie. Wenn wir ein Trauma erleben, stellt die Natur uns sozusagen eine zusätzliche Finanzierung bereit, um uns während der aufzehrenden Krisenzeit zu beschützen, aber dieser »Kredit« ist zeitlich begrenzt. Kein Kredit wird auf ewig gewährt, und er wird fällig, wenn wir spüren, daß wir auf der Stelle treten und unser Leben sich nicht vorwärtsbewegt. Wenn wir uns weigern, den Schmerz in unserem System loszulassen, werden wir niedergeschlagen. Die Niedergeschlagenheit schürt unsere negativen Haltungen anderen gegenüber und zehrt weiterhin an unseren Ressourcen. Bald projizieren wir die Ursachen unseres Versagens auf andere und geben ihnen die Schuld an unserem trostlosen Zustand. Die verantwortungslose Reaktion auf unsere Probleme wird gewöhnlich und alltäglich. Wir halten uns an den negativen Ereignissen und Beziehungen aus unserer Vergangenheit und Gegenwart fest, weil sie uns die Erlaubnis geben, uns selbst als Opfer und alle anderen als Ursache unseres Unglücks zu sehen.

Der einzige Weg, uns von diesem Muster zu lösen, besteht darin, die Last der Vergangenheit freizugeben – aus den Energieschulden herauszukommen, die wir nicht mehr tragen können. So ist Vergebung ein sicherer Weg, um schuldenfrei zu werden. Vergebung bedeutet nicht, zu sagen, daß das, was Ihnen zugestoßen ist, keine Rolle spielt oder daß es in Ordnung ist, daß jemand Sie verletzt hat. Vergebung bedeutet, die negativen Gefühle, die Sie über das Ereignis und die daran beteiligte Person oder Personen hegen, freizugeben. Das ist zweifellos ein schwieriger und komplexer psychologischer Prozeß. Ich werde in Kapitel 3 noch ausführlich auf Vergebung eingehen.

Der Wert der Vergebung wird im Evangelium deutlich gemacht, wo der ans Kreuz genagelte Jesus sogar seinen Mördern vergibt, als Vorbereitung darauf, die für die Auferstehung notwendige Energie freizusetzen. Und als Jesus über das Gebet spricht, das für ihn den Schlüssel zur Verbindung mit dem Göttlichen darstellt, gibt er klar und deutlich zu verstehen:

»Und wenn ihr stehet und betet, so vergebet, wenn ihr etwas wider jemand habt, auf daß auch euer Vater im Himmel euch vergebe eure Übertretungen« (Markus 11,25). Daraus kann man schließen, daß göttliche Energie erst dann in Sie hineinfließen wird, wenn Sie bereit sind, zu vergeben – und mit Ihrem Leben fortzufahren.

Vergebung ist außerordentlich wertvoll, aber nicht die einzige Möglichkeit, um Energie verfügbar zu machen. Einige der Geschehnisse in der Vergangenheit, die wir freigeben müssen, sind keineswegs negativ, sondern positive Dinge. Vielleicht sind Sie nicht in der Lage, die Tatsache zu akzeptieren, daß Sie nicht mehr zwanzig sind – sondern fünfzig oder achtzig. Vielleicht sind Sie nicht imstande, das jugendliche Aussehen loszulassen, das Sie einst hatten, Ihre sportliche Gewandtheit oder Ihre geistige Wachheit. Diese Unfähigkeit ist eine andere Art und Weise, Energie zu verlieren. Eine meiner besten Freundinnen konnte sich nicht von ihren College-Jahren lösen. Damals hatte sie das Gefühl gehabt, daß die ganze Welt auf sie warte und sie alles tun könne. Aber nach dem College fand sie jedesmal, wenn sich eine Gelegenheit auftat, einen Grund, sie sich nicht zunutze zu machen. In Wirklichkeit fürchtete sie, eigentlich überhaupt nichts tun zu wollen. Die Kombination aus ihrer Angst, sich auf das Leben einzulassen, und ihrem Festhalten an einem Augenblick in der Vergangenheit, der mit Potential erfüllt zu sein schien, richtete schließlich ihr energetisches Konto zugrunde und schuf den Boden für eine unheilbare Krankheit. Zwanzig Jahre später war sie noch immer von ihren College-Jahren besessen und kam mit ihrem Leben nicht weiter. Vor einigen Jahren entwickelte sie Lupus, eine tuberkulöse Hautflechte, und starb daran – Lupus steht in direktem Zusammenhang mit der Angst davor, loszulassen.

Auf ähnliche Weise klammern sich viele Frauen in ihren Fünfzigern und Sechzigern an die Zeit, als sie noch dreißig waren, indem sie sich zum Beispiel zu jugendlich kleiden. Alternde Männer verhalten sich nicht anders, wenn sie sich einen roten Sportwagen kaufen und jüngeren Frauen nachlaufen. Diese Verhaltensweisen sind allesamt ungesund und können genauso gesundheitsschädlich sein wie die Weigerung, negative Ereignisse aus der Vergangenheit hinter sich zu lassen. Sie müssen die Lebensphase akzeptieren, in der Sie sich gerade befinden, und sie bewußt leben. Ein hohes Alter heißt nicht automatisch Verfall, und Sie können nicht in dem Bedauern leben, daß Ihre Jugend vorbei ist.

Wer sich weigert, vergangene Ereignisse, ob positive oder negative, hinter sich zu lassen, der vergeudet einen Teil seines täglichen Energieetats. Wenn Sie anfangen, Energie zu verlieren, und nichts dagegen unternehmen, werden Sie zwangsläufig eine Schwäche in Ihrem physischen Körper entwickeln. Das Problem beginnt vielleicht ganz harmlos, indem Sie sich zunächst unwohl fühlen oder bemerken, daß Ihr Energiestand niedrig ist. Wenn Sie diesen Anzeichen keine Beachtung schenken, kann es zu Virusinfektionen, Grippe, Kopfschmerzen, Migräne oder Übelkeit kommen. Wenn Sie so Ihre Energie verlieren, ohne Maßnahmen dagegen zu ergreifen, können sich diese kleinen Störungen zu ernsten Erkrankungen entwickeln. Und auch wenn diese Vorstellung unbeliebt ist, so glaube ich doch, daß eine Unfallneigung Teil des Szenarios sein kann. Eine »unfallgefährdete« Person ist eigentlich energetisch verschuldet. Er oder sie ist aus dem Gleichgewicht und anfällig für alles, angefangen von geringfügiger Ungeschicklichkeit bis hin zu einem lebensbedrohlichen Unfall. Wir müssen lernen, diese Tage oder Zeiträume zu erkennen und beispielsweise keine wichtigen Entscheidungen zu treffen – ebenso wie wir merken, daß eine Erkältung im Anmarsch ist, und mit Ruhe oder Vitaminen dagegen angehen.

Als medizinisch Intuitive sehe ich leichter als andere die genauen Funktionsweisen von Energieverlust. Doch wie ich in meinem Buch »Geistkörper-Anatomie« dargelegt habe, können auch Sie mit ein wenig Übung lernen, sich selbst zu diagnostizieren. Bei den diagnostischen Einschätzungen, wie ich sie durchführe, folge ich den Energieschaltkreisen, die durch den Körper eines Menschen laufen, und »lese« die Eindrücke, die sie mir vermitteln. Einem Schaltkreis zu folgen entspricht ungefähr dem Lesen eines EKG – man sucht nach Impulsen, die auf Gefahr hinweisen. Ich gehe in die Zeit zurück, und wenn ich auf einen Impuls im Schaltkreis stoße, warte ich auf Eindrücke von Ereignissen, die mir zu verstehen geben, wo die Person etwas von ihrem Geist zurückgelassen hat.

Vor einigen Jahren nahm ich eine energetische Einschätzung bei einer Frau mit chronischen Schmerzen vor. Als ich elf Jahre in ihre Vergangenheit zurückgegangen war, sah ich, daß sie ihre Tochter bei einem Autounfall verloren hatte. Das bedeutet eine sehr große Verletzung und Wunde. Während ich ihren Energieschaltkreis betrachtete, veränderte sich das Bild von der Wunde und wurde zu einem überfüllten Rettungsboot. Ich studierte es noch etwas länger, und plötzlich wurde mir klar, daß ich es mit einer äußerst manipulativen Frau zu tun hatte, die zum ersten Mal in ihrem Leben eine berechtigte Wunde erhalten hatte und sie auf keinen Fall loslassen würde. Trauerte sie um den Verlust ihrer Tochter? Ja, natürlich. Aber ein anderer Teil ihrer Persönlichkeit dachte: »Das ist nicht schlimm.« Sie benutzte die Wunde, um ihr manipulatives Selbst zu rechtfertigen. So etwas habe ich schon oft bei Menschen erlebt: Sie nehmen einen berechtigten Groll aus einer schweren Kindheit und verwandeln ihn in das Recht, manipulativ, verbittert oder wütend zu sein. Später gab diese Frau zu, daß sie im Berufsleben höchst unmoralisch sei und jedesmal, wenn jemand sie angriff, ihre Wunde herausziehen würde. Die andere Person würde sich dann sofort bei ihr entschuldigen: »O mein Gott, es tut mir ja so leid, daß ich Sie angegriffen habe.« Fragen Sie sich selbst einmal: Wer würde diese Art von Macht schon aufgeben wollen?

Also sagte ich zu ihr: »Mir ist klar, daß der Verlust Ihrer Tochter sehr schwer und beträchtlich war, und das will ich auch gar nicht in Frage stellen. Aber Sie haben für sich diese sehr schlimme Situation genutzt, indem Sie diese Wunde weidlich ausschlachten, so daß es völlig unmöglich ist, sie freizugeben. Diese Wunde hat Ihnen ein Maß an Macht gegeben, die Sie zuvor wohl nicht hatten.« Sie gab zu, daß das stimmte. Sogar während sie das sagte, konnte ich es ihr vom Gesicht ablesen, wie sehr sie noch immer an dieser Wunde festhalten wollte. Warum ist es so schwer, eine Wunde aufzugeben? Ich glaube, daß wir alle mit einem bestimmten Bündel an Einsichten geboren werden, von einigen Dingen wissen wir einfach, daß sie zutreffen. Eine der Einsichten bezieht sich darauf, daß sich unser Leben ändern wird, wenn wir gewisse Dinge loslassen. Und Tatsache ist, daß wir uns eigentlich mehr vor Veränderungen als vor dem Tod fürchten.

Ich hielt einmal einen Vortrag zu diesem Thema an der University of New Hampshire vor etwa sechshundert Zuhörern. Eine Frau, die im übrigen ein sehr stilles, fast demütiges Auftreten hatte, bat mich zaghaft, näher zu erläutern, was ich damit meine, unsere Sprache der Wundologie aufzugeben. Ich antwortete, daß wir sie nicht aufgeben wollen, weil sie zu unserer wichtigsten Sprache der Intimität geworden ist und wir alles andere – unser Liebesleben, unser gesellschaftliches Leben – um diese Wunden herum aufgebaut haben. Für die meisten Menschen, so sagte ich, ist die Vorstellung, all das aufzugeben, vernichtend. In diesem Augenblick sprang die Frau plötzlich von ihrem Sitz auf, als wäre soeben ein Stromschlag durch ihren Stuhl gefahren. »Es gefällt mir nicht, was Sie da sagen«, schrie sie. »Es gefällt mir nicht, denn wenn ich diese Sprache der Wunden aufgeben würde, hätte ich niemandem mehr etwas zu sagen. Und das gefällt mir überhaupt nicht!«

Die gesellschaftliche Wunde

Fälle wie solche von dieser Frau oder Jane sind nicht selten. Wundologie ist zu einem weitverbreiteten gesellschaftlichen Phänomen geworden und stellt eine Veränderung im globalen Bewußtsein dar. In den vergangenen vierzig Jahren hat sich die amerikanische Gesellschaft sehr angestrengt, sensibler für die Notwendigkeit der Heilung von persönlichen Traumata, Verlusten und Verletzungen zu werden. Unsere Kultur ist sich der posttraumatischen Streßkrankheiten und der Auswirkungen emotionaler und sexueller Verletzungen bewußter geworden, was vor den sechziger Jahren praktisch kein Thema war. Die sexuelle Revolution, die ganzheitliche Gesundheitsbewegung und die therapeutische Kultur öffneten den Stammesgeist dafür, die große Bedeutung dieser Formen von persönlichen Verletzungen zu erkennen, die man zuvor für weniger traumatisch als physische Verletzungen hielt.

Sobald der Stammesgeist – die primitivste, aufs Überleben ausgerichtete Stufe des gesellschaftlichen Bewußtseins – die psychologischen und emotionalen Folgen dieser Verletzungen erkannte, wurden Selbsthilfegruppen für die emotional Verletzten gegründet und Gesetze verabschiedet, die solche Verletzungen unter Strafe stellten. Diese und andere Heilmaßnahmen waren angemessen und dringend erforderlich.

Aber wahrscheinlich weil emotionale Wunden so mächtig sind, ist man teilweise übersensibel geworden. Lehrer, Ärzte, Geistliche, Geschäftsleute und sogar Familienmitglieder müssen plötzlich äußerste Vorsicht im Umgang mit Kindern oder Angehörigen des anderen Geschlechts walten lassen, um nicht die Behauptung zu riskieren, sich »unangemessen« verhalten zu haben.

So enthielt beispielsweise ein Vertrag, den ich einmal im Rahmen meiner Workshop-Tätigkeit schloß, eine Mitteilung über »neue Praktiken in bezug auf Belästigung«. Dabei wurden neun Kategorien von Verhaltensmustern identifiziert, die heute offiziell als anstößig (lies: »wundverursachend«) anerkannt sind. Diese Verhaltensmuster sind »subtil und weniger subtil und reichen vom Erzählen von Witzen über Berühren und anstößige Äußerungen bis dazu, keine Maßnahmen zu ergreifen, wenn anstößiges Verhalten anderer Personen gemeldet wird«.

Vorsicht ist sehr wichtig, doch wenn man es übertreibt, werden Menschen dazu ermuntert, die Wunde in sozialen Umgebungen herauszufinden und anstößiges Verhalten in Situationen zu suchen, die eigentlich völlig harmlos sein können. Eine Pfarrerin der Episkopalkirche erzählte mir neulich von ihrem großen Kummer über die neue Politik ihrer Kirche, die das Umarmen von Gemeindemitgliedern verbot. »Als spirituelle Beraterin berühre ich oft Klienten auf unterstützende Weise«, sagte sie. »Jetzt darf ich niemanden berühren und muß die Tür offenlassen, wenn ich spirituelle Führung gebe oder die Beichte abnehme, was völlig vertraulich ist.« Ihre Reaktion auf diese Politik war, sich eine Zulassung als Masseurin und Körpertherapeutin zu besorgen, so daß sie, wie die Dinge lagen, eine »Lizenz zum Berühren« hatte.

In unseren Bemühungen, eine Gesellschaft hervorzubringen, die sich der Gefühle ihrer Mitglieder bewußter ist, müssen wir uns jetzt fragen, ob wir nicht zu weit gegangen sind, Menschen zu ermuntern, gegenseitig auf die Wunden zu achten. Anwälte werben heute regelmäßig im Fernsehen und ermutigen die Leute dazu, andere auf »persönliche Verletzung« zu verklagen, was darauf hinausläuft, Geld zu verdienen, indem man wütend und verwundet bleibt. Die gesellschaftliche Botschaft lautet, daß Wunden ein Mittel zum Profit sind; Heilung bringt einem nichts ein.

In unserem tempogeladenen Informationszeitalter ändern sich die Regeln, die unser Leben bestimmen, fast schneller, als wir erfassen können. Die kulturelle Reaktion auf das neue Bewußtsein emotionaler Wunden bestand darin, für Wunden sensibilisiert zu werden. Denn jede Heilung – sei es für den einzelnen oder für die ganze Gesellschaft – beginnt mit der Identifizierung von Wunden. Aber die Identifizierung von Wunden ist nur die erste Stufe der Heilung: Die eigentliche Reise der Heilung erfordert, sich durch diesen Schmerz hindurchzubewegen.

Ich will nicht sagen, daß wir die Auswirkungen unserer Wunden auf unser alltägliches Verhalten ignorieren sollen. Aber wir müssen es unbedingt vermeiden, bei unseren vergangenen Traumata zu verweilen, bis wir all unsere Energie erschöpft haben. Beim »Bewußtsein«, so wie wir diesen Begriff verwenden, geht es ja gerade darum, zu lernen, sich dieser subtilen energetischen Entwicklungen im Körper und Geist *bewußt zu sein* und dementsprechend zu handeln.

Dieses Bewußtsein zu entwickeln, hat sehr weitreichende Auswirkungen auf unsere Lebensweise. Der Schwingungs- oder Energieaustausch ist im Freien ein anderer, als wenn wir uns im Haus befinden, er ist in der Sonne anders als im Schatten. Draußen in der Sonne ist es nicht nur warm, und wir werden braun, sondern ein Schwingungsfeld verbindet sich mit unserem und verstärkt die Qualität oder den Fluß der Energie durch unseren Körper. Um es einfacher auszudrükken: Die Wirkung des Sonnenlichts auf unser Energiesystem gleicht dem Aufladen einer Batterie. Bewußtsein zu entwik-

keln bedeutet auch, Verhaltensweisen zu lernen, mit denen sich unsere Energiezellen aufladen und stark bleiben.
Wenn wir umgekehrt Energie und Leben vernachlässigen, gar mißbrauchen, kommen wir dafür ins energetische Minus. Ein Trauma oder eine Tragödie zu betrachten, die sich im Leben eines anderen ereignet hat, verlangt von uns eine mitfühlende Reaktion, da Mitgefühl eine energetische Aufladung ist, die eine leidende Person unterstützt. Wenn wir jedoch ohne Mitgefühl reagieren oder über dieses Ereignis einfach hinweggehen, können wir eine karmische Schuld auf uns laden. Wenn wir anfangen zu lernen, wie machtvoll Energie ist – daß sie das Herz des Lebens ist und nicht bloß ein Maß für Kraft –, werden wir die Macht entdecken, die in unseren Gedanken enthalten ist, die nicht nur auf uns, sondern auch auf andere Menschen anwendbar ist.
Eine der beeindruckendsten Geschichten, die ich jemals in einem Workshop gehört habe, erzählte eine Frau, Maggie, die bei einem Autounfall schwer verletzt wurde und eine Nahtoderfahrung hatte. Maggie trat aus ihrem Körper hinaus und schwebte in diesem Zustand über dem Unfallort. Sie konnte hören, wie die Leute in den Autos hinter ihr auf den Unfall reagierten. Einige waren tief erschüttert über dieses Erlebnis, während andere Bemerkungen von sich gaben wie: »O Gott, das fehlt mir gerade noch! Wie lange werden wir hier wohl festsitzen?« Aber aus dem fünften Auto hinter ihrem erblickte sie einen schönen Lichtwirbel, der in den Himmel emporstieg und dann geradewegs in ihren eigenen Körper fuhr. Sie dachte: »Was geht hier vor sich?« Und noch während sie das dachte, befand sie sich schon neben der Frau in diesem Auto, die ein Gebet für sie sprach. In diesem energetischen Zustand, inmitten ihrer Grenzerfahrung, sah Maggie das Kennzeichen dieses Autos vor sich und lernte es auswendig. Schließlich kehrte sie wieder in ihren Körper zurück und wurde ins Kran-

kenhaus eingeliefert. Als sie wieder völlig gesund war, machte sie die Frau ausfindig, die für sie gebetet hatte, und erschien mit einem Blumenstrauß vor ihrer Tür, um sich bei ihr zu bedanken.

Den Geist wiedergewinnen

Bei Menschen mit Krebs habe ich oft gesehen, daß früh in ihrem Leben eine bedeutsame Person – ein Elternteil oder ein Lehrer vielleicht – ihnen so etwas wie: »Du wirst nie gut genug sein!« oder: »Aus dir wird nie etwas werden!« gesagt hat. Das Ganze hat vielleicht nur drei Sekunden gedauert, aber diese drei Sekunden waren für das weitere Leben des Betreffenden ausschlaggebend. Wenn Sie von einer drei Sekunden langen Äußerung vollkommen beherrscht werden können, glauben Sie dann wirklich, daß Sie von Anfang an immer Ihre eigene Wirklichkeit erschaffen? Ich glaube nicht. Es ist auch diese Negativität, die Ihre Wirklichkeit erschafft, und Ihre Herausforderung besteht darin, stark genug zu werden, um Ihren Geist zurückzurufen. Wenn Sie die nächsten paar Seiten lesen und die folgende Übung durchführen, denken Sie daran, daß Sie wirklich Ihre eigene Wirklichkeit erschaffen können.

Übung: Rufen Sie Ihren Geist zurück

Stellen Sie sich einen großen Kreis vor, und visualisieren Sie darin Ihr *Prana*, Ihre Lebenskraft, die jetzt in Ihren Scheitel eintritt. Jetzt liegt die Wahl bei Ihnen: Wie wollen Sie Ihr Prana verteilen? Es wird genau so zu Ihnen zurückkommen, wie Sie es verteilen – was herumgeht, kommt zurück. Sagen Sie zu Ihrem Geist: »Geh zurück zu diesem schmerzlichen Ereignis in meiner Vergangenheit und erhalte es für mich am Leben, und dann bring mir die Ernte davon.« Und von dieser Ernte nähren Sie Ihr Zellgewebe.

Es ist durchaus nicht leicht, seinen Geist zurückzurufen, nicht nur, weil echter Schmerz damit verbunden ist, sondern auch, weil das Verweilen bei traurigen oder wuterfüllten Erinnerungen zur Gewohnheit werden kann. Unser Geist geht so mühelos auf unseren historischen Friedhof, daß er unser Bewußtsein umgeht und uns dann nichts davor warnt, daß er seinen Platz in unserer Vergangenheit eingenommen hat. Folglich brauchen wir mit der Zeit nicht einmal mehr bewußt unsere unglückliche Vergangenheit zu aktivieren – sie ist automatisch aktiviert.

Der Prozeß, diese Energie aus der Vergangenheit wiederzugewinnen, beginnt damit, daß man eine Veränderung im Bewußtsein und im Wortschatz vornimmt. Lernen Sie, sich so oft wie möglich dessen bewußt zu werden, worüber Sie nachdenken und wo Ihre Energie ist. Wenn Sie fühlen, wie Sie sich im Nebel einer Erinnerung treiben lassen, befehlen Sie Ihrer Energie, zur Gegenwart zurückzukehren, indem Sie sagen: »Ich werde nicht mehr dorthin gehen. Ich lasse diese Erinnerung ein für allemal los.« Und machen Sie nicht soviel Aufhebens vom Akt des Freigebens. Es ist nicht immer erforderlich, auf Kissen auf dem Boden einzuschlagen und dabei vor Wut zu schreien. Das Loslassen kann auch humorvoller vonstatten gehen, wie etwa: »Du schon wieder? Hau ab! Ich habe weder die Zeit noch die Energie, noch länger über dich nachzudenken!« Entspannen Sie sich, und lassen Sie sich von Ihrer Vergangenheit keine Angst machen. Hören Sie auf, ihr Macht zu geben, indem Sie an dem Glauben festhalten, die Dinge hätten anders sein können oder sollen. Das ist Unsinn! Wenn Sie mehr Kontrolle über Ihre Gedanken gewinnen, versuchen Sie, auch Ihren Wortschatz zu verändern. Sprechen Sie mehr im Präsens über Ihr Leben. Natürlich können Sie sich an Ihre Vergangenheit erinnern, aber machen Sie es sich zur Gewohnheit, sich die *guten* Zeiten zurückzurufen. Wenn jemand Sie nach Ihrem Befinden fragt, geben Sie ihm eine positive Antwort; lassen Sie das Ihre Standardeinstellung sein. Wenn Sie mit etwas fertig werden wollen, das Ihnen kürzlich passiert ist, dann machen Sie ruhig, und teilen Sie es mit anderen, aber verweilen Sie nicht dabei. Wenn der Vorfall Sie an die »vielen Male, in denen mir so etwas passiert ist« erinnert, dann rufen Sie sich diese Zeiten zurück, *aber nur, wenn* Sie versuchen wollen, das Muster in Ihnen zu verstehen und zu durchbrechen, das irgendwie mit diesen Vorfällen verbunden ist.

Stellt es sich bei Ihrem vorübergehenden Verweilen in Erinnerungen heraus, daß Sie sich noch stärker wie ein Opfer fühlen und sagen: »Siehst du? Ich kann einfach nicht gewinnen, egal, was ich tue«, ist es Ihnen nicht gelungen, Ihren Geist zurückzurufen. Um die Vergangenheit zu heilen, müssen Sie zurückgehen mit der *aufrichtigen Absicht*, sich ständig wiederholende Muster zu suchen, sie zu durchbrechen und Einblicke darin zu gewinnen, was Sie in diesem Leben lernen müssen.

KAPITEL 2

Die fünf Mythen über Heilung

Der Zusammenhang zwischen Bewußtsein und Krankheit ist derzeit Gegenstand vieler Spekulationen und wissenschaftlicher Forschung. Es kann uns bestimmt helfen, positive Entscheidungen zu treffen und unser Leben zu verbessern, wenn wir uns negativer Überzeugungen und ihrer Auswirkungen auf uns bewußt werden. Ich glaube mit vielen anderen Lehrern und Forschern, daß das Gewahrsein der inneren Verbindung zwischen unserem Geistkörper und unserer Seele die Heilung beschleunigen kann.

Dennoch können selbst die heiligsten Menschen krank werden und werden es auch. Ungewöhnlich fromme Menschen haben sich die gewöhnlichsten Krankheiten zugezogen, einschließlich schmerzhaftester Formen von Krebs. Einige haben sogar im voraus gewußt, wie sie sterben werden. Aber trotz ihrer physischen Probleme waren diese Heiligen und Weisen bestrebt, sich zu verstehen, Mitgefühl gegenüber anderen auszuüben und sich mit der göttlichen Energie zu verbinden, die ihr Leben lenkte. Obwohl sie sich vielleicht nicht von physischer Krankheit heilten – oder es nicht einmal versuchten –, heilten sie ihre Seele, indem sie den göttlichen Willen akzeptierten und den höheren Zweck ihres Daseins erkannten.

In einigen Fällen kann es göttlicher Wille sein, daß wir auf der physischen Ebene nicht genesen, sondern aus einer chronischen oder unheilbaren Krankheit gewisse Lektionen lernen sollen, die unsere Seele entdecken muß. Ein anderes Mal sollen wir spirituelle Tugenden in uns aufnehmen, die uns nur durch eine Krankheit zugänglich werden, und dadurch vielleicht andere inspirieren. Transformation durch Krankheit ist ein altes spirituelles Thema, und der Glaube an das Göttliche kann eine dramatische Einsicht und Heilung bewirken.

Als Jesus sein Kreuz auf dem Weg zu seiner Kreuzigung trug, half ihm eine Zeitlang ein Mann namens Simon. Dieser Vorfall verdient viel mehr Beachtung, als ihm geschenkt wird: Er besagt, daß wir auf unserer Reise zur Individualität und zur Erkenntnis unserer einzigartigen Bestimmung auch die Lasten derjenigen tragen müssen, die nicht stark genug sind – und manchmal bedeutet diese Last Negativität.

Als ich mich einmal in London aufhielt, nahm ich eine Einschätzung bei einem herausragenden Mann vor, der das Gesicht eines Gesegneten hatte. Nach meiner Vorlesung trat er an mich heran und sagte: »Ich bin ein guter Mensch, aber ich verstehe nicht, warum ich so viele Probleme mit meinen Kollegen und bei der Arbeit habe.« Er arbeitete bei der British Telecom. Ich betrachtete ihn und sah nichts als Freundlichkeit in seiner Aura. Ich schloß meine Augen und bat um Führung, woraufhin ich den sehr starken Eindruck erhielt, daß er eine Art Schutzengel in Ausbildung war und sehr viel Negativität absorbierte. Ein Großteil dieser Negativität war rassistischer Art, weil er aus Indien kam. Viele andere Inder, die er kannte, erfuhren auch diesen Rassismus, waren aber nicht stark genug, um damit fertig zu werden, so daß er die Hiebe für sie auffing. Das erklärte ich dem Mann und fügte hinzu: »Ich weiß nicht, ob Ihnen das helfen wird, aber das ist der einzige Eindruck, den ich habe.« »Oh«, sagte er, »damit kann ich leben.«

Ich hörte eine noch erstaunlichere Geschichte von einem hochgeachteten indischen Lehrer, der unheilbaren Krebs hatte, von dem mehrere Organe befallen waren. Mit dem Fortschreiten seiner Krankheit wurde er immer schwächer, und sein Körper begann äußere Zeichen des inneren Wütens zu zeigen. Eines Tages trat ein treuer Schüler an ihn heran und fragte ihn, warum er sich nicht heilen würde – oder sich nicht heilen könne. Der spirituelle Meister wandte sich zu ihm und lachte: »Du möchtest zusehen, wie ich das heile?« fragte er. »Dann paß auf!« Und kaum hatte er das gesagt, heilte der Meister seinen Körper, der sofort wieder seine frühere gesunde Farbe annahm – was seinen Schüler noch mehr verwirrte. »Ich verstehe nicht«, sagte der Schüler. »Wenn du soviel Licht in dir hast, was hat dann diese dunkle Krankheit verursacht?« »Das ist nicht meine Dunkelheit«, erwiderte der spirituelle Meister. »Es ist deine und die meiner anderen Schüler. Ich trage sie für euch, bis ihr stark genug seid, sie selbst zu tragen. Ich selbst spüre nichts davon.«

Das Akzeptieren göttlicher Führung ist der Schlüssel dazu, an spiritueller Reife zuzunehmen – und es ist ebenfalls der Schlüssel zur Heilung von physischen sowie emotionalen Problemen. Ungeachtet dessen, ob eine Krankheit eine spirituelle Krise ist oder sich aus Negativität entwickelt hat, ist die menschliche Natur dazu bestimmt, Heilung zu suchen. Aufgrund meiner Erfahrung in der Arbeit mit Kranken bin ich jedoch zu der Überzeugung gekommen, daß Menschen oft nicht gesund werden, weil sie mehr Vertrauen in äußerst mächtige Glaubensmuster haben, die die Heilung behindern, als in ihre Fähigkeit, sich zu heilen.

Es gibt fünf zentrale Mythen über Heilung, die die geistige und emotionale Kraft eines Menschen voll und ganz beherrschen und eine Heilung fast unmöglich machen können. Jeder dieser Mythen unterstützt das Bewußtsein um Wundologie und dient dazu, den Körper noch mehr zu schwächen, statt ihn wiederherzustellen. Diese Glaubensmuster üben ei-

nen derartigen Einfluß aus, daß sie manchmal stärker zu sein scheinen als unsere Überzeugungen, geheilt werden zu können. Denn hoffnungsvolle, optimistische Überzeugungen beziehen sich auf die Zukunft, auf Möglichkeiten, während eine Krankheit eine Tatsache ist und die sie unterstützenden Mythen in der Gegenwart spielen. Heilung ist nicht greifbar, wohingegen man eine Krankheit spüren und sehen kann.
Der wirksamste Weg, um die beherrschende Kraft eines Mythos aufzuheben, besteht zunächst in der Einsicht, daß er ein Glaube und nicht unbedingt eine Tatsache ist, auch wenn Sie ihn möglicherweise mit anderen teilen. Dann können Sie bewußt daran arbeiten, sich von seinem Einfluß zu befreien. Fragen Sie sich beim Lesen über jeden der fünf Mythen: »Glaube ich daran?« Für den Fall, daß Sie diese Frage bejahen, werde ich Techniken – Gebete und andere Rituale – vorstellen, mit denen Sie die Macht dieser Überzeugungen über Ihren Geist auflösen können. Es ist nicht einfach, diese Mythen loszuwerden. Doch wenn Sie ernsthaft eine Heilung bewirken möchten, bleibt Ihnen nichts anderes übrig, als sich auf diesen Kampf einzulassen und Gedankenformen zu entwickeln, die diese Mythen verdrängen und Sie gesund werden lassen.

Der erste Mythos: Mein Leben wird durch meine Wunde definiert

Es ist praktisch unmöglich, von der eigenen Geschichte emotionaler oder psychologischer Wunden unbeeinflußt zu bleiben. Buchstäblich und symbolisch gesehen durchdringen Wunden unser Blut und unseren Körper. Unsere Biographie ist größtenteils auch unsere Biologie. Wunden sind wie Seitenkanäle, die Wasser und Geist vom Fluß unseres Lebens ableiten. Je mehr Wunden wir haben, um so mehr Mühe müssen wir dafür aufwenden, unsere Energie zurückzurufen, dem Energieabfluß ein Ende zu bereiten und uns unserem Heilungsprozeß zu widmen. Gleichgültig, wie viele Seitenkanäle es sind und wie tief sie sind, Heilung erfordert, daß unsere Lebenskraft zurück in unser Leben umgeleitet wird.

Doch viele Menschen sind überzeugt, daß ihr Leben nur eine Sammlung von psychologischen Wunden ist, für deren Heilung sie kaum etwas tun können. Weist man sie darauf hin, daß sie ihre Wunden loslassen können, antworten sie oft: »Sie verstehen mich nicht. Seit dieser Erfahrung bin ich nicht mehr der gleiche. Wie kann ich das jetzt noch ändern?«

Nach einem traumatischen oder tragischen Erlebnis neigen solche Menschen dazu, jede neue Erfahrung durch die Linse der Wunde zu sehen, die ihnen beigebracht wurde. Sie projizieren ihre vergangene Erfahrung auf alles, was in ihr Leben eintritt. Sie gehen jede neue Beziehung mit der Vermutung ein, daß sich dasselbe Muster der Erfahrung wiederholen wird. Sie warnen jede neue Bekanntschaft davor, daß sie aufgrund ihrer vorhergehenden Enttäuschung niemals imstande sein werden, ihr voll und ganz zu vertrauen. Und sie beschreiben ihr Leben als eine kontinuierliche Folge von persönlichen und beruflichen Katastrophen, gegen die sie nichts ausrichten können, weil ihre verwundete Vergangenheit ihnen alle positiven Gelegenheiten geraubt hat.

Obwohl solche Menschen sich dadurch selbst begrenzen und aller Hoffnung berauben, beziehen sie große Macht daraus, diesen Geisteszustand beizubehalten, weil er es ihnen erlaubt, ein Leben der geringsten Erwartung und beschränkten Verantwortung zu führen. Er sichert ihnen den Beistand anderer, und sie nutzen die Schuldgefühle, die sie verursachen, geschickt aus, damit dieser Beistand weiterhin gewährt wird. Sie sprechen bedauernd oder verbittert über kreative Ziele, die sie wegen ihrer Geschichte des emotionalen oder physischen Mißbrauchs jetzt oder überhaupt nicht erreichen können. Sie suchen sich ein Unterstützungssystem, das ihnen einen Bereich sozialer Sicherheit bietet, ein Unterstützungssystem, das ihrem Verwundetsein wohlwollend gegenübersteht, ohne sie jemals aufzufordern, es zu überwinden. Da von der verwundeten Persönlichkeit nichts erwartet wird, kann sie auch niemals versagen.

Wenn sich solche Menschen im Laufe der Jahre an diese Art von Macht und Selbstschutz gewöhnt haben, finden sie es immer schwieriger, sich zu ändern. Je älter wir werden, um so schwerer fällt es uns, uns aus unseren Wunden heraus- und in eine andere Lebensanschauung hineinzubewegen. Tatsache ist jedoch, daß die ständige Betonung unserer Wunden unserer Psyche genauso schaden kann wie die ursprünglichen Verletzungen. Das Verweilen bei einer Wunde ist genaugenommen eine Art Selbstverstümmelung, eine Selbstgeißelung, bei der unser Bewußtsein stets auf Schwäche und niemals auf Genesung konzentriert ist. Darüber hinaus kann eine Psyche, die an ihre emotionale und psychologische Verwundbarkeit glaubt, nur einen physischen Körper hervorbringen, der dies widerspiegelt. Wenn Sie Stärke und Unabhängigkeit fürchten, wird es Ihnen sehr schwer fallen, Ihre Gesundheit zu behalten oder wiederzuerlangen.

In einem Workshop lernte ich Frank kennen, einen Mann, der absolut davon überzeugt war, seine Wunden hätten unverrückbare Grenzen gesetzt für das, was er in seinem Leben hätte erreichen können. Frank erklärte ständig, daß er Wissenschaftler oder Arzt hätte werden können, aber weil ein Grundschullehrer ihn unentwegt kritisiert habe, sei ihm nichts anderes übriggeblieben, als Jobs zu wählen, die weniger Bildung erforderten, um sich so weitere Demütigungen zu ersparen.

Immer wenn sich im Laufe des Workshops das Gespräch den Wirkungen verschiedener medizinischer Behandlungsmethoden zuwandte, steuerte Frank sofort seine Meinung bei, die immer negativ war. Ärzte wüßten eigentlich nicht, was sie tun, wenn es darum geht, Krankheiten zu behandeln, sagte er, weil die meisten von ihnen keine persönliche Erfahrung mit echtem Leid hätten. Irgendwann wandte ein anderer Mann ein, daß viele Ärzte aus schwierigen persönlichen Verhältnissen kämen und den medizinischen Beruf als einen Weg gewählt hätten, um anderen zu helfen. Er selbst sei ein solcher Arzt, sagte er. Frank ging über diesen Einwand hinweg und behauptete, daß der Arzt nur seinen Schmerz unterdrücken würde und im Beruf mit seinen Emotionen nicht in Berührung kommen könnte. Im weiteren Verlauf der Diskussion erzählten vier Teilnehmer von ihrem Erfolg bei der Heilung ihrer persönlichen Vergangenheit. Aber Frank fand ihre positiven Äußerungen offensichtlich bedrohlich. Schließlich stand er auf und verkündete, daß niemand so emotional verletzt sei wie er – und verließ die Gruppe!

Ungeachtet Franks Haltung haben mich die wunderbaren Heilungsgeschichten, die andere in dieser Gruppe miteinander teilten, tief inspiriert, so wie die vielen, die ich in anderen Workshops gehört habe. Menschen haben sich durch beklemmende Erfahrungen hindurchgearbeitet und daraufhin angefangen, sich nicht nur ein produktives, sondern auch ein freudvolles Leben aufzubauen.

In einem Workshop erzählte eine Frau namens Alison von ihrer Erfahrung mit der Heilung von Brustkrebs. Kurz nach ihrem dreißigsten Geburtstag entdeckte sie einen Knoten in ihrer Brust, der sich als bösartig herausstellte. Zu dieser Zeit hatte Alison gerade angefangen, mit ihrem Freund Sam Heiratspläne zu schmieden. Als sie ihm von ihrer Krankheit erzählte, meinte er, daß sie zusammen »gegen dieses Ding angehen« und dann mit ihrem Leben weitermachen würden. Es lief jedoch nicht so ab. »Denn«, so Alison, »er brauchte mich, um von ihm abhängig zu sein. Durch diese Abhängigkeit fühlte er sich in der Beziehung sicher, weil es ihm ein Gefühl von Macht gab.«

Bei der Arbeit an der Heilung ihres Körpers wurde auch Alisons Persönlichkeit stärker, bis sie schließlich erkannte, daß sie Sam zwar liebte, aber die Abhängigkeit von ihm ihre weiteren Fortschritte verhinderte. Tatsächlich war ihre Abhängigkeit von ihm so stark, daß sie von ihm sogar erwartete, die Heilung für sie durchzuführen. Zugleich fürchtete sie sich davor, selbst stark zu werden, weil sie Stärke mit Unabhängigkeit assoziierte. »Ich hatte keine Ahnung, wie man eine Beziehung zu irgend jemandem findet, ohne ihm eine Liste seiner verwundbaren Punkte zu geben«, sagte sie. »Ich wußte, wie man unvollkommen ist, was immer ein Weg zu sein schien, um jemandem nahezukommen. Bei Sam und den anderen Männern, mit denen ich zusammen war, hat das ja auch funktioniert. Aber jetzt mußte ich eine ganz andere Person werden, eine, die stark und imstande ist, sich allein dem Krebs zu stellen.«

Schon der Gedanke, etwas aus eigener Kraft zu heilen, war für Alison erschreckend, weil es bei Sam den Eindruck erwekken könnte, daß sie etwas unternahm, wozu sie ihn nicht brauchte. »Ich war von meiner Angst davor, geheilt zu sein, tatsächlich ebenso geplagt wie davon, nicht geheilt zu werden. Mir wurde klar, daß eine geheilte Person zu sein bedeutet, mich selbst in Frage stellen zu müssen, meine Art und Weise, wie ich mit Menschen, besonders mit Sam, kommunizierte. Eines Abends beschloß ich, daß ich mich entscheiden müsse. Also sagte ich Sam, daß ich ›etwas Zeit‹ brauche, um mich emotional zu stabilisieren. Er faßte das so auf, daß ich ihn ablehnte; das war mehr oder weniger das Ende unserer Beziehung.«

Alisons Ärztin zeigte ihr schließlich eine andere Perspektive

auf. Eine stärkere Person zu sein bedeute nicht, allein zu leben, sagte sie zu Alison, sondern vielmehr ein besseres Leben zu leben, weil Unabhängigkeit die Möglichkeit der Entscheidung bedeute. Stärke würde sie in die Lage versetzen, »sich nicht mit dem zufriedengeben zu müssen, was sich einfach ergibt«, sondern eine Wahl darüber treffen zu können, mit wem sie zusammensein wollte. »Zuerst habe ich ihr nicht geglaubt, aber es gefiel mir, was sie sagte«, erzählte Alison.
Immer wenn sie in ihre Angst vor dem Alleinsein verfiel – und sie lebte jetzt allein –, rief Alison sich diese Worte ins Gedächtnis zurück. »Ich gelangte zu dem Punkt, an dem ich mir sagte, daß ich ein gutes und gesundes Leben haben will, ob allein oder mit jemandem zusammen. Und das Interessante an dieser Entscheidung war, daß ich in dem Moment anfing zu glauben, mein Leben allein meistern zu können. Doch zugleich wußte ich, daß ich nicht allein sein würde.«
Nach unserem Gespräch sah ich Alisons Zustand sehr klar. Ich sah in ihr all die Elemente von Engagement und Rückgrat, die ein Mensch braucht, wenn er sich einer ernsten Krankheit stellt. Aber mehr als das sah ich, daß sie wußte, daß das die Wahrheit war. Später erhielt ich einen Brief von ihr, in dem sie mir schrieb, daß ihr Krebs sich zurückgebildet habe und sie voller Zuversicht sei, eine vollständige Genesung zu erreichen.
Ich weiß, daß es sehr, sehr schwierig ist, die Überzeugung loszulassen, Ihr Leben sei von Ihren Wunden definiert und wird es immer sein. Dieser Mythos ist besonders schwer aufzugeben, weil er so nützlich ist: Er läßt uns glauben, daß jedes Scheitern oder mangelnde Leistung unsererseits die Schuld eines anderen ist. Sie können sich nur von der Macht dieses Mythos befreien, wenn Sie Verantwortung für die Qualität Ihres Lebens übernehmen, wie auch Alison es getan hat. Anstatt zu erklären, daß Sie gern auf die Universität gegan-

gen wären, tun Sie es einfach. Fangen Sie damit an, einen Kurs, nötigenfalls einen Fernkurs, zu belegen, aber fangen Sie an. Anstatt sich zu wünschen, zwanzig Kilo weniger zu wiegen, fangen Sie an zu laufen und ändern Sie Ihre Ernährung, selbst wenn Sie nur zehn Minuten täglich laufen und nur einige Lebensmittel mit hohem Fettgehalt vom Speisezettel streichen. Wenn Sie sich dabei ertappen, zu sagen oder zu denken: »Ich hätte ... sein können, aber die Verletzungen in meiner Vergangenheit haben mich daran gehindert, es zu erreichen«, unternehmen Sie Schritte, um genau dieses »unmögliche« Ziel zu verwirklichen.

Fragen zur Selbstprüfung

- Bringen Sie Entschuldigungen dafür vor, warum Sie nicht mehr Positives mit Ihrem Leben anstellen?
- Vergleichen Sie Ihre Geschichte der Wunden mit anderen? Wenn ja, warum?
- Wenn Sie sich in höherem Maße verwundet fühlen als jemand anders, haben Sie dann das Gefühl, »besser« zu sein?

Der zweite Mythos: Gesundsein bedeutet Alleinsein

Wenn jemand von einer Krankheit genesen ist, sagen wir, er ist »wieder auf den Beinen« – das heißt, er kann sich wieder um sich selbst kümmern, ist unabhängig. Aber für einige seelisch verwundete Menschen ist Genesung und Unabhängigkeit gleichbedeutend mit Isolierung und Verwundbarkeit. Für viele ist diese Angst vor Unabhängigkeit – und im weiteren Sinne vor dem Alleinsein – der Grund ihrer Unfähigkeit, gesund zu werden. Überdies glauben sie, daß sie für immer geheilt sein werden, sobald sie gesund sind, und folglich ihr Bedarf an emotionaler und psychologischer Unterstützung irgendwie ganz und gar verschwinden wird. Aber Menschen, die sich im Heilungsprozeß befinden und die geheilt sind, brauchen Gesellschaft und Freundschaft wie jeder andere auch. Wir erschaffen jeden Tag und die ganze Zeit über Gesundheit, und das müssen wir bewußt tun. Ebenso wie Erleuchtung kein einmaliges, nur von spirituellen Supermännern und Superfrauen erreichbares Ereignis ist, findet Gesundheit nicht außerhalb einer Gemeinschaft statt. Sie erfordert eine bewußte Verbindung zwischen Geist, Körper und Seele, eine Verbindung zwischen dem einzelnen, anderen Menschen und dem Universum.

Heilung ist wie Spiritualität ein fortwährender Prozeß, wie viele Geschichten aus der östlichen Tradition deutlich vor Augen führen. In einer Geschichte, die der Meditationslehrer und Psychologe Jack Kornfield erzählte, geht ein Zen-Mönch einen Berg hinauf, entschlossen, Erleuchtung zu finden oder zu sterben. Auf dem Weg begegnet er einem weisen, alten Mann, der ein großes Bündel trägt, und fragt ihn, ob er über Erleuchtung Bescheid wisse. Der alte Mann, der tatsächlich der *Bodhisattva* der Weisheit ist, läßt das Bündel auf den Boden fallen. Der Mönch wird sofort erleuchtet. »Meinst du, daß es so einfach ist?« fragt er. »Einfach loslassen und nichts festhalten?« Er schaut den alten Mann an und fragt: »Und was jetzt?« Der alte Mann hebt sein Bündel wieder auf und geht in Richtung Dorf davon. – Das heißt, auch nach der Erleuchtung warten die gleichen Annehmlichkeiten und Pflichten auf uns wie zuvor. Auch nach der Heilung müssen wir weiter an unserer Heilung arbeiten. Heilung ist ein Prozeß, der keinen Abschluß hat.

Amerika ist schon lange von der Vorstellung des absoluten

Individualisten fasziniert. Das Problem dabei ist, daß nur sehr wenige von uns sich wirklich mit diesem Bild identifizieren können, weil wir in erster Linie soziale Wesen sind. Solange wir glauben, daß echte Heilung einer heroischen individuellen Anstrengung bedarf, werden wir immer eine gute Entschuldigung dafür haben, es nicht einmal zu versuchen. Oft scheint es unüberwindlich zu sein, selbst bescheidene Heilmaßnahmen zu ergreifen, wie das Erlernen von Meditation und Yoga oder die Änderung unserer Ernährungsweise, wenn wir uns nicht vorstellen können, sie mit wenigstens einem bereitwilligen Partner durchzuführen.

In einem meiner Workshops erzählte mir eine Frau namens Beth, daß die Diagnose Krebs sie motiviert hatte, sich mit Hilfe der komplementären (ergänzenden) Medizin zu heilen. Sie änderte ihre Ernährung, hörte auf zu rauchen und trank keinen Alkohol mehr. Dann schloß sie sich einer Krebsselbsthilfegruppe an, zog einen Therapeuten zur Unterstützung heran und begann mit Yoga. Ihr Freund Matt, der ein starker Raucher war, fand diese Bemühungen enorm bedrohlich, besonders als sie ihm sagte, daß er zu Hause nicht mehr rauchen dürfe.

Beth und Matt begannen sich immer wieder zu streiten, sowohl über das Rauchen als auch über die Zeit, die sie nun außer Haus verbrachte. Da er fand, daß er immer weniger mit Beth gemeinsam hatte, verlangte Matt von ihr, aus ihrem gemeinsamen Haus auszuziehen. Sie sagte zu mir, daß dies die Veränderung sei, vor der sie sich am meisten gefürchtet habe, nicht nur, weil ihr die finanziellen Mittel fehlten, um sich eine neue Wohnung zu suchen und ihre Arztkosten zu begleichen, sondern auch, weil sie schon so lange mit Matt zusammen war, daß sie sich ein Leben ohne ihn nicht mehr vorstellen konnte.

Beth schlug einen Kompromiß vor: Matt durfte zu Hause rauchen und essen, was immer er wollte, und sie würde die Treffen mit ihrer Selbsthilfegruppe auf jede zweite Woche einschränken. Dafür sollte er sie nicht mehr dafür kritisieren, daß sie bei ihrer neuen Ernährungsweise blieb und ihren Yogakurs besuchte.

Als ich Beth fragte, ob dieser neue Plan funktionierte, antwortete sie: »Nun, ich tue das meiste von dem, was ich tun sollte, von daher ist es für mich in Ordnung. Aber ich vermisse die wöchentlichen Treffen mit der Selbsthilfegruppe, weil Matt sich wirklich nicht darin hineinversetzen kann, wie es ist, Krebs zu haben. Die Leute in der Gruppe können das, und ich fühle mich von ihnen akzeptiert. Wir haben ein gemeinsames Ziel, und wir sorgen füreinander. Mir gefällt dieses Gefühl; ja, ich liebe es sogar. Matt sagt, daß sie sich überhaupt nicht für mich interessieren, sondern nur dafür, was sie aus mir zu ihrem eigenen Vorteil herausholen können. Das glaube ich wirklich nicht, aber ich kann ihm auch nicht das Gegenteil beweisen, weil er sich weigert, die Gruppe kennenzulernen. Auf jeden Fall hat er versprochen, daß er es mit mir durchhält, und ich denke, das ist wirklich das Wichtigste.«

Ich weiß nicht, ob Beth schließlich von ihrer Krankheit geheilt wurde, aber ich hoffe, daß sie erkannte, wie ihre Energie durch ihr Dilemma blockiert wurde. Wenn ich an sie denke, sehe ich eine Person, deren Brennpunkt nicht auf Heilung gerichtet war, sondern darauf, nicht allein zu sein. Ich glaube, daß ihre Angst vor dem Alleinsein wohl eher ihrer Krankheit zuträglich war als ihrer Bemühung, wieder gesund zu werden.

Bei einer anderen Gelegenheit lernte ich einen vor Geist sprühenden jungen Mann namens Bart kennen, bei dem Leukämie festgestellt worden war. Zwei Tage nach seiner Diagnose hatte er sich in die Lektüre aller Bücher über ganzheitliche Heilmethoden gestürzt, die er auftreiben konnte. Er änderte jeden Aspekt seines Lebens, unter anderem strich er seine

Wohnung neu an, mit Farben, die seinem Empfinden nach zu einer friedlichen Atmosphäre beitrugen.

Nur einer von Barts Freunden hatte wirklich Achtung vor dem, was er tat. Die anderen zogen ihn auf, besonders als er anfing, sich nur noch von organisch angebauten Nahrungsmitteln zu ernähren, und sich auf eine spirituelle Praxis einließ. Schließlich brach er den Kontakt zu seinem alten Freundeskreis ab, und obwohl er ihn anfangs vermißte, blieb er ganz und gar darauf konzentriert, wieder gesund zu werden. Er war bereit, in einer Welt der völligen Abgeschiedenheit und Stille zu leben, wenn es das sein sollte, was für seine Heilung notwendig war.

Barts neuer Lebensstil war wirklich isolierend. Doch das Alleinsein wurde für ihn ein angenehmer Gefährte. Tatsächlich begann er die Person, die er wurde, zu mögen und zu achten. Er fühlte sich stark und zuversichtlich und genoß seine neugefundene Fähigkeit, sein Leben zu meistern, auch wenn ihm zuweilen der gesellige Umgang mit seinen alten Freunden fehlte. Aber wie einsam er sich auch fühlte, er tröstete sich damit, sich eine positive Zukunft, ein neues Leben vorzustellen. Binnen zwei Jahren klang seine Krankheit vollständig ab. Später hörte ich, daß er geheiratet und neue Freunde gefunden habe, die seine neue Lebenseinstellung teilten.

Die Bedingungen für die Heilung sind hart, besonders wenn verlangt wird, daß wir einige oder alle unsere engen Gefährten loslassen. Das muß nicht immer erforderlich sein, ist manchmal jedoch die einzige Möglichkeit. Wenn Sie sich von alten Freunden trennen müssen, denken Sie an die zyklische Natur des Lebens, die von den Weisen gerühmt wird. Auf den Winter folgt immer der Frühling. Einsamkeit und Freundschaft können bei Ihrer Heilung zu verschiedenen Zeiten eine Rolle spielen – oder sogar in verschiedenen Momenten innerhalb derselben Phase.

- Haben Sie Angst davor, daß Ihre Selbsthilfegruppe Sie aufgeben oder Ihnen weniger Verständnis entgegenbringen wird, wenn Sie gesund werden?
- Wenn Sie sich als geheilt vorstellen – sind Sie dann die einzige Person im Raum?
- Sehen Sie emotionale Wunden als einen Weg, um sich mit einer anderen Person zu verbinden, und bedeutet Heilung, sich von dieser Person trennen zu müssen?

Der dritte Mythos: Schmerzen zerstören uns

Es trifft oft zu, daß Schmerzen das Vorhandensein von Krankheit, ob emotional oder physisch, bedeuten, und normalerweise glauben wir, daß jeder Schmerz negativ ist. Aber Schmerzen sind auch Boten, die uns darauf hinweisen, daß wir unserem Körper Aufmerksamkeit schenken sollen. So sollten wir beispielsweise Situationen, in denen wir uns klein machen, vermeiden und solche aufsuchen, in denen wir stark sind.
In unserer medikamentenbesessenen Gesellschaft wird behauptet, daß die meisten physisch und psychologisch bedingten Schmerzzustände auf medizinischem Wege beseitigt werden können und sollen. Werbespots im Fernsehen fördern den Gebrauch von Medikamenten gegen Kopfschmerzen, Rückenschmerzen und jedes andere vorstellbare Symptom. Es ist nicht zu bestreiten, daß chronische Schmerzen ein ernstes Hindernis für ein erfülltes Leben darstellen und es ungemein erschweren, eine positive Haltung zu bewahren. Aber emotionale Schmerzen können auch eine Aufforderung sein,

Achtsamkeit walten zu lassen. Sie können uns ein Lehrer sein, ob sie nun in unseren Emotionen oder physischen Körpern entstehen. Sie lenken unsere Aufmerksamkeit auf den physischen oder emotionalen Bereich, der um Wiederherstellung bittet. Es kann ein Fehler sein, Schmerzen voreilig oder zu stark zu betäuben, weil dies nicht zur Heilung beiträgt. Anstatt sofort zu Medikamenten zu greifen, sollten wir überprüfen, warum wir Schmerzen oder ein Muster von anhaltenden physischen Schmerzen haben. Besonders schrecklich finde ich die Werbespots, die Sie dazu bringen sollen, *vor* dem Essen bestimmte Arzneimittel gegen Magenverstimmung einzunehmen. So können Sie all die fetten und scharfen Gerichte oder Milchprodukte nach Belieben essen, indem der Magen, der Ihnen klarmachen möchte, daß Ihr Körper solche Speisen nicht verdauen kann, zum Schweigen gebracht wird.

Auch wenn der Einsatz von Schmerzmitteln auf einer bestimmten Stufe des Heilungsprozesses unentbehrlich sein mag, müssen wir uns fragen, ob diese Medikamente wirklich immer notwendig sind. Häufig lenken sie uns nur von dem ab, was die Schmerzen uns über unser Leben sagen, sie verschlimmern die Dinge, weil Sie nach der Einnahme nicht mehr spüren, was in Ihrem Körper stattfindet. Viele glauben, daß das Fehlen von Schmerzen dasselbe wie Heilung ist. Das stimmt nicht. Haben Sie keine Angst davor, in den Schmerz einzutreten, und nutzen Sie ihn als einen Verbündeten, der Ihnen hilft, Ihren Körper wiederherzustellen. Es ist sehr wohl möglich, daß Schmerz die einzige Sprache ist, die Ihre volle Aufmerksamkeit hat.

Bei chronischen Schmerzen kann der Gebrauch von Medikamenten zur Abhängigkeit führen. Eine Medikamentensucht ist ein sehr schwieriges Problem und kann genauso belastend sein wie die Schmerzen. Bei der Entwöhnung helfen Entzugsprogramme und Selbsthilfegruppen. Aber bevor Sie mit einem Entzug von welcher Droge auch immer beginnen, empfehle ich Ihnen, einen Therapeuten zu Rate zu ziehen, der Sie auf Ihrem Weg begleiten kann. Entspannungsmethoden wie beispielsweise Atemtechnik, Yoga oder Biofeedback sind sehr gute unterstützende Maßnahmen.

Wenn Sie bereit sind, sich mit Ihrem Schmerz auseinanderzusetzen, werden Sie vermutlich Hilfe brauchen – wahrscheinlich werden Sie nicht wissen, wo und wie Sie anfangen sollen. Eine Möglichkeit, um einen Anfang zu finden, besteht darin, daß Sie sich selbst beobachten. Achten Sie darauf, wie viele schmerzliche Gedanken und Haltungen Sie jeden Tag mit sich herumtragen. Schreiben Sie sie auf, damit Sie sie konkret vor sich sehen, und machen Sie sich den physischen Schaden klar, den sie Ihrem Körper zufügen können. Vielleicht kommen Sie zu der Erkenntnis, daß Sie bei schmerzlichen Bildern von sich selbst oder negativen Lebensauffassungen verweilen. Es kann Ihnen bewußt werden, daß Sie in Ihrem tiefsten Inneren Pessimist sind, der alles Positive unberücksichtigt läßt. Oder Sie sehen vielleicht ein, daß es gar nicht Ihr Schmerz ist, den Sie mit sich tragen, sondern das Leid anderer, die Sie beschützen wollen. Es kann durchaus möglich sein, daß Sie den Schmerz als eine spirituelle Herausforderung erkennen, deren Bewältigung Sie stärker macht, als Sie es je für möglich gehalten haben.

Fred war Teilnehmer eines meiner Workshops. Er erzählte, wie er schon seit einigen Jahren Rückenprobleme habe und seither Schmerzmittel nehme. Die Medikamente brachten ihm zwar anfangs Linderung, aber im Laufe der Zeit stellte er fest, daß er immer mehr davon nehmen mußte. Ein Jahr später sagte er seinem Arzt, daß die Schmerzmittel keine Wirkung mehr zeigen würden, und bat um ein stärkeres Medikament. Sein Arzt empfahl ihm jedoch, Gymnastikübungen zu ma-

chen, die seinen Rücken stärken. Fred befolgte zunächst diesen Rat, aber die Übungen halfen nicht. Er suchte einen anderen Arzt auf, der ihm ein stärkeres Mittel verschrieb, doch mit der Zeit genügte auch dieses nicht mehr.
Als ich Fred fragte, warum er sich nicht mit dem Grund auseinandergesetzt habe, weswegen sein Rücken in solch schlechtem Zustand sei, antwortete er: »Offen gestanden wollte ich mich nicht mit dieser ganzen Sache abgeben, weil es zuviel Zeit gekostet hätte und ich sofort schmerzfrei sein wollte.« Ich fragte ihn, was ihn abgesehen von seinem Rücken und seinem Medikamentenproblem sonst noch stressen würde. Er erzählte, daß er schon lange Pech mit seinen finanziellen Investitionen und Geschäften habe und immer auf der Suche nach schnellen und leichten Möglichkeiten sei, um viel Geld zu verdienen. Je häufiger er scheiterte, um so stärker schmerzte sein Rücken.
Ich fragte ihn, warum er keine Verbindung zwischen seiner finanziellen Belastung und seinem Rückenproblem gesehen habe. Er erwiderte, daß ihm der Zusammenhang zwischen diesen beiden Problemen klar sei. Er habe sich aber gesagt, daß sein Rücken wieder in Ordnung kommen würde, sobald er sein Glück gemacht hätte. Er glaubte das noch immer und war entschlossen, finanziellen Reichtum zu erlangen.
Auf meine Frage, warum er angesichts seiner Einstellung an meinem Workshop teilnehmen würde, antwortete Fred, daß er lernen wolle, wie man »Geisteskraft« und Intuition einsetzt, um bessere Geschäftsentscheidungen treffen zu können. Ich wies darauf hin, daß seine Schmerzmittel seine Urteilsfähigkeit beeinträchtigen können, aber er blieb dabei, daß er nur gute Entscheidungen treffen könne, wenn er schmerzfrei sei. Daraufhin beendeten wir das Gespräch. Ich machte mir keine großen Hoffnungen, daß er wieder gesund werden würde.

Verglichen damit ist der folgende Fall positiv. Lester litt höllische Schmerzen, die von einem Tumor in seinem Bein herrührten. Das vom Krebs befallene Gewebe wurde operativ entfernt. In der Genesungszeit nahm er starke Schmerzmittel, weil die Schmerzen über seine Belastbarkeit hinausgingen, wie er sagte. Bei seinen Bemühungen, die Kraft in seinem Bein zurückzugewinnen, wurden die Schmerzen stärker und hielten sogar dann an, wenn er sich gar nicht bewegte.

Lester nahm weiterhin Medikamente, weil die klopfenden Schmerzen ihn nachts nicht schlafen ließen, egal, wie erschöpft er war. Eines Nachts, als er im Bett lag und sich fragte, ob er sich jemals wieder von seiner Krankheit und den Schmerzen erholen könnte, kam es ihm in den Sinn, seine Aufmerksamkeit darauf zu richten, in den Schmerz einzutreten. Er stellte sich vor, wie er sich in sein Bein begab, um zu sehen, was unter seiner Haut eigentlich vor sich ging.

Er sorgte für Hintergrundmusik, um sich besser entspannen zu können, und stellte sich vor, daß er das Zellgewebe in seinem Bein wiederherstellte und die Botschaft verbreitete, daß alle Krebszellen umgehend zerstört werden sollten. Mit jedem Tag, an dem er diese Übung wiederholte, wuchs seine Zuversicht, und er begann, seine Schmerztabletten nach und nach abzusetzen. Schließlich verzichtete er ganz auf sie, obwohl er noch immer unter beträchtlichen Schmerzen litt. Er sagte, er habe angefangen, seine Schmerzen als »leitendes Licht« zu betrachten, das ihm bei jeder Meditation sagte, worauf er seine Aufmerksamkeit richten solle.

»Durch diese täglichen oder, besser gesagt, stündlichen Übungen«, schloß Lester, »bin ich tatsächlich zu der festen Überzeugung und nicht nur Hoffnung gekommen, daß ich meinen Körper heilen kann. Ich habe gespürt, wie mein Geist jeden einzelnen Tag stärker wird, und ich kann buchstäblich fühlen, wie mein Körper sich selbst wiederherstellt.«

Ich zweifelte nicht daran, daß Lester es schaffen würde, und er auch nicht.

Fragen zur Selbstprüfung

- Halten Sie Schmerzen immer für einen Feind?
- Haben Sie jemals etwas aus physischen Schmerzen gelernt? Wenn ja, was?
- Neigen Sie im Umgang mit Schmerzen dazu, chemische Arzneimittel zu nehmen, oder setzen Sie Meditation oder eine andere innere Disziplin ein?
- Waren Sie schon einmal von Schmerz- oder Schlafmitteln abhängig?

Der vierte Mythos: Jede Krankheit ist die Folge von Negativität

Unsere Gedanken üben einen starken Einfluß auf unsere geistige und körperliche Gesundheit aus. Für den Heilungsprozeß ist es darum unbedingt erforderlich, sich mit der eigenen Person intensiv zu beschäftigen. Doch nicht immer sind negative Muster die Ursache einer Krankheit, und das Ausbleiben von Heilung darf nicht immer negativen Erfahrungen oder Überzeugungen angelastet werden, die tief im Unterbewußtsein vergraben liegen. Zu viele Menschen haben mir erzählt, daß sie lange und angestrengt, aber ohne Erfolg nach einer solchen negativen Erfahrung gesucht haben. Wie, so fragen sie sich, können sie diesen fehlenden Teil ihrer Psyche ans Tageslicht bringen?

Manchmal hat eine Krankheit viele Ursachen, und der Versuch, sie an einem einzelnen einfachen Faktor festzumachen, ist nutzlos. Das Leben ist nicht so einfach. Einige Krankheiten entwickeln sich zum Beispiel, weil wir in zunehmendem Maße einer toxischen Umwelt sowie Keimen, Bakterien und Viren ausgesetzt sind. Andere haben eine genetische Ursache, der wir nicht entrinnen können. Und einige können, wie bereits früher erwähnt, eine Form von spiritueller Führung sein. In unserem Bestreben, körperlich und geistig stark zu werden, haben wir vergessen, daß unsere emotionale Reise relativ neu ist. Unsere physischen Körper sind noch immer unserer Umgebung und den schnell wechselnden, beunruhigenden Mustern in unserer Gesellschaft unterworfen.

Es würde der Heilung von einer Krankheit mehr nützen, wenn wir unsere Vergangenheit sowohl auf positive wie auch auf negative Muster untersuchen würden. Selbst wenn wir all das herausfinden, was zu unseren Schwächen beiträgt, müssen wir auch die starken Teile unserer Persönlichkeit betrachten. Wenn Menschen sich nur auf ihre negativen Muster konzentrieren, kann dies alles, was gut an ihnen und an ihrem Leben ist, in den Schatten stellen.

Eine starke Willenskraft, die für die Wiederherstellung physischen Gewebes unbedingt erforderlich ist, ist sehr selten. Wir neigen dazu, unsere Willenskraft dafür zu verwenden, andere zu kontrollieren, statt zu lernen, uns selbst zu kontrollieren. Und wenn wir versuchen, einen besseren Sinn für den inneren Willen zu entwickeln, sind wir wohl eher von dem Wunsch motiviert, ein Suchtmuster zu durchbrechen oder ein tägliches Bewegungsprogramm zu entwickeln, als von dem Wunsch, unsere negativen Gedanken in Zaum zu halten.

Selbsthilfeprogramme sollten Menschen nicht nur helfen, von ihren Wunden zu genesen, sondern auch, ihre Stärken zu feiern. Auch bei Menschen mit negativen Lebensmustern gibt es etwas Positives, und das Leben der meisten Menschen setzt sich nicht nur aus einer Reihe von Tragödien zusammen. Das

Positive ans Tageslicht zu bringen ist ein genauso wirkungsvoller Heilungsprozeß wie das Aufklären der negativen Teile unserer Vergangenheit.

Als bei Sheila Brustkrebs festgestellt wurde, begab sie sich in ärztliche Behandlung und schloß sich einer Selbsthilfegruppe für Frauen mit der gleichen Krankheit an. Bei den Gruppentreffen half ihr das entgegengebrachte Mitgefühl am Anfang sehr dabei, ihren Schmerz über ihre noch nicht lange zurückliegende Scheidung freizugeben, eine Scheidung, die sie nicht gewollt hatte. Ihr Wunsch, mit ihrem ehemaligen Mann wieder zusammenzukommen, hatte ihr, wie sie es ausdrückte, »das Leben entzogen«.

Obwohl die Selbsthilfegruppe Sheila half, sich durch ihre Verzweiflung hindurchzuarbeiten, wucherte ihr Krebs dennoch weiter. Einige Mitglieder der Gruppe behaupteten, daß sie noch immer an ihrer Ehe oder an einem anderen negativen Teil in ihrer Vergangenheit festhalten würde. Sheila konnte sich nicht vorstellen, was das sein könnte, und darum nahm sie an meinem Workshop teil: Sie wollte einen Weg finden, mit ihren negativen Emotionen in Berührung zu kommen, welcher Art sie auch seien.

Bis Sheilas Ehe zu zerbrechen begann, war ihr Leben völlig glücklich verlaufen. »Natürlich hatte ich Probleme mit meinen Kindern und einigen anderen Dingen«, gab sie zu, »aber alle diese Probleme lösten sich auf. Meine Kinder sind inzwischen erwachsen, und wir haben eine liebevolle Beziehung miteinander. Ich stand nie unter finanziellem Druck, und obwohl meine Eltern beide gestorben sind, glaube ich, daß ihre Zeit abgelaufen war. Ich trauerte um ihren Tod, und nach einer Weile ging es mir wieder gut.«

Als Sheila mit ihrer Geschichte fortfuhr, fragte ich sie, wie sie sich mit sich selbst fühlte. Ich erwartete, daß sie nur wenig Selbstachtung hätte, aber sie überraschte mich. Sie sagte, daß sie sich immer für freundlich, mitfühlend, intelligent und gesellig gehalten habe. »Jetzt«, erklärte sie, »frage ich mich, ob ich mir nicht etwas vorgemacht habe. Vielleicht bin ich das alles nie gewesen.«

Ihre Selbstachtung war ganz wunderbar – und erfrischend zu sehen. Doch im weiteren Gespräch mit ihr konnte ich beobachten, wie sie sich direkt vor meinen Augen förmlich auflöste. Es stellte sich heraus, daß sie sich nicht mehr so wohl mit sich fühlte und seit kurzem davon überzeugt war, daß ihr positives Selbstbild bloß eine Form von Eitelkeit gewesen war und sie es benutzt hatte, um ihrem »wahren Selbst« auszuweichen. Sie deutete sogar an, daß ihre Eitelkeit der wahre Grund für das Scheitern ihrer Ehe sei.

Soweit ich erkennen konnte, trugen Sheilas gesundheitliche Krise, ihr Glaube an eine schmerzliche Vergangenheit, die sie nicht aufdecken konnte, und ihr herabsetzendes Selbstbild in höherem Maße zu einem Dilemma bei als das Scheitern ihrer Ehe. Trotzdem erweckte sie den Schmerz über ihre Scheidung wieder zum Leben, anstatt einzuräumen, daß ihr Mann sich aufgrund seiner eigenen Probleme von ihr getrennt hatte. Sie hatte ihre Gesundheitsprobleme hinter ihre Suche nach negativen Erfahrungen in der Vergangenheit und hinter ihren Gram über ihre Ehe gestellt. Dadurch hatte sie es vielleicht ermöglicht, daß ihr Brustkrebs sich zusammen mit ihrem Selbstbild verschlimmerte.

Fragen zur Selbstprüfung

- Sind Sie immer auf der Suche nach dem, was Sie getan haben, daß Sie Ihre Krankheit verdienen?
- Glauben Sie, daß Sie nicht gesund werden können, solange Sie nicht herausfinden, was Sie verkehrt gemacht haben?

- Verweilen Sie oft bei negativen Erfahrungen aus der Vergangenheit in dem Glauben, daß dies tatsächlich ihre Heilung fördert?

Der fünfte Mythos: Echte Veränderung ist unmöglich

Dieser letzte Mythos ist besonders schwächend, weil er sehr viel Macht hat, ungeachtet dessen, ob man krank ist. Der Grund, warum wir an die Unmöglichkeit von Veränderung glauben, ist einfach: Niemand *mag* Veränderungen, also mag sich niemand verändern. Wir möchten, daß alles vertraut bleibt – wunderlicherweise sogar in sehr schwierigen Situationen. Wir glauben, daß »der Teufel, den wir kennen, besser ist als derjenige, den wir nicht kennen«, und diese Haltung nehmen die meisten von uns gegenüber Veränderungen ein.
Selbst wenn Veränderungen unvermeidlich sind, ziehen wir es vor, unsere Aufmerksamkeit – und zwar einen sehr großen Teil unserer Aufmerksamkeit – darauf zu lenken, sie zu verhindern. Menschen nahezulegen, eine Veränderung in die Wege zu leiten, ist so ähnlich, als würde man sie auffordern, einen Nachmittag lang auf heißen Kohlen zu sitzen. Doch die Wahrheit ist, daß Heilung und Veränderung ein und dasselbe sind. Sie setzen sich aus der gleichen Energie zusammen, und wir können nicht danach streben, eine Krankheit zu heilen, ohne zuerst zu prüfen, welche Verhaltensmuster und Einstellungen in unserem Leben geändert werden müssen. Sobald diese Muster bestimmt sind, müssen wir etwas gegen sie unternehmen. Das erfordert Handeln, und Handeln bewirkt Veränderung.
Viele Menschen glauben, daß es genügend Veränderung bedeutet, wenn sie eine Sucht aufgeben oder anfangen, regel-

mäßig Körperarbeit zu treiben, damit Heilung eintreten kann. Sicherlich unterstützen diese Veränderungen die Heilung, aber ehrlich gesagt haben sie mit den wahren Problemen nur sehr wenig zu tun. Heilung erfordert sowohl innere als auch äußere Veränderung. Sie erfordert, daß man sich Fragen stellt wie: »Bin ich von dem Leben, das ich führe, erfüllt? Habe ich meinen persönlichen Bedürfnissen genügend Beachtung geschenkt, oder war ich nur bestrebt, mich um die Bedürfnisse anderer zu kümmern?« Diese Fragen lenken nicht nur unsere Aufmerksamkeit auf uns, sondern sie zwingen uns auch, die Richtung in unserem Leben und sogar unser Wesen zu ändern. An diesem Punkt beginnen wir gewöhnlich, mit uns selbst zu streiten und uns immer wieder zu sagen, daß wir unser Wesen einfach nicht ändern können. »So bin ich schon immer gewesen«, sagen wir, »weil es das ist, was ich bin.«

Der Mythos, daß echte Veränderung unmöglich ist, ist in uns genauso tief verwurzelt wie unsere DNS. Alles und jeder scheint ihn zu unterstützen, weil wir uns ebensowenig verändern wollen, wie wir glauben, daß andere sich verändern können. Selbst wenn wir hoffen, daß jemand seine negativen Eigenschaften ändern wird, bezweifeln wir gewöhnlich, daß diese Art der Veränderung tatsächlich stattfinden kann.

Damit Veränderung möglich wird, müssen wir uns mit den Merkmalen in uns auseinandersetzen, denen wir bisher gern ausgewichen sind. Oft sind wir uns gewisser Teile unserer Persönlichkeit überhaupt nicht bewußt, entweder weil wir sie nicht erkennen wollen oder weil wir sie einfach nicht beachtet haben. Doch wir müssen uns ihnen stellen. Das ist nicht einfach, denn wir beschäftigen uns nicht gerne mit unseren negativen Seiten und bringen unsere Ängste und schlechten Eigenschaften nicht gern an die Oberfläche.

In einem meiner Workshops erzählte eine einundvierzigjährige Frau namens Louisa ihre Geschichte. Sie hatte Eierstockkrebs und Hilfe bei einer Hypnosetherapeutin gesucht. Anfangs schien die Hypnosebehandlung erfolglos zu sein, hauptsächlich weil Louisa sich nicht genügend entspannen konnte, um ganz abzuschalten. Eines Tages empfahl die Therapeutin Louisa, sich vor ihrem nächsten Termin massieren zu lassen. Das tat sie auch, und als sie bei ihrer Therapeutin ankam, war sie etwas entspannter – genügend, um sich hypnotisieren zu lassen. Während der Hypnose begann Louisa über ihre Angst vor dem Altern zu reden. Sie glaubte, daß Altern den Verlust ihrer Schönheit, ihrer sexuellen Attraktivität und folglich ihrer Macht als Frau bedeute. Sie sprach vom Altern als einer Krankheit, für die es keine Heilung gab, und sagte, daß jeder Teil von ihr lieber sterben würde, als als ältere Frau zu leben und die Gesichter jüngerer und attraktiverer Frauen ansehen zu müssen.

Als sie wieder zu sich kam, berichtete die Therapeutin ihr, was sie gesagt hatte, worauf Louisa völlig ablehnend reagierte. »Warum sollte ich Angst vor dem Altern haben? Schließlich ist es ein ganz natürlicher Teil des Lebens. Jeder wird doch alt.«

In der nächsten Sitzung zeigte die Therapeutin Louisa Modezeitschriften mit jeder Menge Fotos von schönen Frauen. Sie bat Louisa, Stellung dazu zu nehmen, wie schön die Modelle waren. Mit jeder Seite wurde Louisa unruhiger und äußerte, daß diese Frauen unter dem ganzen Make-up ganz gewöhnlich seien.

Aber ihre Anspannung nahm zu, als ihre Therapeutin sie aufforderte, sich vorzustellen, wie das Leben wohl für Frauen von solcher Schönheit sei. Sie antwortete, daß sie keine Ahnung habe. Und schließlich fragte ihre Therapeutin sie, ob sie glaube, daß irgendeine dieser Frauen sich vor dem Alter fürchte.

»Natürlich haben sie Angst«, antwortete Louisa. »Wie könnten sie keine haben? Ihr Gesicht ist ihr Kapital, und wenn das vergeht, dann ist es auch mit ihrer Karriere und ihrem schönen Leben vorbei. Kein Mann will eine alte Frau haben.«

»Sie reden über sich«, erwiderte ihre Therapeutin, »und das muß Ihnen klar werden. Diese Angst sitzt so tief in Ihnen, daß Sie Ihre weiblichen Organe zerstören. Denn Sie hegen einen starken Groll gegen den Alterungsprozeß, der in Ihrem Körper stattfindet.«

Louisa blieb dabei, daß zwischen ihrer Krankheit und dieser »erfundenen« Angst vor dem Altern absolut kein Zusammenhang bestand. Aus ihrer Sicht war ihr Krebs die Folge von Streß in ihrem Job oder vielleicht einfach nur ihr Pech. Sie war nicht dazu bereit, die Möglichkeit einer anderen Interpretation ihrer Krise zu erwägen. Es war für sie unmöglich, eine andere Sichtweise anzunehmen – sie würde ihr Leben nur auf eine Weise ändern, die *nicht* ihr Selbstbild ändern würde.

Doch es gibt auch Menschen, die eine innere Veränderung nicht nur für möglich, sondern auch für ein ziemliches Abenteuer halten, besonders wenn sie es mit Sinn für Humor angehen. Linda, eine Frau, die Hautkrebs hatte, war wirklich reizend, voller Humor und Wärme. Sie beschloß, ihre Heilung als Abenteuer zu betrachten, und erklärte: »Ich wollte schon immer auf Entdeckungsreise gehen, aber ich habe ganz bestimmt nie daran gedacht, daß sie sich in meinem Inneren abspielen würde!«

Linda war offen für alle möglichen Therapieformen, die angeboten wurden. Nachdem sie viele therapeutische Möglichkeiten untersucht hatte, begegnete sie einem Mann, der Therapeut und zugleich Meditationslehrer war. Sie trafen sich zweimal die Woche, und wie sie zu mir sagte: »Wenn wir nicht außen waren, dann waren wir innen.« Als Teil ihrer Therapie wies er Linda an, sich in einen meditativen Zustand zu versetzen und dann seine Fragen zu beantworten. Um die Zusammenarbeit mit ihm so perfekt wie möglich zu gestalten, erfand sie einen Satz, den sie mehrmals wiederholte, bevor sie sich entspannte: »Hinein gehe ich, um zu heilen, heraus komme ich wieder gesund.«

»Ich wußte, daß ich das tun mußte«, erzählte sie mir, »darum dachte ich mir, daß ich besser daran wäre, wenn ich damit arbeitete und nicht dagegen. Mir war nie klar gewesen, daß ich Angst davor hatte, Leuten nahezukommen, aber das stimmt. Und ich fand heraus, daß ich eine echte Phobie vor geschlossenen Räumen hatte, eine Angst davor, nicht imstande zu sein, aus einem abgeschlossenen Zimmer herauszukommen. Vermutlich ist das der Grund, warum ich soviel Zeit im Freien verbracht habe, und die ganze Sonne war wahrscheinlich nicht gut für mich. Mein Therapeut wies darauf hin, daß beide Ängste sich um Nähe drehen. Jetzt führe ich Selbstgespräche, wann immer ich mich in einem geschlossenen Raum aufhalte, und sage mir, daß ich davor keine Angst mehr habe. Außerdem sage ich mir, daß, falls irgendwelche anderen Ängste in mir zu finden sind, sie hervortreten und sich zeigen sollen. Ich bin zu allem Neuen bereit.«

Wir sind selten der Meinung, daß es ein Abenteuer sein kann, uns zu verändern, aber warum sollte das nicht der Fall sein? Eine Krankheit ist so eng mit Ängsten und negativen Mustern verbunden, daß wir uns vor der Heilung genauso fürchten können wie vor der Krankheit selbst. Das Wissen darüber, wie sehr wir uns ändern müssen, ist ebenso einschüchternd wie wahr. Lindas bemerkenswerte Haltung ist ein Beispiel dafür, wie man einen unbeschwerten Zugang zur Heilung finden kann, so unwahrscheinlich und schwierig es auch erscheinen mag.

Larry, der an Migräne, Bluthochdruck und einem Geschwür litt, erreichte schließlich den Punkt, an dem er genug davon hatte, in einem »heruntergekommenen Körper« zu leben, wie er es ausdrückte. Er hatte das Gefühl, daß er »ein körperliches Elendsviertel« geworden war und daß er der »Grundbesitzer eines Feudalsystems ist, das der Modernisierung bedarf«.

Larry stellte sich ein Heilprogramm zusammen, das alle grundlegenden Aspekte umfaßte: körperlich, geistig, gefühlsmäßig und seelisch. Doch in erster Linie konzentrierte er sich auf seine emotionalen Probleme, die seiner Meinung nach den Kern seines vergifteten Zustandes bildeten. Es war mir eine große Freude, Larry zu erleben. Denn von all den Männern, denen ich begegnet bin, war er einer der wenigen, die tatsächlich auf eine Änderung zielten – Frauen tun sich damit leichter. Als Teil seiner Heilung fand Larry es wichtig, die Schwächen und Lücken in seinem emotionalen Wesen zu verstehen, und so traf er sich mit vielen seiner Freundinnen und früheren Partnerinnen und fragte jede, was sie von ihm und seiner Art und Weise, wie er seine Emotionen ausdrückte, hielt.

Dann suchte er eine Therapeutin auf und überreichte ihr eine Liste mit den Eigenschaften, die diese Frauen ihm offen genannt hatten, unter anderem waren es ein egozentrischer Charakter, Mangel an Mitgefühl für andere, ein unbeherrschtes Wesen und die Neigung, Dinge zu übertreiben, um mehr Aufmerksamkeit zu bekommen als andere. Sobald Larry den Schock über die Erkenntnis, wie er bei Frauen ankam, überwunden hatte, machten er und seine Therapeutin sich daran, an ihm zu arbeiten.

»Zuerst«, sagte er, »fühlte ich mich, als würden wir versuchen, einen Berg zu besteigen, der keinen Gipfel hat, sondern einfach nur unendlich hoch ist – oder anders ausgedrückt, eine Grube zu graben, die keinen Boden hat. Ich muß zugeben, daß ich mich peinlich berührt fühlte darüber, was diese

Frauen über mich gesagt hatten. Wenn ich so etwas noch einmal tun würde, würde ich sie zumindest darum bitten, auch etwas – irgend etwas – Positives zu sagen, um den Schlag zu mildern. Auf jeden Fall wies meine Therapeutin mich an, über meine Kindheit nachzudenken, um dort vielleicht die Quelle meiner Ichbezogenheit zu finden. Und dabei wurde mir klar, daß ich immer die Aufmerksamkeit meiner Eltern gesucht hatte – und obwohl sie mir wirklich sehr viel Liebe und Aufmerksamkeit schenkten, war es nie genug. Ich wollte immer mehr haben, und dieses Bedürfnis blieb während meines ganzen Erwachsenseins bestehen. Irgendwann sagte ich meiner Therapeutin, daß ich anfinge mich für einen ziemlich fiesen Typ zu halten, aber sie lachte nur und meinte, das sei ein Zeichen dafür, daß wir auf dem richtigen Weg seien. Ich weiß immer noch nicht, was sie mit dieser Bemerkung meinte, aber ich arbeitete weiter mit ihr.«

Infolge seiner Begeisterung und furchtlosen Selbsterforschung fiel Larry auf, daß sich die Spannung in seinem Körper immer mehr löste. Seine Migräne hörte zwar nicht sofort auf, aber sein Blutdruck wurde wieder normal und sein Geschwür begann zu heilen. Damit er seine Migräne in den Griff bekommen konnte, machte seine Therapeutin ihn mit dem Biofeedback-Training vertraut; Biofeedback wirkt bei Migräne, weil es einem hilft, sich bewußt zu entspannen, dadurch den Blutkreislauf zu normalisieren und so den Druck im Gehirn zu lösen.

»Gleichzeitig mit dieser ganzen therapeutischen Arbeit«, schloß Larry, »wollte ich zu einer anderen Person werden, und wenn nur aus dem Grunde, meine Gesundheit zu erhalten. Vermutlich war diese Entscheidung auch egozentrisch, aber was macht das schon. Immer wenn ich ein Rendezvous hatte oder mich mit einem Freund traf, redete ich nicht mehr nur über mich. Ich fragte die anderen, wie es ihnen ging, und arbeitete daran, ein besserer Zuhörer zu werden. Zuerst versuchte ich, sie mit meinem neuen Selbst zu beeindrucken, aber bald stellte ich fest, daß ich mich sogar dafür interessierte, was sie zu sagen hatten. Und vor allem gefiel mir die Person, zu der ich wurde.« Es ist nicht verwunderlich, daß Larry seine Migräne zusammen mit allem anderen heilte.

Unser Glaube, daß wir in unserem Innersten geschädigt sind, wird von der Überzeugung begleitet, daß wir es nicht verdienen, irgendeine Art von Hilfe, ob menschlich oder göttlich, zu bekommen. Es kostet echte Mühe, sich davon freizumachen. Aber die erforderliche Mühe ist nicht übermenschlich – wie Larry bewiesen hat, bedarf es einfach der Willenskraft. Ich empfinde tiefe Bewunderung für die Weise, wie Larry die Verantwortung für seine Persönlichkeit übernommen hat. Er schien wenig Angst vor seinem Inneren zu haben, und zwar so wenig, daß er um die Art von Feedback bat, das viele von uns als zu problematisch empfunden hätten, um sich dem überhaupt zu stellen. Aber kein Hindernis war groß genug, um Larry von seinem Ziel abzulenken. Und auch wenn die Heilung von Migräne gegenüber der von Krebs eine kleine Veränderung ist, hätte das für Larry in Anbetracht seiner Haltung vermutlich keinen großen Unterschied gemacht. Ich glaube, er hätte jede Krankheit besiegt oder ihr zumindest einen ordentlichen Kampf geliefert.

Fragen zur Selbstprüfung

- Denken Sie mehr über Veränderung nach, als daß Sie sie aktiv herbeiführen?
- Stellen Sie sich immer vor, daß Veränderung keineswegs abenteuerlich oder aufregend ist, sondern vielmehr mühsam und bedrückend?

- Halten Sie Veränderung für etwas, wodurch sich Ihr Leben außer Kontrolle und chaotisch anfühlen wird?

Ich habe noch nie jemanden getroffen, der nicht zumindest an einen von diesen fünf Mythen glaubt. Weil sie so um sich greifen, ist es sehr harte Arbeit, sich von ihnen und den sie begleitenden Denk- und Verhaltensmustern freizumachen. Es sollte Ihnen jedoch ein Trost sein, zu wissen, daß es kein Weg ist, auf dem Sie allein gehen. Der Weg ist ziemlich bevölkert, und die meisten Ihrer Gefährten finden ihn genauso schwierig wie Sie.
Probieren Sie als Starthilfe zur Heilung einige der in diesem Kapitel beschriebenen positiven Methoden aus. Fügen Sie alle Methoden hinzu, von denen Sie glauben, daß sie Sie darin unterstützen werden, die wichtigen inneren Veränderungen vorzunehmen, die Ihre Heilung fördern. Fürchten Sie sich nicht vor der Verzweiflung oder Erschöpfung, die Sie zwangsläufig spüren werden. Niemand kann ständig positiv und stark bleiben, nicht einmal unter den günstigsten Umständen.
Bücher können den Eindruck vermitteln, als wäre Heilung ganz einfach: Besinnen Sie sich anders, werden Sie positiv, werden Sie aktiv, und ernähren Sie sich richtig. Wenn es doch so einfach wäre! Aber das ist es nicht. Sie müssen immer wieder den Blick nach innen richten, sich den Mythen stellen, an die Sie glauben, und Ihre Ängste und negativen Muster entfernen. Diese Praxis müssen Sie auch dann fortsetzen, wenn Sie wieder gesund geworden sind. Selbst wenn Ihnen nicht die Schuld an Ihrer Krankheit zu geben ist, werden Sie nach innen blicken müssen, um zu lernen, sie zu bewältigen, Bedeutung in ihr zu erkennen, mit ihr und durch sie zu leben und sie zu heilen. Wo sollten wir sonst hinsehen? Wir können den Himmel betrachten, aber letztlich sind wir immer in unseren Körpern. Wir fragen uns, welche Rolle wir im Gesamt-

plan der Dinge spielen, wir fragen uns, von welchem Wesen Gott ist, wir fragen uns, wie lange unser Leben währt. Unterscheiden sich diese Fragen wirklich so sehr von denen, die wir uns stellen, wenn wir unsere innere Arbeit verrichten, wenn wir nach unserer Negativität oder nach den Teilen in uns suchen, die wir viel zu viele Jahre ignoriert haben? In Wahrheit bleibt uns nichts anderes übrig, als uns immer tiefer in uns hineinzubewegen – der einzige Weg hinaus besteht darin, hineinzugehen.

Sie können sich damit trösten, daß Krankheit nicht die einzige Möglichkeit ist, um mit den Ängsten, die den fünf Mythen zugrunde liegen, in Berührung zu kommen und sie zu beseitigen; Krankheit ist lediglich eine der gewaltsamsten Möglichkeiten. Das Leben selbst ist eine Reise durch diese Mythen, und bei verschiedenen Gelegenheiten auf dem Weg müssen wir uns den gleichen Ängsten stellen. Das kann in einer beruflichen Krise sein, wenn eine Ehe zerbricht, beim Tod eines geliebten Menschen oder sogar bei einem plötzlichen Erfolg, der uns mit der Angst erfüllen kann, daß unsere Freunde neidisch werden und uns verlassen. Jede Erfahrung im Leben zieht uns in uns hinein, denn ob wir erfolgreich sind oder scheitern – wir werden uns immer fragen, ob es uns nun besser oder schlechter geht, und dann überlegen, welcher Teil in uns am meisten betroffen oder verändert ist. Krankheit verlangt, daß Sie sich nach innen wenden und sich Ihrer selbst bewußt werden.

Kapitel 3

Die Chakras, die astrologischen Zeitalter und die Formen der Macht

Offensichtlich fällt es vielen von uns schwer, die in den vergangenen Jahrzehnten stattgefundenen phantastischen Veränderungen in Einstellungen und Überzeugungen über Heilung in das eigene Leben zu integrieren. Eine Möglichkeit, diese Veränderungen in die richtige Perspektive zu rücken und einen Überblick darüber zu erhalten, besteht darin, sie im Kontext der historischen Entwicklung zu betrachten. Da ich die Geschichte durch die Linse des geistigen wie auch körperlichen und technologischen Fortschritts betrachte, werde ich auch kurz auf das menschliche Energiesystem eingehen, wie es durch die Chakras definiert wird. Dieses System bildet den Kern meiner Überzeugungen von Heilung. Danach werde ich die Beziehung zwischen den vergangenen drei astrologischen Zeitaltern und den einzelnen Manifestationen der menschlichen seelisch-geistigen Macht untersuchen, die sich in jedem von ihnen entwickelten.

Die Chakras

Das Wissen um die Chakras ist zwar schon Tausende von Jahren alt, aber erst im letzten Jahrhundert wurde es in seinen Einzelheiten im Westen bekannt. Den hinduistischen und buddhistischen metaphysischen Systemen zufolge sind die sieben Chakras die Energiezentren des Astralkörpers, einer subtilen Energieebene, die neben dem physischen Körper besteht. Die Chakras sind die Verbindungsstellen zwischen Körper und Geist, die, wenn sie durch fortgeschrittene Yoga-Praktiken geläutert oder geöffnet werden, den Adepten zur Erleuchtung führen – auch wenn sie sich manchmal aus nicht völlig ersichtlichen Gründen spontan öffnen können. Oft werden sie als Lotosblüten oder Spinnräder dargestellt (das Sanskrit-Wort *Chakra* bedeutet »Rad« oder »Kreis«), und jedes Chakra entspricht in etwa einem Bereich im physischen Körper. (Ein ähnliches System, jedoch mit anderen Begriffen, findet in einigen taoistischen Schulen in China Anwendung.)

Das erste Chakra, *Muladhara,* liegt am Ende des Steißbeins, zwischen Anus und Genitalien, wo die Vitalenergie von Körper und Geist einer zusammengerollten Schlange gleich ihren Sitz hat. Im Hindu-System wird der Prozeß des Entrollens dieser Schlange als Kundalini-Yoga bezeichnet. Das zweite Chakra befindet sich an der Wurzel der Genitalien; das dritte stimmt mit dem Solarplexus überein; das vierte ist in Herznähe lokalisiert (entweder in Brustbeinmitte oder etwas weiter rechts); das fünfte hat seinen Sitz im Kehlkopfbereich; das sechste ist auf Höhe der Augenbrauen hinter der Stirn lokalisiert (das sogenannte dritte Auge); das siebte befindet sich direkt oberhalb des Scheitels, obwohl es der Zirbeldrüse entspricht. Dieses letzte Chakra wird *Sahasrara* genannt, von dem Sanskrit-Wort für »tausend«, und verweist auf den »tausendblättrigen Lotos« der Erleuchtung. Außerdem gibt es noch ein achtes Chakra, das sich außerhalb des physischen Körpers, am oberen Rand der Aura, befindet. Mehr über dieses achte Chakra erfahren Sie in Kapitel 7.

Wer mit der östlichen Terminologie und Metaphysik nicht vertraut ist, kann sich die Chakras vielleicht leichter als Disket-

ten vorstellen, auf denen alle möglichen Informationen gespeichert sind. Wie diese nehmen die Chakras Daten auf und können auch angezapft werden, um Informationen herauszugeben. Jede energetische Datenbank befindet sich in Resonanz mit einer sehr spezifischen Energie, die unser physischer und geistiger Körper braucht. Dem östlichen Verständnis zufolge fließt die universale Lebenskraft durch den Scheitel und die Chakras hinunter und nährt unsere Körper mit sieben verschiedenen Arten von Energie, von denen jede einzelne für unsere körperliche und geistige Entwicklung unentbehrlich ist. Die Energie fließt auch durch die Chakras hinauf und führt dabei zu persönlicher Einsicht und einem bewußten Sinn für eine universelle Verbundenheit.
Obwohl diese Chakras Teil unserer geistigen und körperlichen Natur sind, glaube ich, daß der Mensch nur in verschiedenen Phasen seiner seelisch-geistigen Entwicklung vollen Zugang zu jedem einzelnen hat. Wir aktivieren die Energien der Chakras und die mit ihnen verbundenen spirituellen Lektionen der Reihe nach von unten nach oben, während jeder von uns die Phasen von der Kindheit bis zum Erwachsenenalter durchläuft. Im folgenden skizziere ich kurz, welche Glaubensmuster und Verhaltensweisen mit den einzelnen Chakras assoziiert sind.

Erstes Chakra: Dieses Energiezentrum enthält die Glaubensmuster, die mit unserer biologischen Familie und unserem frühen sozialen Umfeld verbunden sind. Bezeichnend für die Muster des ersten Chakras ist, daß sie Gedankenformen der Gruppe darstellen, die von religiösen, ethnischen, kulturellen, sozialen, geschäftlichen, politischen und familiären Traditionen herrühren. Diese Muster lehren die Stammesmitglieder entweder, wie man Kontrolle über Gruppen gewinnt oder wie man die Kontrolle an Autoritätsfiguren in der Gruppe

Die sieben Machtzentren bzw. Chakras des Kundalini-Systems

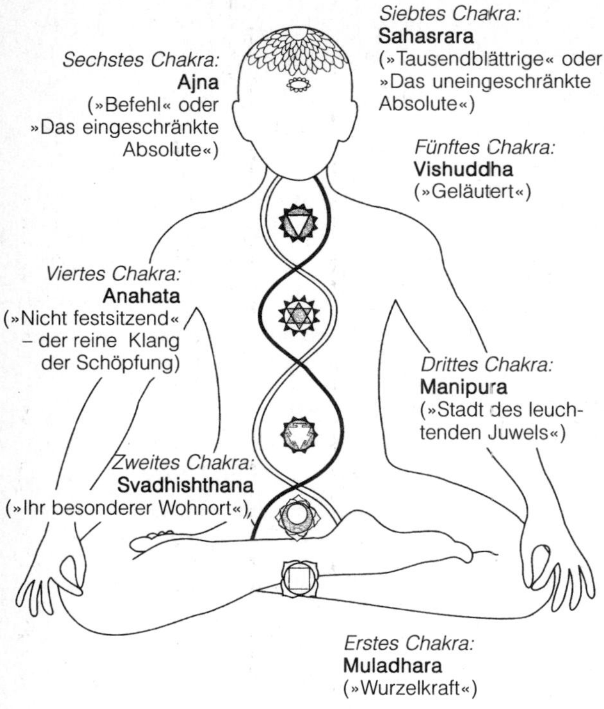

Die Chakras werden als Lotosblüten dargestellt. Die Spiralform weist auf die widersprüchlichen Energien von Psyche und Geist hin. Die wilden Energien bzw. die schwarze Helix stehen im Gegensatz zu den spirituellen Energien bzw. der weißen Helix; alle müssen einem Gleichgewicht zugeführt werden.

Quelle: Joseph Campbell: *The Mythic Image,* Princeton 1974.

abtritt. Folglich beziehen sich die spirituellen Herausforderungen dieses Chakras darauf, wie gut wir mit unserer physischen Welt umgehen.

Zweites Chakra: Hier geht es um die Kontrolle in der Beziehung zwischen zwei Menschen. Die Muster und Lektionen des zweiten Chakras beziehen sich vor allem auf sexuelle Beziehungen, Freundschaften, geschäftliche und finanzielle Partnerschaften und Machtausübung und alle anderen Formen der Interaktion zwischen zwei Menschen, die mit Kontrolle zu tun haben. Kontrollmuster können sich natürlich in positiven und negativen Verhaltensweisen ausdrücken. Jeder erlebt irgendeine Art von negativen Kontrollmustern in Beziehungen, denen er sich in Hinblick auf den Einfluß, den diese Muster auf seine Energie und seinen Körper ausüben, stellen muß.

Drittes Chakra: Dieses Energiezentrum ist am engsten mit den Glaubensmustern verbunden, die wir über uns haben, einschließlich unserer körperlichen Erscheinung, Intelligenz, körperlichen Fähigkeiten und Geschicklichkeit, von Sport über Tanzen bis zum Häkeln. Kurzum, dieses Chakra ist das Zentrum unserer Selbstachtung, und als solches beziehen sich die mit diesem Zentrum einhergehenden spirituellen Lektionen auf die Ich-Reifung.

Viertes Chakra: Im Herzzentrum des menschlichen Körpers werden alle Emotionen erzeugt: Liebe, Freundlichkeit, Eifersucht, Wut, Haß. Das vierte Chakra kann als das mächtigste aller Chakras betrachtet werden, weil es die höchste Gewalt darüber hat, zu erschaffen oder zu zerstören; als solches kann die Beherrschung der Herzenergie auch die größte Herausforderung darstellen. Wenn Ihre Herzenergie von der Stammesmacht geleitet wird, dann werden Ihre emotionalen Verbindungen entsprechend eingeschränkt sein. Bei den spirituellen Herausforderungen des vierten Chakras geht es darum, Mitgefühl, den Wert der Vergebung und die Bedeutung der bewußten Liebe zu lernen. Bewußte Liebe, oder auch »bedingungslose Liebe«, macht das Herz zu einem universalen Instrument der Güte, ohne daß die Liebe manipulativ oder zur Kontrolle mißbraucht wird.

Fünftes Chakra: Dieses Energiezentrum ist das Zentrum der menschlichen Willenskraft, aus diesem Ort stammt unsere Wahrheit. Jede Wahl, die wir treffen, trägt die Macht mit sich, Veränderung zu bewirken. Die spirituelle Herausforderung dieses Chakras besteht darin, zu erkennen, daß Ihre Willenskraft nicht daran gemessen wird, wie gut Sie Ihren Willen über andere ausüben können, sondern daran, wie gut Sie sich selbst beherrschen können. Selbstbeherrschung und Disziplin bedeuten, nach der Wahrheit zu leben, daß jeder Gedanke, den Sie haben, entweder ein potentieller Akt der Gnade oder eine potentielle Waffe ist. Rechtes Denken führt zur rechten Rede, die wiederum zum rechten Handeln führt. Sie müssen lernen, Ihre Lebenskraft bewußt in solche Gedanken zu lenken, die Ihnen positive Energie zurückgeben werden. Dieser Grundsatz wird sogar noch wichtiger, wenn Sie mit einer Krankheit konfrontiert sind. Insbesondere bei alternativen Heiltechniken muß Ihr Wille sich nach Ihrem Herzen ausrichten, um wirkungsvolle Resultate hervorzurufen. Ohne diese Willenskraft haben Visualisierung und andere innere Disziplinen lediglich die Kraft süßer Tagträume, aber nicht die Wucht, die erforderlich ist, um eine Veränderung in Ihrer physischen Biologie zu bewirken.

Sechstes Chakra: Dieses Energiezentrum speist die Kraft des Geistes. Als Kern unseres Bewußtseins besitzt es enorme

Macht. Eine spirituelle Wahrheit besagt, daß die Wirklichkeit *hinter* unseren Augen existiert und nicht vor ihnen, und dieses Chakra fordert uns auf, mit den tieferen Ebenen des Seins und Bewußtseins vertrauter zu werden. Jeder von uns wird wiederholt gefordert sein, Überzeugungen, in die wir Energie investiert haben, neu zu überdenken. Zuweilen werden wir erkennen, daß diese Überzeugungen nichtssagend sind, und wir werden uns andere Überzeugungen aneignen müssen. Die dem sechsten Chakra innewohnenden Merkmale können entweder unsere größten Hindernisse oder unsere größten Vorzüge sein: Stolz und die Fähigkeit, Urteile zu fällen. Positiv eingesetzt, können sie uns dazu führen, weise zu handeln; in ihren negativen Manifestationen können sie uns zu Arroganz und Zynismus verleiten. Die spirituellen Lektionen des sechsten Chakras sind mit Einsicht und Intuition verbunden, hiermit können wir über das Sichtbare hinaus sehen.

Siebtes Chakra: Die Energie dieses Zentrums ist einem Magnet gleich, der uns nach oben in die göttliche Wahrnehmung hineinzieht. Dieses Chakra versorgt uns mit Hoffnung und Glauben. Es ist das, was ich als unser »Bankkonto der Gnade« oder »zellulares Bankkonto« bezeichne, das Lagerhaus für die Energie, die wir durch unsere Gebete und andere Akte der spirituellen Hingabe ansammeln. Es ist außerdem unser spirituelles Bewußtsein – der Teil von uns, der die Gesellschaft Gottes sucht, bewußt oder unbewußt, und uns daran erinnert, daß das Leben mehr ist als der Erwerb von Gütern. Wenn Sie lernen können, sich des subtilen göttlichen Stroms bewußt zu sein, der durch dieses Chakra fließt, wird es die transformierenden spirituellen Bestrebungen und Fragen Ihres Lebens erzeugen: Zu welchem Zweck wurde ich geboren? Was ist Wahrheit? Was ist der tiefere Sinn des Lebens, und wie kann ich ihn finden?

Chakra	*Organe*	*Mentale, emotionale Punkte*	*Körperliche Fehlfunktionen*
1	Trägersysteme des physischen Körpers; Steißbein; Beine, Knochen; Füße; Rektum; Immunsystem	Sicherheit durch und in Familie und Gruppe; Fähigkeit, sich das Notwendige im Leben zu verdienen; Fähigkeit, auf eigenen Beinen zu stehen; sich zu Hause fühlen; Gerechtigkeit und Ordnung in Gesellschaft und Familie	Chronische Schmerzen im unteren Rücken; Ischiassyndrom; Krampfadern; Rektaltumore/ Krebs; Depressionen; Immunsystem-störungen
2	Sexualorgane; Dickdarm; untere Wirbel-säule; Becken; Blinddarm; Blase; Hüftbereich	Schuldgefühle und Schuldzu-weisungen; Geld und Sexua-lität; Macht und Kontrolle; Kreativität; Moral und Ehre in Beziehungen	Chronische Kreuzschmerzen; Ischiassyndrom; Gynäkologische Probleme; Schmerzen im Beckenbereich und im unteren Rücken; sexuelle Potenz; Probleme im Harntrakt
3	Bauch; Magen; vordere Darm-abschnitte; Leber, Gallen-blase; Nieren, Bauch-	Vertrauen; Furcht und Ein-schüchterung; Selbstachtung; Selbstvertrauen und Selbst-respekt;	Arthritis; Magen- oder Zwölffingerdarm-geschwür; Dickdarm-probleme; Pankreatitis/

Chakra	*Organe*	*Mentale, emotionale Punkte*	*Körperliche Fehlfunktionen*
	speicheldrüse; Nebennieren; Milz; mittlere Wirbelsäule	sich um andere und sich selbst kümmern; die Verantwortung, Entscheidungen zu treffen; Empfindsamkeit gegenüber Kritik; persönliche Ehre	Diabetes; Verstopfung, chronische oder akute Anorexie oder Bulimie; Leberdysfunktion; Hepatitis; Nierendysfunktion
4	Herz und Blutkreislauf; Lungen; Schultern und Arme; Rippen/Brüste; Zwerchfell; Thymusdrüse	Liebe und Haß; Groll und Bitterkeit; Trauer und Wut; Selbstzentriertheit; Einsamkeit und Bindung; Vergebung und Mitgefühl; Hoffnung und Vertrauen	Dekompensierte Herzinsuffizienz; Myokardialer Herzinfarkt; Kardiomegalie; Asthma/ Allergien; Lungenkrebs; Bronchopneumonie; oberer Rücken; Schulter; Brustkrebs
5	Hals; Schilddrüse; Luftröhre; Nacken; Mund; Zähne und Zahnfleisch; Speiseröhre; Epithelkörperchen; Hypothalamus	Wahlmöglichkeit und Willensstärke; persönlicher Ausdruck; seinen Träumen folgen; die eigene Macht kreativ nutzen; Sucht; Urteil und Kritik; Glauben und Wissen; Fähigkeit, Entscheidungen	Rauher Hals; chronisch entzündeter Hals; Magengeschwüre; Zahnfleischschwund und -entzündung; Probleme mit dem Unterkiefergelenk; Skoliose; Laryngitis; geschwollene Drüsen;

Chakra	*Organe*	*Mentale, emotionale Punkte*	*Körperliche Fehlfunktionen*
		zu treffen	Schilddrüsenüber oder -unterfunktion
6	Gehirn; Nervensystem; Augen, Ohren; Nase; Zirbeldrüse; Hypophyse	Selbsteinschätzung; Wahrheit; intellektuelle Fähigkeiten; Gefühle der Angemessenheit; Offenheit für Ideen anderer; Fähigkeit, aus Erfahrungen anderer zu lernen; emotionale Intelligenz	Gehirntumor, -blutung, -schlag; neurologische Störungen Blindheit/ Taubheit; ausgeprägte Wirbelsäulenprobleme; Lernschwierigkeiten; Anfälle jeglicher Art
7	Muskelsystem; Skelett; Haut	Fähigkeit, dem Leben zu vertrauen; Werte, Moral und Mut; Humanismus; Selbstlosigkeit; Fähigkeit, das größere Muster zu sehen; Glauben und Inspiration; Spiritualität und Hingabe	Energetische Störungen; mystische Depressionen; chronische Erschöpfung, die keine körperlichen Ursachen hat; extreme Empfindlichkeit gegenüber Licht, Geräuschen und anderen Umweltfaktoren

Die Chakras, die Sakramente und der Lebensbaum

Es gibt viele Möglichkeiten, unser spirituelles Wachstum zu erfassen. Für mich hat sich die Kombination der Chakras mit der Symbolsprache der christlichen Sakramente und der kabbalistischen Tradition als die nützlichste erwiesen.

Gewisse Wahrheiten sind in allen spirituellen Traditionen gleichermaßen anzutreffen; so lehren zum Beispiel alle spirituellen Systeme Achtung vor dem Leben und der persönlichen Energie und daß Mord und Raub unrecht sind. Aber insbesondere die hinduistische, christliche und jüdische Überlieferung weisen Parallelen miteinander auf, die noch größer sind. Die sieben Chakras stimmen auf bemerkenswerte Weise mit den Symbolsystemen der christlichen Sakramente und des jüdischen Lebensbaums überein, so daß sie zusammengenommen eine Reise der spirituellen Entwicklung darstellen.

Am leichtesten läßt sich die Ähnlichkeit zwischen den sieben Chakras und den sieben christlichen Sakramenten erkennen. Ordnet man die Sakramente in einer bestimmten Reihenfolge an – zuerst Taufe, dann Abendmahl, Konfirmation, Ehe, Beichte, Ordination und schließlich Letzte Ölung (die heute als Krankenölung bezeichnet wird) –, stimmen ihre Funktionen in Bedeutung und Macht verblüffend mit denen der sieben Chakras überein. (Auch wenn meine Reihenfolge der Sakramente nicht derjenigen entspricht, wie sie heute im allgemeinen von der römisch-katholischen Kirche vertreten wird, ist sie möglicherweise enger mit der Reihenfolge verbunden, in der sie die Katechumenen der frühen christlichen Kirche empfingen.) Beide Systeme veranschaulichen in ihrer eigenen Sprache den dynamischen Fluß der Energie, die dem menschlichen Körper Leben spendet.

Das menschliche Energiesystem – Entsprechungen

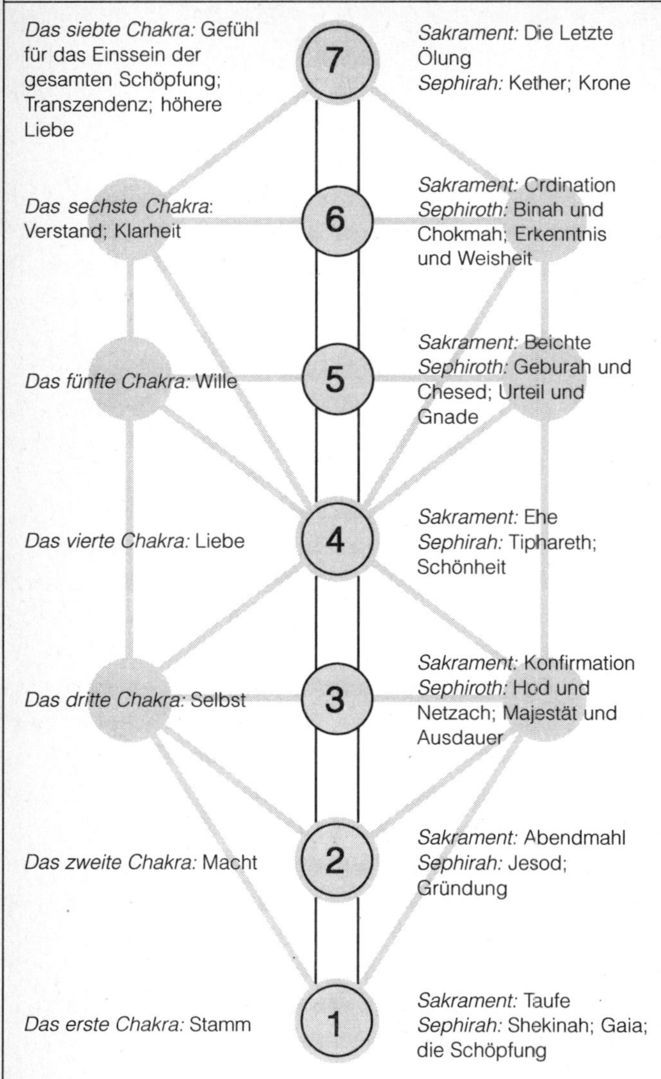

Ähnlich enthält der Lebensbaum der Kabbala zehn Eigenschaften der menschlichen Natur, die wir kultivieren müssen, wenn wir zur vollen spirituellen Reife gelangen wollen. Weil sechs der zehn Eigenschaften bzw. *Sephiroth* miteinander gepaart sind, kann man den Lebensbaum tatsächlich zu sieben Ebenen anordnen. Demzufolge scheinen diese drei Überlieferungen zwar eine leicht unterschiedliche, aber dennoch widerspruchsfreie und harmonisierende Sicht ein und derselben Wahrheit zu bieten: Der Geist macht eine Entwicklung über sieben verschiedene Stufen der Macht durch.

Die astrologischen Zeitalter

Die allmähliche Entwicklung unserer individuellen spirituellen Natur im Laufe eines Lebens spiegelt sich in der historischen Entwicklung der menschlichen Spiritualität viele Zeitalter hindurch wider. Einem anerkannten Prinzip der biologischen Evolution zufolge macht eine Spezies hin und wieder einen Quantensprung in ihrer Entwicklung. Ich glaube, daß die Menschheit in den letzten vier- oder fünftausend Jahren mehrmals einen solchen Sprung auf seelisch-geistiger Ebene erlebt hat. In Anbetracht der Tatsache, daß wir uns darauf vorbereiten, in das nächste Jahrtausend einzutreten, glaube ich ferner, daß wir uns inmitten eines weiteren riesigen Sprungs nach vorne in unserer geistigen Entwicklung befinden.

Bei meiner jahrelangen Beschäftigung mit der Bibel bin ich gelegentlich auf eine astrologische Symbolik gestoßen. Am deutlichsten ist sie in der neutestamentarischen Darstellung erkennbar, wo drei Könige einem Stern am Himmel folgten, der ihnen anzeigte, daß eine neue Geburt und ein Ereignis von großer Bedeutung auf Erden stattgefunden hatte. Da ich seit langem eine Bewunderin der spirituellen Sprache der

Astrologie bin, begann ich, diese Stelle zu erforschen, und erkannte nach und nach eine Wechselbeziehung zwischen dem Beginn der herkömmlichen astrologischen Zeitalter und dem Auftauchen neuer spiritueller Ideen im menschlichen Bewußtsein. Immer wenn sich eine neue astrologische Ära entfaltete, führten neue spirituelle Lehren zu einer Neuformung unseres Verständnisses für uns selbst, die Natur Gottes sowie der Welt und unseren Platz in ihr. Diese neuen Denkmuster wurden die Quellen der Inspiration hinter allen kulturellen Veränderungen und gaben jedem bewußten und unbewußten gesellschaftlichen Impuls, der Teil der kollektiven Lebenskraft ist, eine neue Richtung. Wenn Sie sich diesen astrologisch-historischen Kontext betrachten, in dem spirituelle Wahrheiten entstanden sind, werden Sie Ihre eigene spirituelle Reise und Ihre Fähigkeit, sich und Ihr Leben zu heilen, besser verstehen.

Ein astrologisches Zeitalter umfaßt zweitausend Jahre. Ich befasse mich hier mit dem Widder-Zeitalter, das sich von etwa 2000 v. Chr. bis Christi Geburt erstreckte; mit dem gegenwärtigen Zeitalter, das unter dem Zeichen der Fische steht und sich dem Ende nähert; und mit dem Wassermann-Zeitalter, in das wir gegenwärtig eintreten und das ungefähr bis zum Jahr 4000 dauern wird.

Um die Bedeutung und die Herausforderungen dieser neuen Ära des Wassermanns zu verstehen, müssen wir zuerst erkennen, woher wir gekommen sind und wo wir heute stehen.

Das Widder-Zeitalter – Stammesmacht

Die zwölf Tierkreiszeichen sind den vier Elementen – Feuer, Erde, Luft und Wasser – zugeordnet. Widder ist ein Feuerzeichen, und das Element Feuer steht für Handeln. Die mit Wid-

der assoziierten Merkmale sind Kreativität, Führung, Loyalität, Motivation und die Fähigkeit, Neues in die Wege zu leiten. Menschen, die unter dem Zeichen des Widders geboren sind, nehmen von Natur aus eine »Ich kann es«-Haltung ein. Es war im Widder-Zeitalter, daß die Stammeskultur organisiert wurde und die Menschen sich auf die Entwicklung vereinigter Stammesgemeinschaften konzentrierten, um das Überleben sicherzustellen. Es ging darum, Gruppenstärke und körperliche Ausdauer zu erreichen und die Anforderungen des Lebens im Griff zu haben. Es war kein Zeitalter der emotionalen oder psychologischen Introspektion, sondern eines, in dem gelernt wurde, äußere Herausforderungen zu meistern.
Die neuen Bewußtseinsmuster, die mit jedem astrologischen Zeitalter aufkommen, dienen als Grundregeln der jeweiligen Ära. Das dem Widder-Zeitalter vorausgegangene Stier-Zeitalter stellte eine viel primitivere Form der Stammeskultur dar, ohne den ordnenden Einfluß von Gesetzen. Dies galt besonders für den Teil der Welt, welcher das westliche spirituelle Erbe hervorbrachte. Im Stier-Zeitalter galten Opfer, einschließlich Menschenopfer, als ein Mittel, um den göttlichen Zorn zu beschwichtigen. Aber bei Anbruch des Widder-Zeitalters trug Jahwe Abraham auf, das Volk Israel zu begründen, wie es im 1. Buch Mose heißt, und so begann die Zeit der Patriarchen des jüdischen Volkes. Vorher hatten die umherziehenden Hebräer entsprechend den Kanaanitern gelebt und Tier- und Menschenopfer vollzogen.
In Anbetracht der Verbreitung von Menschenopfern hätte es überhaupt nicht überraschen sollen, daß Jahwe von Abraham verlangte, seinen einzigen Sohn Isaak zu opfern. Abraham und Isaak bereiteten den Opferaltar vor, und als der Altar aufgebaut war, fesselte Abraham seinen Sohn, legte ihn auf den Altar und setzte an, ihn mit seinem Messer zu töten. Da erschien ihm ein Engel, gebot ihm Einhalt und sprach:

»Lege deine Hand nicht an den Knaben und tu ihm nichts; denn nun weiß ich, daß du Gott fürchtest und hast deines einzigen Sohnes nicht verschont um meinetwillen.« Daraufhin hob Abraham den Blick und sah einen Widder, der sich in einer Hecke verfangen hatte. Diesen opferte er an Stelle seines Sohnes (l. Mose 22).

Diese berühmte Geschichte wird üblicherweise als Beispiel für die Prüfung von Abrahams Gehorsam angeführt. Aber die symbolische Bedeutung ist viel wichtiger. In metaphorischen Begriffen gibt uns die Geschichte zu verstehen, daß die Menschheit im Laufe ihrer Entwicklung inzwischen eine größere Autorität bei Gott erlangt hatte, und zwar von solcher Art, daß Menschenopfer nicht mehr erforderlich waren, um Gott zufriedenzustellen oder Buße zu tun. Auf einer weiteren Ebene weist die Verlagerung weg vom »Opferbewußtsein« und darauf hin, daß sich das Bewußtsein so weit entwickelt hatte, daß der Mensch selbst im menschlichen Leben einen neuen, höheren Wert sah. Unsere Vorfahren erkannten, daß Gott niemals Menschenopfer gefordert hatte; der Brauch spiegelte den geringeren Wert wider, den die Menschen als Untertanen eines äußeren Gottes, den sie zu besänftigen glaubten, dem Leben beigemessen hatten.

Im Anschluß an dieses Opfer sagte Gott zu Abraham, daß seine Nachkommen das Volk Israel hervorbringen würden. Die Opferung verwandelte sich von einem Akt der Beschwichtigung in ein Besiegeln des Bundes mit Gott und einen Ausdruck der Dankbarkeit gegenüber dem Himmel. Doch die Vorstellung von einem Opfer als einem Mittel, durch das Schuld vergeben und Tugendhaftigkeit wiederhergestellt wird, ist im menschlichen Bewußtsein auch noch heute wirksam. Wir werden nach wie vor stark von dem Glauben beeinflußt, daß wir auf den göttlichen Geist durch Opfer einwirken können.

Abraham soll um 2000 v. Chr. gelebt haben, zu Beginn des

Widder-Zeitalters und einer neuen Machtordnung für das hebräische Volk. Sein Enkelsohn Jakob hatte zwölf Söhne, welche die zwölf Stämme Israels begründeten (eine Übereinstimmung mit den zwölf Tierkreiszeichen). In der Mitte des Widder-Zeitalters, wahrscheinlich um 1200 v. Chr., führte Moses die Juden aus Ägypten zurück in das Gelobte Land. Diese Reise ist Sinnbild für die Vereinigung des hebräischen Volkes in ihrem Glauben an den einen Gott. Die zehn Gebote und andere Stammesgesetze entstanden und bildeten die Grundlage für das, was es bedeutet, Jude zu sein: »Stammesbewußtsein« entwickelte sich zu einem Gefühl für echte Identität und Ordnung. Die Schriften mit ihrem häufigen Verweis auf die Bündnisse mit Gott und die Opferlämmer, mit denen sie besiegelt wurden, wurden ebenfalls im Widder-Zeitalter verfaßt.

Im Widder-Zeitalter veränderte sich das »Stammesbewußtsein« nicht nur bei den Juden, sondern auch bei den Griechen, Römern, Ägyptern und in anderen Kulturen. Stammesidentität und Nationalgefühl – zu einem einzigen Volk gehören und nicht nur zu einem Klan oder Stamm – gewannen an Bedeutung. Das Thema des Widder-Zeitalters und der Stammeskultur war Herrschaft und Macht über die äußere Umgebung. Die Naturwissenschaften, das Recht und sogar das römische Straßensystem sind allesamt aus dem Stammesbewußtsein hervorgegangen.

Die Stammesgesetze in diesem Zeitalter sollten das Verhalten der Menschen kontrollieren, um das Überleben zu erleichtern. Die Gesetze, die Moses (2. Buch Mose) empfing, definieren entsprechende Stammespflichten, die von der Ernährung über Sexualverhalten bis hin zur familiären Verantwortung reichen. Diese Pflichten stimmen mit den Bewußtseinsmustern des ersten, zweiten und dritten Chakras überein, die eng mit Familie, Geld, Macht, Sex und Selbstachtung verbunden sind.

Noch heute legen Stammeskulturen des Nahen Ostens und der Mittelmeerländer großen Wert auf Ehren- und Schamkodexe.

In der Beschreibung von Jahwe tauchten in dieser Zeit menschliche Eigenschaften in höchst idealisierter Form auf – Gottes Persönlichkeit war eine Erweiterung der menschlichen Natur. Wenn wir liebend sind, dann muß Gott all-liebend sein. Wenn wir Menschen von Ehre und Gerechtigkeit sind, dann muß Gott das vollendete gerechte Wesen sein. Im 2. Buch Mose bezeichnet Jahwe sich als Gott der Gerechtigkeit, des Gesetzes und der Ordnung, als einen eifersüchtigen und rachsüchtigen Gott. Er verlangt Loyalität und arbeitet mit Belohnung und Bestrafung. Das hebräische Gesetz versuchte, Eifersucht, Rachsucht und das Bedürfnis nach Gerechtigkeit zu regeln, Eigenschaften, die allesamt mit den ersten drei Chakras assoziiert werden. Viele Menschen glauben noch immer – nicht vernunftsmäßig, sondern mit ihrem Stammesinstinkt – daß Gott gutes Verhalten belohnt und negatives Verhalten bestraft.

Dadurch, daß wir Menschen uns unserer spirituellen Fähigkeiten bewußter geworden sind, hat sich unsere Gottesvorstellung verändert, wir haben unsere Sicht von unserer potentiellen Göttlichkeit, Macht und menschlichen Natur erweitert. Trotzdem überwinden wir bis heute nur selten die Merkmale des Stammesbewußtseins – jene Teile von uns, die instinktiv und nicht vernunftmäßig reagieren. Dies wirkt sich schwerwiegend auf unsere Gesundheit aus. Eifersucht, Gier, Rachsucht und andere Eigenschaften des unteren Chakras zählen weiterhin zu den wichtigsten emotionalen Faktoren, die zum Verlust von Gesundheit beitragen und zu unserer Unfähigkeit, uns zu heilen. Auch wenn wir es noch so gut *wissen*, daß wir nicht eifersüchtig auf andere sein sollen, können wir einem solchen Gefühl keinen Einhalt gebieten. Vernunft –

eine Fähigkeit, die mit unserem sechsten Chakra in Verbindung steht – ist den Funktionen unseres Stammesbewußtseins oft nicht gewachsen.

Überdies sitzt tief in uns der Glaube, daß wir uns auf einen Opferdialog einlassen müssen, um von Gott gehört zu werden. Eine Frau in einem meiner Workshops erzählte, daß sie Fleisch und bestimmte andere Lebensmittelprodukte nicht mehr anrühre, seit sie vom Krebsleiden ihrer Tochter erfuhr. Sie hoffte, durch diese Maßnahmen Gott dazu »anzuregen«, ihre Tochter zu heilen. Diese Frau glaubte, daß Gebete allein nicht ausreichen würden; sie mußte zusätzlich Maßnahmen ergreifen, um dem Gebet genügend Kraft zu verleihen. Stammesbewußtsein erfordert praktische Maßnahmen, und die gesamte Identität dieser Frau beruhte auf ihrer Rolle als Stammesmutter. Sie betete in der Öffentlichkeit, wobei sie die ganze Familie repräsentierte und zu ihrer vereinten »Stimme« als Stammesanführerin wurde. Sie gab sogar zu, daß sie die Opfer bringen müsse, weil keines der anderen Familienmitglieder stark genug sei, um die Disziplin zu wahren.

Ein biologischer Stamm hat unter anderem die Pflicht, neue Mitglieder anzuerkennen und sie in den Fertigkeiten und Fähigkeiten auszubilden, die sie nach den Maßstäben und Gesetzen des Stammes benötigen. Die Stammeskontrolle über das Leben in der äußeren Welt ist für das Überleben notwendig. Lektionen zur Verantwortung stellen einen wesentlichen Aspekt der Vorbereitung auf ein erfolgreiches Erwachsenenleben dar. Trotzdem müssen wir lernen, die guten und schlechten Anteile in unserem Stammeserbe zu unterscheiden. Im Laufe unserer spirituellen Entwicklung werden wir aufgefordert, die positiven Stammeseinflüsse beizubehalten und die negativen aufzugeben.

Für alle Arten von Stämmen, einschließlich geschäftlicher und gesellschaftlicher Organisationen, gibt es ein Regelwerk für die Ausbildung zum Überleben, wie verwässert es auch sein mag. Im Gegensatz zu biologischen Stämmen sind soziale Gruppen zwar nicht dazu verpflichtet, neue Mitglieder bedingungslos zu akzeptieren, aber sie haben die ungeschriebene moralische Verpflichtung, neue Mitglieder mit den Regeln und Fertigkeiten, die für das Überleben dieser bestimmten Gruppe – und für das Überleben innerhalb der Gruppe – notwendig sind, bekannt zu machen. Zu diesen Fertigkeiten zählen oft eine Kleiderordnung, ein Sittenkodex und Respekt vor Hierarchie. Wenn ein neues Mitglied nicht das entsprechende Verhalten übernimmt, bleibt es ein Außenstehender und macht sich schließlich auf die Suche nach einem anderen Stamm, in dem es aufgenommen werden und Macht mit den anderen teilen kann.

Abgesehen vom elementaren Überleben umfaßt die Stammesmacht noch andere positive Aspekte. Die Stammesmacht entwickelt und verfeinert Loyalität, sittliche Grundsätze und einen Ehrenkodex, und wir sehen eine Gefahr für unsere Gesellschaft, wenn diese fehlen. So weisen in der heutigen Zeit viele Kinder Verhaltensstörungen auf, weil ihre Familien keine moralische Kraft und kein Ehrgefühl besitzen. Sie wissen nicht, wohin sie sich wenden sollen, so daß sie sich in einigen Fällen Banden anschließen, weil sie dort so etwas wie Rituale und einen Ehrenkodex finden. Die Gefahr in der Stammesloyalität liegt natürlich darin, daß sie jederzeit mit dem Stamm verbunden sein muß; die Loyalität gegenüber sich selbst hat auf der Stammesliste eine sehr niedrige Priorität.

So gern wir auch denken mögen, daß wir uns über das Stammesbewußtsein hinaus entwickelt haben, sind mächtige Elemente von ihm noch immer in uns allen am Werke. Wie wahrscheinlich die meisten von Ihnen habe auch ich mir irgendwann gelobt, daß ich niemals so sein werde wie meine …!

In meinem Fall war es meine Großmutter. Wenn man sie zum Essen besuchte, durfte man sich nicht selbst bedienen. Sie verteilte die Speisen, und zwar immer riesige Mengen. Hatte man brav alles aufgegessen, häufte sie einen weiteren Essensberg auf den Teller. Wenn alle Familienmitglieder anfingen zu stöhnen, ihre Gürtel öffneten und klagten, daß sie wirklich nichts mehr essen könnten, sagte Großmutter ausnahmslos: »Schließlich habe ich heute für euch gekocht.«

Also gelobte ich mir, nie, wirklich nie so zu werden wie sie. Aber vor einigen Jahren, als ich in New Hampshire lebte, hatte ich einige Freunde zum Abendessen eingeladen. Als das Essen dem Ende zuging, hörte ich mich tatsächlich sagen: »Wollt ihr wirklich nichts mehr essen? Schließlich habe ich heute für euch gekocht.«

Kaum hatte ich die Worte ausgesprochen, als ich mich entschuldigte, in die Küche ging und meine Mutter anrief. »Ich bin besessen«, sagte ich und erzählte ihr, was geschehen war und was ich unüberlegt gesagt hatte. Meine Mutter hörte ruhig zu und fragte dann: »Hast du ihnen tatsächlich mehr Essen auf die Teller gegeben?«

»Nein«, antwortete ich, »das habe ich nicht.«

»Dann ist alles in Ordnung«, meinte meine Mutter. »Du bist nicht besessen. Sie ist nur in deiner Küche.«

Wir sollten nicht unterschätzen, was es für unsere Gesundheit bedeutet, wenn wir am Stammesbewußtsein festhalten. Symbolisch gesehen tut das Immunsystem für den physischen Körper genau das gleiche, was die Stammesmacht für die Gruppe leistet: Es beschützt ihn vor potentiell schädlichen äußeren Einflüssen. Weil das Stammessystem mit unserem ersten, zweiten und dritten Chakra in Resonanz steht, greift der in unserem System durch abergläubische Angstmuster hervorgerufene Streß auch die physischen Systeme an, die mit diesen drei Chakras verbunden sind: unser Immunsystem,

Geschlechtsorgane, Darm, Bauchspeicheldrüse, Gallenblase, Leber und Beine. Jedoch kann eine gesunde Identifizierung und Beziehung mit Ihrer Herkunftsfamilie eine Quelle der emotionalen und psychologischen Kraft sein und eine stabile Grundlage für die nächste Ebene der persönlichen Macht und Individuation bilden.

Das Fische-Zeitalter – Persönliche Macht

Fische ist ein Wasserzeichen, und Wasser ist das mit Emotion und Selbstbeobachtung assoziierte astrologische Element. Die besonderen Merkmale, die mit dem vor ungefähr zweitausend Jahren einsetzenden Fische-Zeitalter einhergehen, sind emotionales Bewußtsein, intuitives Denken und Dualismus. Das Fische-Symbol – zwei in entgegengesetzte Richtungen schwimmende Fische – stellt subtilere Entscheidungen und höhere Denkprozesse dar. Innerhalb des Stammesbewußtseins erlaubten – und erlauben noch immer – die einzelnen Menschen dem Stamm, wichtige Entscheidungen für sie zu treffen, von der Wahl des Ehepartners bis zur beruflichen Tätigkeit. Das Auftauchen der persönlichen Wahl im Fische-Zeitalter signalisierte ein völlig neues Paradigma und mit ihm ein neues Wahrnehmungssystem: persönliche Macht.

Um diese neue persönliche Macht zu handhaben, mußten die Grenzen, die das emotionale und geistige Leben eines Individuums festlegen, definiert werden. Die globale Kultur umfaßte schließlich eben diese Grenzen und Definitionen der individuellen und kollektiven Rollen. Auch wenn heute viele von uns diese Definitionen als Klischees empfinden, bleiben sie dennoch auf der persönlichen sowie auf der globalen Ebene weiterhin wirksam. Einige dieser Grenzen sind in der folgenden Tabelle zusammengefaßt:

Männliche Energie	Weibliche Energie
Westliche Kultur	Östliche Kultur
Staatliche Macht	Kirchliche Macht
Wissenschaft	Religion
Eltern	Kind
Vernunft	Intuition
Geist	Herz
Körper	Seele
Aggressivität	Passivität
Äußere Kontrolle	Innere Kontrolle
Unabhängigkeit	Abhängigkeit

Im Fische-Zeitalter trat die menschliche Evolution die lange Reise aus dem Stammesgeist heraus und auf die Entwicklung des Selbst hin an. Dabei wurde es den einzelnen erlaubt, eine eigene Identität zu formen, während sie bis zu einem gewissen Grade weiterhin Stammeseinflüssen ausgesetzt waren. Die Fische-Kultur förderte auch die Entwicklung von allem, was das Selbst entdecken konnte, vor allem Wissenschaft und Medizin. Diese Entfaltung der menschlichen Intelligenz wurde die wichtigste Waffe gegen den abergläubischen Kern der Stammeswahrnehmung und führte letztlich zur Aufklärung und der heutigen weltlichen Kultur. Aufgrund der Fische-Energie wurde der menschlichen Denkfähigkeit und emotionalen Energie eine viel größere Entfaltungsfreiheit eingeräumt.

Auch die westliche Romantik wurde im Fische-Zeitalter geboren, von der höfischen Liebe bis hin zur Vorstellung, daß es dem einzelnen freistehen sollte, den von ihm geliebten Partner zu heiraten, anstatt sich einer von Stammesältesten arrangierten Ehe zu unterwerfen. (In manchen Kulturen sind arrangierte Ehen jedoch immer noch die Praxis.) In der Geschichte von Romeo und Julia wird auf dramatische Weise gezeigt, wie die Wünsche und emotionalen Bedürfnisse eines einzelnen im Widerspruch zur Stammes- und Familiensitte stehen. Besonders in den vergangenen Jahrhunderten hat das Fische-Zeitalter eindeutig Autorität vom Stamm auf den Geist und die Herzen der Menschen übertragen.

Die Geschichte der westlichen Kultur zur Zeit der Fische versinnbildlicht die schrittweise Entwicklung der Macht des Individuums. In der Renaissance machte sie möglicherweise ihren spektakulärsten Sprung, als die Begabung einzelner Künstler weit über die »Stammesschulen« oder Meisterwerkstätten hinausging, in denen sie ihr Handwerk lernten. Michelangelo, Raphael und Leonardo da Vinci beschritten den Weg, indem sie als einzelne Künstler ihr Werk mit ihrem Namen signierten, anstatt es mit dem Namen der Schule oder gar nicht zu zeichnen. Das Selbst als Künstler, Schriftsteller oder Musiker war geboren.

Die östliche Kultur wurde durch die Geburt Gautamas, des Buddha, in dieses neue Energiemuster eingeführt. Der Buddha wurde um 500 v. Chr. geboren, also ungefähr im letzten Viertel des Widder-Zeitalters. Die Entwicklung des Buddhismus ging in drei klar erkennbaren Epochen vonstatten, von denen die erste gewisse Merkmale der Widder-Energie hatte. Die erste Ära bzw. »Drehung des Rades«, wie es im buddhistischen Sprachgebrauch heißt, ist als der Theravada- oder Hinayana-Buddhismus bekannt und dauerte fünfhundert Jahre an. Kennzeichnend für den Theravada war der Verzicht auf alle irdischen Besitztümer und auf jegliche persönliche menschliche Bindung. Der strikte Verhaltenskodex spiegelte das mit Widder assoziierte Feuer-Element und die Qualität von Gesetz und Ordnung dieses Zeitalters wider: Die Theravada-Lehre sah in emotionalen Bedürfnissen nichts weiter als Hindernisse dafür, im gegenwärtigen Augenblick zu sein.

Zu Beginn des Fische-Zeitalters erlebte die buddhistische Tradition eine große Revolution, aus der die zweite Drehung des Rades hervorging, die sogenannte Mahayana-Tradition. Der Buddhismus begann sich nun auf das Mitgefühl zu konzentrieren, indem er das Konzept des Bodhisattva, des erleuchteten Individuums, entwickelte, der schwört, nicht eher zu ruhen, als bis alle anderen Wesen auch Erleuchtung erlangt haben. Während der Theravada dabei blieb, daß nur ordinierte Mönche Erleuchtung und Nirvana erfahren können, vertrat der Mahayana die Auffassung, daß dies auch für männliche und weibliche Laien möglich sei. Die dritte Drehung des Rades, bekannt als Vajrayana, intensivierte die mitfühlende Orientierung des Mahayana und erweiterte sie um komplexe spirituelle Techniken, um die Erleuchtung aller Wesen zu beschleunigen. Von allen buddhistischen Traditionen ist der Mahayana heute am weitesten verbreitet.

Die Lehren des Buddha höhlten die aufs Überleben ausgerichtete Stammeseinstellung des Widder-Zeitalters aus. Denn dort hieß es, daß der Versuch, das Ego durch Gewalt oder die Anhäufung von materiellen Gütern zu beschützen, zu menschlichem Leiden führt. Vor dem Fische-Zeitalter war den Menschen jeder, der kein Stammesmitglied war, emotional gleichgültig, es ging noch immer in erster Linie ums physische Überleben. Der Buddha lehrte die Menschheit etwas über Persönlichkeitsentwicklung und persönliche Macht, was den nächsten Schritt in der spirituellen Evolution der Menschheit darstellte. Allerdings mußten diese Lehren bis zur zweiten Drehung des Rades zu Beginn des Fische-Zeitalters warten, bis sie wirklich angenommen werden konnten. Vom Standpunkt des menschlichen Bewußtseins aus bekam durch die Entwicklung von Mitgefühl gegenüber Menschen, die keine Stammesmitglieder sind, das Leben einen höheren Stellenwert.

Der Anbruch der christlichen Zeit wurde als Öffnung des Herzens der Menschheit bezeichnet. Zu diesem Zweck lieferte Jesus von Nazareth einen neuen emotionalen Wortschatz, indem er über Liebe, Brüderschaft, Freundlichkeit und Vergebung sprach – Lektionen des Herzens, die jeder einzelne erfahren muß. Durch die Beziehung, die Jesus zu seinem »Vater« im Himmel hatte, erfuhr die israelitische Kultur einen Grad an Intimität mit Gott, wie es ihn zuvor nie gegeben hatte. Innerhalb des Stammesbewußtseins hätte niemand gewagt, Gott mit »Vater« anzureden – geschweige denn mit »Papa«, wie der aramäische Begriff *Abba*, den Jesus gebrauchte, präziser übersetzt werden könnte. Dieser Gott interessierte sich liebevoll für alle Bereiche des persönlichen Lebens eines Individuums. Und so initiierte Jesus die Eltern-Kind-Beziehung zwischen Menschheit und Himmel und gab dem einzelnen das Werkzeug, um eine engere Verbindung mit dem Göttlichen herzustellen. Mit der Zeit wurde Maria, die Mutter Gottes, zur christlichen Version der »Heiligen Muttergöttin«.

Jesus' Kreuzigung und Tod brachten zwei Hauptthemen des Fische-Zeitalters zur Sprache: Mitgefühl für alle – einschließlich für diejenigen außerhalb des Stammes – und Vergebung. Eine der größten Schwierigkeiten im Heilungsprozeß ist es, sowohl sich als auch anderen zu vergeben und aufzuhören, kostbare Energie für vergangene Verletzungen aufzuwenden. Mehr als alle anderen Lehrer verkörperte Jesus diesen spirituellen Fortschritt durch seine Worte am Kreuz: »Vater, vergib ihnen, denn sie wissen nicht, was sie tun.«

Aber obwohl das Christentum schon viele Jahrhunderte Teil des menschlichen Bewußtseins ist, ist es uns noch immer nicht gelungen, wirklich Vergebung zu lernen. Ein Grund dafür ist möglicherweise, daß unser Verstand Vergebung zwar für sinnvoll hält, daß wir auf emotionaler Ebene jedoch nicht davon überzeugt sind, denn sie steht im Widerspruch zu unserem übriggebliebenen Stammesbewußtsein. Es scheint unseren

Gerechtigkeitssinn zu verletzen, wenn wir zu jemandem, der uns weh getan hat, sagen: »Es ist schon in Ordnung. Es macht nichts, was du mir angetan hast.« Wir glauben, daß ein Verbrechen gegen uns bestraft werden muß – oder daß *wir* für unsere Missetaten, schlechten Gedanken oder negativen Haltungen bestraft werden müssen. Wenn wir in diesen Gefühlen der Verletzung und Kränkung steckenbleiben, haben wir aber die Bedeutung von Vergebung und ihre Bedeutsamkeit in unserer spirituellen Entwicklung mißverstanden und auch nicht begriffen, wie wichtig sie für unsere Heilung ist.

Das andere wichtige Thema des Fische-Zeitalters ist die Wahl, die durchaus die einzige wahre Macht sein kann, über die wir verfügen. Jede Wahl, die wir in unserem Leben treffen, ist unser Unterscheidungsmerkmal sowohl in der physischen als auch in der energetischen Dimension. Innerhalb des Stammesbewußtseins wird unsere Macht der Wahl von den Wahrnehmungen der Gruppe beherrscht. Wir sehen, was die Gruppe sieht, glauben, was die Gruppe glaubt, lieben, was die Gruppe liebt, und hassen, was die Gruppe haßt. Das kann uns zwar ein Gefühl der Sicherheit geben, hemmt aber die Entwicklung unserer Fähigkeit, eigene Gedanken zu denken.

Jesus verkörperte in seinem Leben die Macht der Wahl. Er widersprach den Stammesältesten und bot den Menschen einen anderen Zugang zu Gott, zueinander und zu den Krisen, die es in jedem Leben gibt. Am Tag vor seinem Tod ging Jesus in den Garten Gethsemane, um mit seinen Jüngern zu beten. Als die Jünger in tiefen Schlaf fielen, betete Jesus zu Gott: »Abba, mein Vater, es ist dir alles möglich; nimm diesen Kelch von mir; doch nicht, was ich will, sondern was du willst« (Markus 14,36).

In diesem Gebet traf Jesus die bewußte Wahl, sein Schicksal zu akzeptieren. Er überließ seinen Willen nicht dem Stamm, sondern dem Willen Gottes in einem Akt, der vollkommenes

Vertrauen in die göttliche Vernunft symbolisiert. Indem er darin einwilligte, die Unvermeidlichkeit seines Todes anzunehmen, war die Entscheidung, ihn zu kreuzigen, die am folgenden Tag getroffen werden sollte, in Wirklichkeit bereits zwischen Jesus und Gott gefällt worden. Der Stammesgeist als solcher war niemals Teil dieser Entscheidung gewesen, auch wenn es während der Kreuzigung den Anschein hatte, daß die Menschen der römischen und palästinensischen Stämme für Jesus' Tod verantwortlich waren.

Als Judas die Information über Jesus' Aufenthaltsort für dreißig Silberlinge verkaufte – der berühmteste Verrat in der westlichen Kultur –, verkörperte er die Stammesmacht: der Gebrauch von Geld und physische Gewalt. In der darauffolgenden Verhandlung vor dem Hohen Rat konnten Herodes und Pontius Pilatus Jesus nicht dazu bewegen, sich auf irgendeine übliche Stammesart zu verhalten. Er verteidigte sich nicht, schrie nicht, daß er unschuldig sei, und versuchte auch nicht zu feilschen. Am wichtigsten von allem war, daß er keine Angst hatte oder verwirrt war – das waren die anderen. Jesus sagte zu den Stammesältesten, die ihm gegenüberstanden, daß sie überhaupt keinen Einfluß auf die Geschehnisse hätten, die sich ereigneten. Während seiner Verhandlung reagierte Jesus auf eine Weise, die den Stamm verwunderte – was uns vor Augen führt, daß uns selbst angesichts der ungerechtesten Umstände Wahlmöglichkeiten zur Verfügung stehen.

In Wirklichkeit waren alle Ereignisse, die zu Jesus' Tod führten, ein Zelebrieren der Macht der Wahl, die sein ganzes Leben verkörpert hatte, besonders als er es vorzog, seinen Henkern zu vergeben, anstatt nach Rache zu schreien. Sein bedeutendster Akt der freien Wahl fand kurz danach statt, als er den Augenblick seines Todes wählte und sprach: »Vater, ich befehle meinen Geist in deine Hände« (Lukas 23,46).

Jesus' Leben und das des Buddha führen uns vor Augen, daß

wir uns alle zwangsläufig über die Ebene des Stammesbewußtseins hinaus entwickeln müssen. Aus der Sicht der Fische-Kultur ist Judas' Tat kein Verrat, sondern das Ende einer Beziehung zu einer älteren Bewußtseinsebene, einem Bewußtsein, das Jesus fremd geworden war. Unter anderem zeigt uns Jesus, wie wir auf das Signal, daß wir eine höhere Ebene des Bewußtseins anstreben müssen, reagieren sollen: indem wir unseren Willen dem Willen Gottes unterwerfen.

Wenn es in unserem Leben an der Zeit ist, daß wir uns über eine alte Denkweise hinausbewegen und Vorstellungen aufgeben, die unserem Wachstum nicht mehr dienlich sind, empfinden wir das entsprechende Signal häufig als einen Akt des Verrats – einen Judaskuß. Zum Beispiel arbeiten wir vielleicht viele Jahre lang in einer Firma und glauben, daß sie für uns im Ruhestand sorgen wird, nur um mit fünfzig den Rationalisierungsmaßnahmen dieser Firma zum Opfer zu fallen. Oder wir heiraten und rechnen fest damit, daß unser Partner unser ganzes Leben lang bei uns bleibt, nur um nach zwanzig Ehejahren herauszufinden, daß er oder sie sich in jemand anderen verliebt hat.

Vom gewöhnlichen Stammesstandpunkt aus sind das Akte des Verrats. Solange wir sie für einen Verrat halten, brauchen wir Jahre, um uns davon zu erholen, und verlieren dabei unermeßliche Mengen an Energie. Aber wenn wir lernen können, diese Akte symbolisch zu sehen (wie es in den folgenden Kapiteln erläutert wird), werden wir erkennen, daß sie das Signal dafür sind, uns von den Glaubensmustern des Stammesgeistes zu lösen und uns auf die nächste Bewußtseinsebene zu begeben.

Sobald wir aus dem Stammesbewußtsein hervorkommen, wird uns oft angeboten, den »Weisheitsweg« einzuschlagen. Alle Signale geben uns zu verstehen, daß es an der Zeit ist, loszulassen und mit unserem Leben weiterzumachen. Wer die

Signale beachtet, wird sich den Herausforderungen stellen, aber weil wir uns vor Veränderungen fürchten, wird der größte Teil von uns an den alten und vertrauten Plätzen bleiben und sich an Situationen und Beziehungen klammern, die im Grunde abgeschlossen sind. So können Sie zum Beispiel den Wunsch verspüren, Ihren derzeitigen Job aufzugeben, aber auch wenn dieser Wunsch immer stärker wird, ignorieren Sie ihn, weil Sie unsicher sind, wohin Sie als nächstes gehen werden. Sie sagen sich, daß Sie die Veränderung vornehmen würden, wenn Sie nur wüßten, was auf Sie zukommt, wenn Sie nur etwas Besseres auf die Beine stellen könnten. Während die Anspannung in Ihnen wächst, gehen Sie gegen Ihren Wunsch mit immer mehr selbsterschaffenen vernünftigen Einwänden an: »Die Zeit ist noch nicht reif«, sagen Sie sich, oder: »Meine Arbeitssituation wird sich bestimmt verbessern, wenn ich ihr nur eine weitere Chance gebe.« Aber im Laufe der Monate ändert sich nichts, abgesehen von Ihrer größer werdenden Wut – nicht nur über Ihre Arbeit, sondern auch auf sich selbst, weil Sie nicht den Mut haben, etwas zu unternehmen.

Dann bleibt der nächsten Lebensphase keine andere Wahl, und sie manifestiert sich als »Leidensweg«. Es ist, wie wenn Sie einen kariösen Zahn unbehandelt lassen, weil Sie sich nicht dem Schmerz und den Kosten einer Zahnfüllung stellen können: Es endet damit, daß Sie sich einer schmerzhafteren und kostspieligeren Behandlung unterziehen müssen, um den ganzen Zahn zu ersetzen. Im obigen Beispiel, in dem Sie Ihrem Wunsch, Ihre Arbeit aufzugeben, nicht nachkommen, werden sich die Folgen wahrscheinlich als Krankheit zeigen (gewöhnlich ein chronischer Zustand wie ständige Kopfschmerzen oder ein Geschwür) oder als etwas, das Sie als Verrat empfinden, wie etwa eine Kündigung.

Die Angst davor, seinen Job aufzugeben oder einer zerrütteten Ehe ins Auge zu sehen, ist in Wirklichkeit die Angst davor, Verantwortung für sein Leben zu übernehmen. Anstatt zu akzeptieren, daß der Tag gekommen ist, sich seiner Angst zu stellen, zur Arbeit zu gehen und seinen Abschied einzureichen, weichen die meisten von uns der Angst aus, bis eine Erfahrung uns dazu zwingt, uns eingehender zu prüfen. Vielleicht sträuben Sie sich dagegen, eine Ehe aufzugeben, die kontraproduktiv und spirituell schädlich geworden ist, nur um festzustellen, daß Sie oder Ihr Partner etwas tun – beispielsweise eine Affäre eingehen –, was die Scheidung heraufbeschwört, ungeachtet Ihrer Versuche, den Prozeß aufzuhalten. Sollte der Streß schlimmer werden, können Sie es riskieren, eine schwächende oder unheilbare Krankheit zu entwickeln. Oder Sie haben noch weniger Glück und schlagen sich einfach irgendwie durch – Thoreau nannte dies ein Leben der »stillen Verzweiflung« –, treffen überhaupt keine Entscheidung und lassen Ihr spirituelles und Lebenspotential unverwirklicht.

Wenn Sie einen scheinbaren Akt des Verrats erleben, sehen Sie ihn sich genau an, um herauszufinden, ob er nicht in Wirklichkeit eine »göttliche Aufforderung« dazu sein könnte, das Alte loszulassen und das Neue zu entdecken. Wir werden alle Judas-Erfahrungen machen. Aber aus dem Blickwinkel des höheren Bewußtseins betrachtet, erweisen sie sich als enorme Wendepunkte in unserem Leben, die uns mit einer völlig neuen Form von Macht bekannt machen können – die Macht Ihres Selbst. Von diesem Standpunkt aus sind Jesus' Worte – »Vergib ihnen, denn sie wissen nicht, was sie tun« – besonders bedeutungsvoll. Denken Sie über die Möglichkeit nach, daß Sie in Ihrem eigenen Garten Gethsemane bereits zugestimmt hatten, sich vorwärtszubewegen, aber einen Stoß benötigten, um in Gang zu kommen. Die Menschen, die auf der Stammesebene an einem Akt des Verrates teilzunehmen scheinen, spielen vielleicht eine Vereinbarung durch, die Sie bereits mit Gott getroffen haben. Wie können Sie dann auf einen Boten des Herrn wütend sein? Es gibt nichts, was Sie ihm vergeben müssen, weil er überhaupt nichts getan hat, um Ihnen zu schaden.

Sowohl Jesus als auch der Buddha haben dazu beigetragen, der Fische-Gestalt Gottes Form zu gehen. Dadurch haben sie den Menschen ermöglicht, mehr als den stark vereinfachenden Gott zu sehen, den sie im Widder-Zeitalter kennengelernt hatten. Der Buddhismus machte das Mitgefühl zu einer Erweiterung des Göttlichen in uns und lieferte einen Weg, durch den wir Teil des ruhigen und gelassenen Wesens des Universums werden können. Jesus führte eine Vaterfigur ein, deren »Persönlichkeit« die Essenz des vierten Chakras, des Herzzentrums des Körpers, verkörpert: liebend, vergebend, sorgend.

Es ist unerheblich, ob Sie diese Reise mit dem Buddhismus, dem Christentum, einer anderen oder überhaupt keiner Religion unternehmen. Jeder von uns wird schließlich auf einen Pfad der inneren Entwicklung geführt, auf dem wir uns unserer falschen Annahmen bewußt werden und der uns die Gelegenheit verschafft, uns die persönliche Macht der Wahl nutzbar zu machen. Seien Sie sich darüber im klaren, daß Sie im Zuge dieses Bewußtwerdens wahrscheinlich mit der Macht des Stammesgeistes sowohl in Ihnen als auch um Sie herum in Konflikt geraten werden, weil der Stamm Unabhängigkeit und persönliches Bewußtsein nicht unterstützt.

Wenn die in entgegengesetzte Richtungen schwimmenden Fische für Wahlmöglichkeiten stehen, implizieren sie zugleich Polarität und Konfrontation. Als das Fische-Zeitalter in der zweiten Hälfte des zweiten Jahrtausends an Stoßkraft gewann, wurde der Planet von einer Flutwelle von Revolutionen überschwemmt. Die Stammesautorität wurde von denjenigen in Frage gestellt, die für die Rechte des einzelnen eintraten. Ganze Staaten wurden ins Leben gerufen, unter anderem die USA, mit der Vision, den Menschen einen sicheren Hafen zu bieten, um sich politisch und religiös frei äußern zu können. Als das Fische-Zeitalter in seine letzten zwei Jahrhunderte eintrat, begann die industrielle Revolution. Sie brachte den Glauben mit sich, daß jedes persönliche »Selbst« reich werden könnte, und griff somit die lang vertretene Stammesüberzeugung an, daß man zu Macht und Reichtum geboren sein müsse.

Der Einfluß des Fische-Zeitalters hat den Menschen den Weg aufgezeigt, wie man die mit dem vierten, fünften, sechsten und siebten Chakra assoziierte Macht entwickelt. Während die Macht des Widder-Zeitalters in Übereinstimmung mit der Energie unserer ersten drei Chakras stammesorientiert ist und sich nach außen konzentriert, ist die Fische-Energie auf unser inneres Selbst gerichtet. Die Chakras vier bis sieben entsprechen der Fische-Energie: Herz, Wille und Wahl, Geist und spirituelles Leben. Vor dem Fische-Zeitalter wurden die mit den vier oberen Chakras zusammenhängenden Energien von der Macht der drei unteren Zentren beherrscht. Da sich das Fische-Zeitalter nun dem Ende zuneigt, funktionieren die höheren Chakras als ein vom Stammesgeist unabhängiges Wahrnehmungssystem. Letztlich sollten unser stammesbezogenes und unser persönliches Wahrnehmungsvermögen harmonisch zusammenarbeiten. Aber trotzdem können große Schmerzen und Konflikte entstehen, wenn die Bedürfnisse des Herzens mit den Bedürfnissen einer Gruppe, mit der wir eng verbunden sind, im Streit liegen.

Viele Menschen erzählten mir, wie schwierig es ihnen gemacht wurde, die Religion, mit der sie aufgewachsen sind, aufzugeben, um einen erfüllenderen spirituellen Weg zu beschreiten. Ihre Familien reagieren darauf fast immer mit Kritik und

Angst und warnen davor, daß der oder die Betreffende unter den Einfluß eines Kults gerät. Eine Frau erzählte mir, daß ihre Familie den Kontakt zu ihr völlig abbrach, als sie sich in einen Mann von anderer Rasse verliebte und zu ihm zog. Ihre Familie schämte sich so sehr für ihre Partnerwahl, daß sie nicht wollte, daß Freunde der Familie von ihrer Entscheidung erfuhren. Es war einfacher für ihre Familie, sie zu meiden, als ihr Handeln zu erklären.

Hätte sie auf die Stammesältesten gehört, wären die Folgen für ihr persönliches Selbst natürlich verheerend gewesen, angefangen von Depressionen bis hin zu den verschiedensten physischen Krankheiten. Zu den Formen von emotionalem und mentalem Schmerz, die mit den Streßmustern der vier oberen Chakras übereinstimmen, zählen unter anderem Depressionen und Schizophrenie, die Unfähigkeit, sich und anderen zu vergeben, Schuldgefühle darüber, den Stamm »verraten« zu haben, und eine Vielzahl von spirituellen Krisen, die auf der Lossagung von Stammestraditionen, einschließlich der Stammesreligion, beruhen.

Die im Körper genau lokalisierte Stelle für eine Krankheit läßt nicht unbedingt auf das Chakra schließen, durch das der Körper an Macht verliert; Brustkrebs bedeutet beispielsweise nicht immer, daß eine Störung des vierten Chakras vorliegt. Bei fast allen Krankheiten beginnt der größte Energieverlust »unterhalb der Gürtellinie« im Stammesbereich; dieser anfängliche Energieverlust kann dann zu persönlichen und emotionalen Krankheiten führen, die mit dem vierten Chakra in Verbindung stehen.

Die Ereignisse in den USA während des Vietnamkrieges sind ein sehr guter Indikator für die unabänderliche Verlagerung von der Stammesmacht zur persönlichen Macht. Wenn ein Land einem anderen den Krieg erklärt, liegt dem die Stammesannahme zugrunde, daß das gesamte Volk, von wenigen

Abtrünnigen abgesehen, automatisch hinter dieser Kriegserklärung stehen und sich mit seinem ganzen Gewicht für die Kriegsbestrebungen einsetzen wird. Die Stammesältesten bauen auf dieses Maß an Loyalität, und wenn die Rechnung aufgeht, kann das Ergebnis beeindruckend sein, wie die Bemühungen der Alliierten im Zweiten Weltkrieg gezeigt haben. Aber zu der Zeit, als der Konflikt in Vietnam im Zentrum der öffentlichen Aufmerksamkeit stand, hatte die Fische-Energie ihren Höhepunkt erreicht. Ebenso wie eine Birne am hellsten leuchtet, bevor sie durchbrennt, war die Zeit gekommen, daß sich die persönliche Macht ein letztes Mal zum Ausdruck bringt, bevor sie durch die symbolische Macht ersetzt wird.

In den sechziger Jahren war die Macht des Individuums aktiviert wie nie zuvor; Hunderttausende von Menschen stellten den Stammeskrieg in Frage und, was noch wichtiger war, weigerten sich, die Nordvietnamesen als Feinde anzuerkennen. Die Stammesmacht wurde durch dieses Vorgehen wesentlich geschwächt, und seitdem hat sich die amerikanische Nation in Hinblick auf Krieg niemals wieder auf sicherem Stammesboden bewegt. Zur Zeit des Golfkrieges mußte die amerikanische Regierung der Öffentlichkeit versichern, daß die Kriegsbeteiligung zu praktisch keinem Verlust von amerikanischen Soldaten führen würde und nur mit geringen wirtschaftlichen Kosten verbunden sei – mit anderen Worten, für den Sieg wären keine »Opfer« notwendig. Heute sind die Stammesältesten in Amerika weit stärker darauf konzentriert, den Frieden zu wahren, anstatt ihre jungen Männer in den Krieg zu schicken. Doch überall in der Welt gibt es noch immer Stammeskriege und brutale Unterdrükkung von persönlichen Bürgerrechten und Religionsfreiheit, während die Fische-Energie ihre demokratisierenden Wirkungen initiiert.

Ebenso wie der Widder- bzw. Stammesgeist nicht gänzlich aus dem Fische-Zeitalter verschwunden ist, wird sich der Fische-Geist weiterhin im Wassermann-Zeitalter manifestieren. Aber Ende der fünfziger und Anfang der sechziger Jahre traten zwei Ereignisse ein, die einen globalen Umschwung im Denken repräsentierten und Millionen von Menschen die göttliche Erlaubnis erteilten, zuvor eingeschränkte spirituelle Wege zu beschreiten. 1959 zwang der Einmarsch der chinesischen Kommunisten in Tibet den Dalai Lama, aus seiner Heimat zu fliehen und sich in Indien niederzulassen, wo er noch heute seinen Stützpunkt hat. Nur drei Jahre später berief Papst Johannes XXIII. das 2. Vatikanische Konzil ein, mit dem er die Absicht verfolgte, die römisch-katholische Kirche in die moderne Zeit zu führen. Betrachtet man diese Ereignisse für sich, stellt man nicht sofort einen Zusammenhang zwischen ihnen her. Doch zusammengenommen und aus symbolischer Sicht stellen diese beiden Ereignisse den Eintritt der mystischen Spiritualität in das moderne Leben dar und signalisierten den Beginn einer Verschmelzung östlicher und westlicher spiritueller Traditionen.

Als Tausende von buddhistischen Mönchen in Tibet gezwungen waren, sich an die Außenwelt um Unterstützung zu wenden, boten viele von ihnen dafür den überaus kostbaren Schatz von Schriften und Lehren an, den sie in ihren Klöstern gehütet hatten. Ebenso war eine der unbeabsichtigten Folgen des 2. Vatikanischen Konzils, daß viele Priester, Mönche und Nonnen, vielleicht ernüchtert von der Liberalisierung der Regeln durch das Konzil, wieder ins Laienleben zurückkehrten. Viele dieser strenggläubigen Katholiken hatten Theologie studiert und kannten die klassischen Schriften und Lehren der großen christlichen Mystiker, von den Wüstenvätern über

Hildegard von Bingen, Meister Eckhard, Theresia von Ávila bis Johannes vom Kreuz. Als sie ihren Weg zurück ins normale Leben fanden, führten sie diese Lehren mit sich und verbreiteten sie in der Öffentlichkeit auf eine Weise, wie sie es vielleicht nie getan hätten, wenn sie ihr relativ zurückgezogenes religiöses Leben weitergeführt hätten.

Als Folge dieser anscheinend zusammenhanglosen Ereignisse wurden die mystischen Lehren sowohl der östlichen wie auch der westlichen spirituellen Traditionen einer breiten Masse zugänglich. Mitte der sechziger Jahre wurde dieser Prozeß in den Vereinigten Staaten durch die Aufhebung der Einwanderungseinschränkungen, die seit 1917 bestanden hatten, noch mehr gefördert. Viele indische Meister kamen in das Land, gerade als der Geist der Befreiung die Amerikaner für die Macht ihrer Lehren empfänglich machte. Zur gleichen Zeit erlebten die christlichen Kirchen eine Revolution von innen; Frauen forderten das Recht, als Priesterinnen und Pfarrerinnen eingesetzt zu werden, und Laien bestanden darauf, stärker in die Rituale der Kirche und ihre Entscheidungsprozesse einbezogen zu werden. Diese Öffnung in der geistlichen Autoritätsstruktur hatte Jahrhunderte zuvor mit der Reformation begonnen; nicht lange danach hatte die Reformbewegung innerhalb des Judaismus eine ähnliche Wirkung auf sehr viele Juden. Aber im Westen war die Mystik im öffentlichen Bewußtsein größtenteils verschüttet geblieben. Das sollte sich nun grundlegend ändern.

Religion mag noch immer in der Hauptsache stammesbezogen sein, aber im Übergang vom Fische- zum Wassermann-Zeitalter beginnt sie auf einer viel bewußteren Ebene und mit einer noch nie dagewesenen persönlichen Freiheit zu wirken. Die moderne Spiritualität mit ihrer intimeren Beziehung zu Gott hat eine innere Leidenschaft entfacht, die über die Grenzen der kirchlichen Religion hinausgeht. Während die institutionalisierte Religion an Boden verliert, breitet sich die Spiritualität immer weiter aus, eine Spiritualität, die in höherem Maße universalistisch orientiert ist als die ihr vorausgegangenen Glaubensbekenntnisse. Das Neue Zeitalter erweist sich als offen für eine überwältigende Bandbreite von spirituellen Traditionen und Praktiken. Selbst innerhalb der vorherrschenden Religionen hat der Trend zum Ökumenismus, die Anerkennung anderer Wege und Traditionen als berechtigt und respektwürdig zugenommen.

Dadurch hat der Begriff *Bewußtsein* eine besondere Bedeutung angenommen, und zwar ist damit das Streben nach den tiefsten mystischen Einsichten in Verbindung mit Vernunft und Freiheit gemeint. Bewaffnet mit einem Vokabular, das zuvor auf Klöster und Mystiker beschränkt war, durchbrach die westliche Kultur die Grenzen der Religion und begann, größtenteils ohne Begleitung, in das Reich des Heiligen einzutauchen. Wir wollen nicht nur über die Kundalini-Erfahrung, Reinkarnation, Meditation und spirituelle Ekstase *Bescheid wissen,* sondern wir wollen sie *leben.* Wir wollen die Macht dieser spirituellen Lehren haben, um unser biologisches Gewebe zu aktivieren; wir wollen die Präsenz Gottes in unserem Körper sowie in unserem Geist spüren. Wir wollen physischen Kontakt zum Göttlichen, auf der Ebene, wie ihn die Heiligen und Mystiker der großen Traditionen genossen haben.

Ungefähr zeitgleich mit diesen Veränderungen in der Spiritualität und Religion erlebten wir das, was ich als »globales Geist-Implantat« bezeichne. Das menschliche Bewußtsein entwickelte eine neue Wahrnehmung, die für die Wassermann-Energie charakteristisch ist: es entstand die Vorstellung, daß wir unsere eigene Wirklichkeit erschaffen. Diese einfache Idee regte eine völlig neue Sicht vom Potential der Macht des Menschen in allen Bereichen seines Lebens an. Wie wir in Kapitel 1 gesehen haben, resultiert aus dieser Idee die Überzeugung, daß wir unsere eigene Gesundheit erschaffen und auf unsere Heilung einwirken können. Diese Wahrnehmung ist darum bezeichnend für die Wassermann-Energie, weil Wassermann ein Luftzeichen ist und das astrologische Element Luft mit dem Geist – neue Ideen und originelles Denken – assoziiert wird.

Während die Fische-Energie die Trennung von Kräften verkörpert, liegt der Wassermann-Energie Holismus zugrunde – das Bedürfnis, Gruppen von sowohl Menschen als auch Gedanken miteinander zu verbinden. Das Wassermann-Bewußtsein ist ganz bewußt auf Holismus ausgerichtet, was bedeutet, daß es Menschen dazu bewegt, das Leben durch die Linse der Einheit und nicht durch die Linse des Unterschieds und der Trennung zu betrachten. Holismus, ein Wort, das der südafrikanische Staatsmann Jan Christiaan Smuts 1926 prägte, spiegelt ein uraltes Prinzip wider: »Alles ist eins.« Und dieses Prinzip lehrt uns, daß wir beispielsweise nicht einen einzelnen Teil eines Organismus heilen können, ohne den ganzen Organismus zu behandeln. In diesem Sinne versucht die ganzheitliche Medizin Krankheiten zu heilen, indem man sich nicht einzelnen Symptomen zuwendet, sondern den ganzen Organismus durch Ernährung, körperliche Bewegung und eine große Bandbreite von zusätzlichen Behandlungsmethoden behandelt. Während wir uns immer mehr dem Wassermann-Zeitalter nähern, dringen diese Prinzipien langsam in die vorherrschende Schulmedizin ein.

Die Wassermann-Energie treibt uns dazu an, alle Bereiche unseres Lebens zu ändern, vornehmlich diejenigen, in denen wir zu abhängig von dem Vertrauten geworden sind. Wir beginnen alle unbekannten Orte, die wir finden können, zu untersuchen, besonders diejenigen in uns. Die Wassermann-Kraft animiert uns, unser »höheres« Selbst bzw. den Teil von uns, der über die Grenzen unserer physischen Körper und des ganz alltäglichen »Lebenskrams« hinausgeht, zu erforschen. Sie verkörpert eine Energie, welche die menschliche Wahrnehmung in die symbolische Sicht emporheben kann. Diese Energie läßt uns spüren, daß wir überaus schöpferische Wesen mit inneren Ressourcen sind, die genügend machtvoll sind, um Krankheiten, die stets als hartnäckig galten, zu heilen und die Geschwindigkeit, mit der wir altern, herauszufordern.

Als die Wassermann-Energie sich in den sechziger Jahren allmählich bemerkbar machte, bewirkte sie eine gewaltige gesellschaftliche Revolution. Noch nicht vertraut damit, wie diese Macht für unser Inneres zu nutzen ist, setzten wir sie außen ein – in Form der sexuellen Revolution, Frauenbewegung, Bürgerrechts- und Antikriegsbewegung, Gegenkultur, Drogenkultur. Damit setzten wir schließlich die seelisch-geistige Revolution in Gang. Die Menschen wurden von dem Bedürfnis erfaßt, sich von allem Herkömmlichen zu trennen, alte Grenzen um Geist und Herz niederzureißen. Damit begann der Übergang vom *Homo sapiens* zum *Homo noeticus* – das heißt vom »vernunftbegabten« Menschen zu solchem, dessen Wahrnehmungen auf spiritueller Einsicht und Visionen basieren.

Ebenso wie das astrologische Zeitalter des Widders und der Fische jeweils eine neue Phase des Bewußtseins in die menschliche Erfahrung einbrachten,. führt das Wassermann-Zeitalter ein Glaubenssystem ein, das im wesentlichen ganzheitlich ist. Dieses Glaubenssystem stützt sich auf die Einheit von physischen, emotionalen, psychologischen und symbolischen Interpretationen. Das holistische Bewußtsein kann uns nicht nur zu anderen Möglichkeiten der Problemlösung anregen, es läßt uns auch Ereignisse in symbolischen Begriffen sehen, anstatt sie »persönlich« zu nehmen. Die Wassermann-Energie ist logischer und systemorientierter als die emotionale Fische-Kraft. Das bedeutet nicht, daß sie gefühllos ist; vielmehr nimmt sie eine praktische Haltung zu Problemlösungen ein. Aufgrund ihrer lösungsorientierten Natur zieht es die Wassermann-Energie zu humanitären Angelegenheiten und den Krisen der Unterprivilegierten hin. Die vielen Anliegen, die in den vergangenen dreißig Jahren zugunsten sozialer Gruppen, die nicht gleichberechtigt behandelt wurden, an die Oberfläche gekommen sind, sind Manifestationen der Wassermann-Energie, die die Gesellschaft im großen und kleinen erfaßt.

Wassermann ist der »Herrscher« (ein astrologischer Begriff mit der Bedeutung »verantwortlich sein für«) über Elektrizität – und Elektrizität ist Energie. Das Wassermann-Symbol ist der Wasserträger, und Wasser ist der natürliche Leiter von elektrischer Energie. Symbolisch gesehen treiben Wassermann-Impulse uns dazu an, gerade die Rolle zu verstehen, die diese Energie in unserem Leben spielt: wie sie mit unserer physischen Anatomie zusammenarbeitet, wie der Mangel an ihr Krankheiten verursachen kann und wie sie uns heilen kann. Allmählich denken wir über uns selbst als Energiesysteme und versuchen zu verstehen, wie unsere Energiesysteme mit allen anderen Lebensformen in Beziehung stehen.

Aufgrund unseres wachsenden Vertrauens in die Übermittlung von Informationen wird das kommende Jahrtausend bereits heute als das »Informationszeitalter« bezeichnet. Doch Information im Sinne der Datenübertragung ist lediglich ein konventionelleres Wort für Energie. Das Internet, E-Mail, Faxgeräte sowie Kabel- und Satellitenfernsehen tragen allesamt dazu bei, die echte Vereinigung unserer globalen Gemeinschaft – oder unseres »globalen Dorfes«, um Marshall McLuhans immer treffenderen Ausdruck zu verwenden – zu verwirklichen. Es leuchtet vollkommen ein, daß die chinesische Regierung bei ihren Bemühungen, ihre Bevölkerung zu kontrollieren, alles daran setzt, den Zugang zum World Wide Web einzuschränken. Man muß kein New-Age-Anhänger sein, um zu erkennen, daß sich die Macht rapide von einer physischen Kraft zu einer des Denkens und der Energie – die Essenz einer computerisierten Gesellschaft – verlagert.

Ende der achtziger Jahre erkannte ich bei meinen Energiediagnosen, daß ich immer mehr symbolische Informationen wahrnahm, im Gegensatz zu den eher »bodenständigen« Informationen, die einzuschätzen ich inzwischen gewohnt war. Schließlich wurde mir klar, daß ich Fühlung mit einem achten Chakra aufgenommen hatte, einem Chakra, das sozusagen über den eigentlichen Körper hinausgeht. Dieses achte Chakra enthält ein biographisches Profil der archetypischen Einflüsse, die in sehr hohem Maße Teil der spirituellen Entwicklung und Alltagserfahrungen einer Person sind (siehe Kapitel 7).

Je häufiger ich mit diesen archetypischen Informationen arbeitete, um so stärker erkannte ich, daß das symbolische Wahrnehmungsvermögen die Essenz der Wassermann-Energie ist. Unsere unbewußte Dimension schien wirklich darauf zu drängen, sich zu zeigen. Die archetypischen Absprachen, die wir vor dem Inkarnieren treffen – die ich als unsere »Heiligen Verträge« bezeichne –, machten uns scheinbar fähig, viel schneller eine Heilung bewirken zu können, als uns das bisher gelungen war. Es erklärte auch, warum in den vergangenen dreißig Jahren zahlreiche Psychologen, viele von C. G. Jungs Werk inspiriert, die Archetypen eingehend erforscht haben. Dadurch, daß wir Kontakt mit dem archetypischen Reich aufnahmen, eigneten wir uns die Sprache an, durch die wir das eng in unsere alltäglichen Lebensmuster eingewobene unbewußte Reich in unser Bewußtsein bringen konnten. Das »Kind«, der »verletzte Heiler«, der »Krieger«, die »wilde Frau« und der »Held« beispielsweise sind nur eine Handvoll der vielen Archetypen, die in unsere therapeutische Arena als brauchbare »Stimmen« eingeführt wurden, um den Patienten zu helfen, die symbolische Choreographie hinter ihren sehr realen physischen Problemen zu verstehen.

Symbolische Wahrnehmungen lassen uns erkennen, daß die wahre Bedeutung einer Krise darin liegt, uns zu zeigen, was wir über uns lernen müssen. Es ist der Gipfel der Torheit, wenn wir es den anderen Spielern in unserem Drama verübeln, daß sie uns lehren, was wir lernen müssen. Wenn ich beispielsweise lernen soll, wie ich mich dabei fühle, wenn mir etwas gestohlen wird, dann wird jeder, der zum Stehlen imstande ist, als mein Lehrer genügen. Mein Leben damit zu verbringen, mich über einen bestimmten »Lehrer« zu ärgern – und auf den Augenblick zu warten, in dem ich den Dieb bestrafen oder ihn oder sie sich schuldig fühlen lassen kann für all die Jahre, in denen ich über meinen Verlust getrauert habe –, behindert letztlich meinen Lernprozeß. Niemand hat dieses Prinzip besser verstanden als der Dalai Lama, der wiederholt gesagt hat, daß er den Chinesen dankbar dafür ist, ihn ins Exil gezwungen zu haben, weil es ihn den Wert des Mitgefühls gelehrt habe. Der Dalai Lama hat nie gesagt, daß das Vorgehen Chinas gerechtfertigt war, und er hat auch nie aufgehört, leidenschaftlich für die Befreiung Tibets zu kämpfen. Die zwei Haltungen – Dankbarkeit und der Kampf gegen Ungerechtigkeit – schließen einander nicht aus.

Die Arbeit mit der symbolischen Sicht ist eine der größten Fähigkeiten, die wir entwickeln können, weil sie uns ein Instrument gibt, um auf unser Wahrnehmungsvermögen Einfluß zu nehmen. Wir treten in einen objektiveren Bewußtseinszustand ein, in dem wir die Ereignisse in unserem Leben als spirituelle Herausforderungen interpretieren, die unser Wachstum fördern sollen. Das trifft besonders auf Krankheiten zu, wie wir in Kapitel 6 sehen werden. Auch wenn sehr viele Lektionen des Lebens überaus schmerzlich sind, sind sie in ihrem Kern dennoch positiv. Eine Krise ungeachtet ihrer physischen Details betrachten zu können erfordert die Anerkennung der Ereignisse und die Bereitschaft, »aufzustehen, sein Bett zu nehmen und dahinzugehen«. Sobald Sie anfangen, wieder dahinzugehen, besonders durch das symbolische Reich, werden Sie zur Heilung an den richtigen Platz gestellt und niemals wieder nur gewöhnliche Wahrnehmungsfähigkeiten einsetzen.

Unter dem Einfluß der Wassermann-Energie werden wir ein völlig neues Gesundheitsmodell aufbauen. Wir werden über das gegenwärtige Fische-Modell hinausgehen, das Gesundheit definiert als »das Fehlen von physischer Krankheit«. Wir werden erkennen, daß Gesundheit unsere Gedanken, unseren Beruf, unsere Beziehungen, unsere Lebensphilosophie, unsere spirituellen Praktiken und noch vieles mehr umfaßt. Das Wassermann-Modell mißt Gesundheit nicht allein an dem Grad, in dem unser physischer Körper funktioniert. Ein viel wichtigeres Kriterium wird sein, wie wir unser gesamtes Energiesystem haushalten. Aus dieser Sicht kann jemand zwar körperlich eingeschränkt sein, aber trotzdem sehr gesund, wie zum Beispiel der Schauspieler Christopher Reeve, der dadurch, daß er seine Tragödie akzeptiert, imstande ist, seinen Geist als eine Quelle der Inspiration für so viele andere einzusetzen.

Im Einklang mit dem Wassermann-Holismus erkennen wir inzwischen, daß wir nicht die einzige Form des bewußten Lebens auf diesem Planeten sind. Auf eine Art und Weise, die uns vielleicht noch nicht ganz verständlich ist, sind wir energetisch mit allen anderen Lebensformen verbunden, seien es Tiere, Insekten, Pflanzen oder Mikroben. Wenn wir unsere Erforschung des energetischen Reiches ausdehnen, werden wir herausfinden, daß unsere persönliche Gesundheit von den

Schwingungsmustern unserer gesamten globalen Gesellschaft und Umgebung beeinflußt wird. Unglücklicherweise haben wir vor langem die Chance vertan, den »Weisheitsweg« im Umgang mit Umweltproblemen einzuschlagen. Jetzt sind wir als globale Gemeinschaft dazu bestimmt, den »Leidensweg« zu nehmen, auf dem wir gezwungen sein werden, viele unserer Gewohnheiten zu ändern, um weltweite umwelt- und gesundheitsbezogene sowie ökonomische Katastrophen zu vermeiden.

Aus symbolischer Sicht jedoch sind diese Krisen und die Veränderungen, die vorzunehmen wir vielleicht gezwungen sind, wichtige Markierungen. Mit ihnen endet das für das Fische-Zeitalter typische Eltern-Kind-Muster, und das partnerschaftliche Wassermann-Muster beginnt. Wir erleben das Ende der Abhängigkeit des einzelnen von der Regierung, indem das amerikanische Wohlfahrtssystem zusammen mit Sozialversicherungs- und medizinischen Versorgungsprogrammen überdacht wird. Wir sehen sogar allmählich die ersten Zeichen dafür, daß die Fische-Faszination für chemische Medikamente – die den Mythos hervorriefen, daß die Wissenschaft die Schlüssel zu allen physischen Geheimnissen bereithält – ein Ende findet. An ihre Stelle tritt ein Wassermann-Modell, das Gesundheit und Heilung als eine Lebensweise betrachtet, bei der die Behandlung von Krankheiten jeden Aspekt des Lebens umfaßt.

Gleichzeitig werden jedoch einige irreführende Wassermann-Mythen in Hinblick auf Gesundheit eingeführt, unter anderem der Glaube, daß eine Krankheit durch die Macht des Geistes allein geheilt werden und ein friedlicher Geist den Alterungsprozeß aufhalten kann. Der Geist allein, ohne die Unterstützung der menschlichen Seele und Emotionen, hat nur einen beschränkten Einfluß auf den Körper. Und auch wenn die Einheit von Körper, Geist und Seele tatsächlich den

Verfall des physischen Körpers verzögern kann, haben wir noch zu beweisen, daß wir drastische Veränderungen in unserem körperlichen Erscheinungsbild oder seine endgültige Zerstörung verhindern können.

Wenn man diese astrologischen Zeitalter des Widders, der Fische und des Wassermanns für sich betrachtet und jedes mit einer Erweiterung des Umfangs des menschlichen Bewußtseins gleichsetzt, kann der Eindruck entstehen, daß die menschliche Entwicklung streng linear verläuft. Wahrheit – besonders spirituelle Wahrheit – ist natürlich selten so einfach. In mancher Hinsicht haben die Zeitalter eine zyklische Qualität, wodurch ihr Verlauf eher einer Spirale als einer geraden Linie ähnelt. Die globale Einheit der Wassermann-Ära beispielsweise spiegelt die Stammeseinheit der Widder-Ära wider, aber mit viel positiveren Folgen. Und diese beiden Zeitalter reflektieren vielleicht die Einheit des sagenhaften Goldenen Zeitalters der Göttinnenkultur, als die Zivilisation eine weibliche Gottheit in vielen Manifestationen anbetete, kein Geschlecht vorherrschte und die soziale Interaktion im allgemeinen partnerschaftlich und kooperativ verlief. Aus Gründen, die wir nie erfahren werden, sollte diese anscheinend idyllische Kultur nicht bestehen bleiben. Vielleicht mußte die Menschheit sich durch Zyklen der Schöpfung, Zerstörung und Neuschöpfung, ähnlich jenen der hinduistischen Kosmologie, weiterentwickeln, um dorthin zu gelangen, wo wir heute sind.

Natürlich wurden auf dem Weg Fehler gemacht, aber im gesamten Muster unserer Entwicklung liegt kein Fehler vor. Wir sind aus einem bestimmten Grund hier, und es liegt an uns, aus unserer kollektiven Vergangenheit zu lernen. Mit Sicherheit müssen wir lernen, wie man die persönliche und symbolische Macht erkennt und mit ihr arbeitet. Wir müssen die

Sprache der Energie lernen – die Sprache der Chakras. Zugleich müssen wir fähig sein, die drei Formen der Macht – stammesbezogen, persönlich und symbolisch –, die sich während des Widder-, Fische- und Wassermann-Zeitalters entwikkelt haben, zu integrieren, weil sie alle gleichzeitig in uns am Werke sind. Im nächsten Kapitel werden wir die Verschiebung von stammesbezogener zur persönlichen und schließlich zur symbolischen Macht erläutern. Wir werden auch einige der Anzeichen bestimmen, an denen Sie diese Transformation in sich selbst erkennen können.

Kapitel 4

Die Reise zur persönlichen und symbolischen Macht antreten

Wir alle beginnen unser Leben durchdrungen von Glaubensmustern des Stammes oder der Gruppe, und zwar zuerst unserer biologischen Stämme. Stammesüberzeugungen werden schon von Natur aus von der Gruppe vertreten. Einige werden allgemein als Wahrheit anerkannt, wie zum Beispiel, daß Mord ein Unrecht ist, während andere nur auf eine bestimmte Gruppe beschränkt sind, wie die Überzeugung, daß »unsere Religion die einzig wahre ist«. Noch bevor wir verständig werden (im Alter von etwa sieben Jahren), sind unsere Energieschaltkreise durch den Einfluß unserer Stammesältesten (Eltern, Lehrer, religiöse und politische Führer) mit Stammesglaubensmustern verbunden, zunächst mit den Glaubensmustern, die mit unserem ersten Chakra übereinstimmen, und dann weiter mit denen, die unserem zweiten und dritten Chakra innewohnen. Bis zu unserem vierten Lebensjahr sind alle drei Chakras voll aktiv. Wenn wir älter werden und unsere persönliche Macht entwickeln, werden das vierte, fünfte und sechste Chakra der Reihe nach aktiviert. Das siebte Chakra kommt zum Tragen, wenn wir lernen, die Ereignisse unseres Lebens symbolisch zu sehen und die unseren Handlungen zugrunde liegenden archetypischen Muster zu erkennen.
Wir treten langsam aus den Stammesüberzeugungen heraus und in die persönliche – und schließlich symbolische – Macht

hinein, sobald wir anfangen, uns mit Fragen darüber zu beschäftigen, in welcher Beziehung wir zum übrigen Universum stehen: »Was ist mit mir? Wie bringe ich meine Bedürfnisse mit meinen Verpflichtungen in Einklang? Und welche Bedürfnisse habe ich eigentlich?« Dieser Prozeß verläuft schleichend, so wie Sie vielleicht langsam das Interesse an einem Hobby oder einer bestimmten Art von Speisen verlieren und sich für andere Freizeitbeschäftigungen oder kulinarische Genüsse zu begeistern anfangen. Natürlich ist eine Veränderung in der Wahrnehmung über Ihren Platz in der Welt weit ernster als das Aufgeben eines Hobbys. Es kann ein mühsamer, schrecklicher Prozeß sein, sich von seinen gewohnten Lebensanschauungen und allem, was sein Leben einbezieht, zu entfernen.
Vielleicht hilft es Ihnen, wenn Sie sich darüber klarwerden, daß es unumgänglich ist, sich von Stammesüberzeugungen in die persönliche Macht zu bewegen. Die meisten von uns werden irgendwann einen Punkt im Leben erreichen, an dem für sie die Welt mit dem, was ihnen am vertrautesten ist, nicht mehr funktioniert. Einige Menschen machen diese Erfahrung mehr als einmal. Wir sollten über uns hinauswachsen; tatsächlich können wir dieser Entwicklung ebensowenig ausweichen, wie wir den Alterungsprozeß aufhalten können. Es geht einzig und allein darum, wie würdevoll – und gesund – wir den Übergang meistern. Manchmal ist der Katalysator eine emotionale oder innere Krise und dann wieder eine einfache Lebensentscheidung, die uns schließlich in eine Richtung führt, mit der wir nicht gerechnet haben. Jeder von uns wird zwangsläufig den Augenblick erleben, in dem der Platz, an dem er sich am behaglichsten gefühlt hat, so *un*behaglich wird, daß er glaubt, er würde an der muffigen Luft der eigenen Vergangenheit ersticken.
Selbsterforschung ist ein wichtiger, lohnender Bestandteil des spirituellen Wachstums. Doch die Gelegenheit, uns selbst zu

erkennen, macht uns oft angst, weil wir das Streben nach Selbsterkenntnis mit zermürbender Einsamkeit assoziieren, wie wir beim zweiten Mythos über Heilung gesehen haben. Natürlich sind wir ganz bewußt stammesorientiert, aber wir sollen lernen, daß das *ganze* Leben eine Erweiterung unseres Stammes ist. Er beschränkt sich nicht nur auf die Menschen, die genetisch mit uns verwandt sind oder uns durch Freundschaft oder Bekanntschaft am nächsten stehen.

Bewußtsein bedeutet, zu erkennen und zu verstehen, daß wir alle Teil eines wunderbaren Energiesystems sind. Und das lernen wir, indem wir uns getrennt von vertrauten Bedingungen kennenlernen, die uns die Sicherheit von Illusionen ermöglichen, wie zum Beispiel der Glaube, daß immer jemand da sein wird, der sich um uns kümmert und für uns entscheidet. Mit solchen Glaubensvorstellungen zu leben verhindert, daß wir den Inhalt unseres Geistes und unserer Herzen entdekken, und daher ist es uns gewöhnlich nicht erlaubt, lange durch den Geist eines anderen zu leben. Umgekehrt ist es uns gewöhnlich auch nicht erlaubt, uns auf unbestimmte Zeit in die Bedürfnisse und das Recht einer anderen Person, nach innen zu reisen, sich abzusondern und ihre Individualität zu entfalten, einzumischen, sei diese Person ein Ehegatte, ein Kind oder ein Freund.

Wir sind dazu bestimmt, die Macht unserer Gedanken und Gefühle zu erfahren und dadurch das hohe Maß an Wahlmöglichkeiten zu entdecken, das dieser Macht innewohnt. Eine Wahl geht aus Polaritäten hervor – wie es das Tierkreiszeichen Fische symbolisiert. Sie aktiviert unsere Erfahrungen, sowohl individuelle als auch spirituelle, und bringt unsere Überzeugungen zum Ausdruck. Wir können wählen, ob wir freundlich oder grausam sein wollen, versöhnlich oder rachsüchtig, großzügig oder geizig, mitfühlend oder urteilend. Entscheidungen wie diese bekommen eine viel größere Bedeutung, wenn wir erkennen, daß ihre Folgen weit über uns und die Personen um uns herum hinausreichen. Jede Wahl, die wir treffen, ausgesprochen oder unausgesprochen, beeinflußt die Atmosphäre des Raumes, in dem wir uns befinden, oder der Wohnung, die wir gerade betreten oder verlassen. Soviel wir wissen, können unsere Entscheidungen sogar Wettermuster beeinflussen. Die westliche Kultur hat erst angefangen, die Macht der Wahl ernst zu nehmen, die in der hinduistischen und buddhistischen Praxis als rechtes Denken, rechte Rede und rechtes Handeln gelehrt wird.

Das Bewußtsein ist im Begriff, sich mit unserer persönlichen Macht abzufinden, mit der Macht unserer Gedanken und Handlungen. Dies wird weitreichende Folgen haben. Solange wir unter dem Einfluß der Stammesmacht bleiben, sind unsere Fähigkeiten, eine Wahl zu treffen und mehr Selbstverantwortung zu entwickeln, begrenzt. Innerhalb des Stammesgeistes sind wir uns oft nicht bewußt, welche psychologischen und emotionalen Kräfte auf unsere Entscheidungsfindungsprozesse einwirken. Wir neigen dazu, Entscheidungen als Reaktion oder gewohnheitsmäßig zu treffen. Aber wenn wir anfangen, uns selbst zu erforschen, erweitern wir allmählich die Art und Weise, wie wir uns und unsere Rolle im Leben definieren. Wenn wir die Verantwortung für unsere äußeren Handlungen sowie für unsere Gedanken und Einstellungen übernehmen, erkennen wir langsam unsere energetischen Verbindungen mit anderen und der Lebenskraft selbst.

Um unserer persönlichen Entwicklung willen müssen wir uns von der Herrschaft der Stammesmacht befreien, unsere Psyche überwinden und Kontakt mit unserer Schattenseite aufnehmen. Die Polaritäten des Fische-Zeichens und der persönlichen Macht symbolisieren, daß es auf nichts eine einfache Antwort gibt, daß jede Tugend ihren Schatten hat. Wie der Herr zum Propheten Jesaja gegen Ende des Widder-Zeitalters sagte: »... der ich das Licht mache und schaffe die Finsternis, der ich Frieden gebe und schaffe Unheil. Ich bin der Herr, der dies alles tut« (Jesaja 45,7). Ebenso schließt jede Wahl, die wir hinsichtlich einer Handlung treffen, die Möglichkeit einer anderen Art des Handelns aus, und zugleich müssen wir die Tatsache akzeptieren, daß eine ideale Wahl oft nicht möglich ist. Worauf es am meisten ankommt, ist nicht die Wahl selbst, sondern der *Grund* für die Wahl. Wenn wir etwas aus Angst wählen, kann das Ergebnis unseres Tuns unbefriedigend und unbeständig sein; wenn wir eine Wahl aus dem Glauben heraus treffen, wird das Resultat unseres Handelns uns wahrscheinlich in die Richtung führen, in die wir gehen müssen, wie zögernd auch immer.

Unser Leben ändert sich äußerlich, während wir uns innerlich verändern. Das eine folgt ganz natürlich dem anderen, und sosehr wir uns auch mühen, wir können diese Dynamik nicht aufhalten. Häufig werden wir verzweifelt versuchen, diejenigen Menschen mit uns zu nehmen, die uns am meisten am Herzen liegen, oder die äußeren Bestandteile unseres Lebens unverändert zu lassen, selbst wenn unser inneres Feuer tobt und uns zu zerstören droht. Wir werden versuchen, unserer Familie und unseren Freunden zu schildern, was wir erleben, in der Hoffnung, daß sie es irgendwie verstehen können oder daß sie uns vielleicht sogar folgen können. Manchmal sind wir erfolgreich; oft sind wir erfolglos. Unsere Entscheidung, unsere Reise fortzusetzen, muß aus dem Glauben heraus getroffen werden und darf nicht davon abhängig sein, wer sich uns anschließen will. Wie der Psychologe und Theologe Sam Keen zu sagen pflegt, lauten zwei der wichtigsten Fragen in Hinblick auf Ihre Lebensreise: »Wohin gehe ich?« und »Wer wird mit mir gehen?« Und es ist sehr wichtig, daß Sie sich diese Fragen *in dieser Reihenfolge* stellen.

Denken Sie daran, daß der Stamm in der Regel seinen Mitgliedern davon abrät, sich zu weit weg zu wagen. Auf Ihrer Reise der Selbstentdeckung werden Sie darum meistens auf Widerstand stoßen. Aber es wäre ein Fehler, diese Reaktion persönlich zu nehmen; vielmehr sollte sie als ein Akt der Stammesliebe oder zumindest Stammesloyalität betrachtet werden, weil Stämme so ganz bewußt versuchen, ihre Mitglieder zusammenzuhalten.

Aber Ihr Wunsch nach Beachtung und Bestätigung kann durchaus einer sein, den Freunde und Familienangehörige nicht befriedigen können, weil sie nicht erleben, was Sie durchmachen. Vielleicht fällt es ihnen schwer, Ihre Absonderung zu verstehen. Vielleicht haben sie nicht das Bedürfnis, in die tiefere Bedeutung ihres eigenen Lebens einzudringen, weil sie glücklich an der Oberfläche leben. Viele von uns schrekken anfangs vor der Suche zurück, weil wir intuitiv wissen, daß sie wahrscheinlich zu Lebensveränderungen führen wird. Ich glaube, daß viele längst nicht so große Fortschritte auf ihrer Suche gemacht hätten, wenn sie von Anfang an gewußt hätten, wie schwierig es werden würde.

Ihre Reise der Selbstentdeckung hat vielleicht schon begonnen, ohne daß es Ihnen überhaupt bewußt ist. Die Anzeichen dafür sind nicht schwer zu erkennen, sobald Sie wissen, worauf Sie achten müssen. Im folgenden führe ich die üblichsten und aufschlußreichsten Symptome auf.

Woran Sie erkennen, dass die Selbstentdeckung begonnen hat

- Sie empfinden wachsendes Unbehagen über Ihre vertraute Umgebung, das sich in Form von Unzufriedenheit mit Ihrem Beruf oder sogar mit Ihrer wichtigsten Beziehung zeigen kann.

- Sie sind unfähig festzustellen, warum Sie völlig niedergeschlagen oder erschöpft sind.
- Sie haben ein durchdringendes Gefühl der Einsamkeit, oft begleitet von der Angst, daß Ihre Isolation niemals aufhören wird.
- Es ist Ihnen absolut klar, daß sich in Ihrem Leben etwas verändert hat und Sie auf keinen Fall mehr umkehren und so wie früher leben können, auch wenn Sie vielleicht nicht sicher sind, was die Zukunft bereithält.
- Sie spüren eine wachsende Neugierde auf Ihre persönlichen Bedürfnisse und haben den leidenschaftlichen Wunsch, herauszufinden, was für welche das sind, und sie von einer Person bestätigen zu lassen, die versteht, was Sie erleben. Die intensiven Gefühle der Einsamkeit, die ein Erwachen begleiten können, erfordern einen gewissen Grad an Bestätigung, besonders wenn Sie von Menschen umgeben sind, die kein Verständnis für Ihre Erfahrungen haben. (Wenn Sie sich in einer solchen Situation befinden, kann es äußerst nützlich und erdend sein, sich einer Selbsthilfegruppe anzuschließen oder Workshops zum Thema Bewußtseinsentfaltung in jeder Form zu besuchen.
- Es tauchen Fähigkeiten auf, von denen Sie nicht gewußt haben, daß Sie sie besitzen, wie etwa die Fähigkeit zu heilen, anderen Rat zu geben und eine veränderte Wahrnehmung der Wirklichkeit. Dazu zählt häufig eine erhöhte Sensibilität für energetische Muster oder Schwingungen, die von Menschen und Umgebungen ausgehen. Anstatt sich nur über Ihre fünf Sinne auf die äußere Welt zu beziehen, erwachen in Ihnen multisensorische und intuitive Fähigkeiten. Auch wenn in jedem Menschen die Überlebensinstinkte immer aktiv sind, spiegelt diese neue Sensibilität das Auftauchen einer viel tieferen intuitiven Fähigkeit wider. Sie kann sich zu den Formen von Feingefühl entfalten, die bei-

spielsweise zur Heilung mit der Therapeutischen Berührung oder Akupunktur erforderlich ist, oder Ihnen einfach dabei helfen, ein verständnisvollerer Mensch zu werden.

- Ihre Beziehung zur Zeit verändert sich. Innerhalb der Stammesmacht ist die Zeit eine äußere lineare Kraft, die Sie durch die Phasen Ihres Lebens von der Jugend bis ins Alter hindurchbewegt. Was Sie leisten und wie schnell Sie erfolgreich sind, ist auf Stammesgeschwindigkeit geeicht. Wenn der Stamm glaubt, daß man ein Jahr behandelt werden und fünf Jahre bei guter Gesundheit sein muß, um als krebsgeheilt zu gelten, dann ist das die Zeitabfolge, die ein Stammesgläubiger erwarten wird. Innerhalb der persönlichen Macht wird die Zeit jedoch zunehmend relativ, während Sie die Kraft Ihres Bewußtseins entdecken. Sie müssen nicht mehr vom Zeitplan der Gruppe beherrscht werden, sondern Sie können verfolgen, wie Selbstermächtigung und die Heilung Ihres inneren Selbst die Dauer der Genesung Ihres physischen Körpers zu beeinflussen vermögen. Dieses Zeitgefühl erstreckt sich bis zu der Geschwindigkeit, mit der Sie sich etwas Neues erschaffen können. Anstatt zu denken: »Ich bin zu alt für einen Neuanfang«, können Sie der Meinung sein, daß das Alter nichts mit Kreativität, Liebe oder Lebensfreude zu tun hat.
- Sie werden zunehmend empfindlicher gegen bestimmte Nahrungsmittel, Stoffe, Umweltgifte und Medikamente wie Aspirin und Arzneimittel gegen Erkältung. Sie können Allergien gegen Substanzen entwickeln, die Ihr System früher nicht in Mitleidenschaft gezogen haben, wie zum Beispiel Weizen, Milchprodukte und Koffein.
- Sie sind zunehmend neugierig auf Gebiete, die mit Selbstentfaltung zusammenhängen, entweder aus freier Wahl oder einer Notwendigkeit heraus.

- Es entsteht ein Sinn für eine andere Identität, was die Entdeckung neuer Ambitionen oder den Wunsch nach einer völlig neuen Lebensweise einbeziehen kann. Vielleicht beschließen Sie, das Stadtleben aufzugeben, um aufs Land zu ziehen, oder eine Gehaltskürzung hinzunehmen, um mehr Freizeit zu haben oder die Möglichkeit, andere Interessen zu verfolgen.
- Sie haben Gefühle der Befreiung, wie Sie sie zuvor nie erlebt haben; als ob Sie sich von unsichtbaren Ketten losgerissen hätten, durch die Sie an sich ständig wiederholenden Verhaltensmustern gefesselt waren, die der Größe Ihres Geistes nicht mehr entsprechen.
- Sie haben das Bedürfnis nach mehr Kontakt mit der Natur oder mehr Zeit für sich allein.
- Sie fühlen sich immer unzufriedener mit der institutionalisierten Religion, Sie haben das Bedürfnis, Spiritualität zu erforschen. Vielleicht fangen Sie auch an, spirituelle Erlebnisse zu haben, wie etwa tiefe Meditationszustände, den Ruf, einen neuen Weg im Leben einzuschlagen, oder sogar ein Kundalini-Erwachen.
- Sie verspüren unaufhörliche Langeweile und haben immer weniger Verlangen nach allem, was Ihnen einst Befriedigung und Zufriedenheit gebracht hat.
- Sie bekommen eine Krankheit, die mit allopathischen Heilmethoden nicht erfolgreich behandelt werden kann.

Jeder, der sich auf dem Weg zur persönlichen Macht befindet, wird zumindest eine dieser Phasen erleben, einige können mehrere oder sogar alle erfahren. Jedes einzelne Symptom repräsentiert eine Art von Herausforderung: entweder eine neue Verärgerung oder ein Unbehagen, das wir lindern müssen, oder eine neue Orientierung, Fähigkeit oder Macht, die wir uns vielleicht zunutze machen wollen. Herausforderungen auszuhalten und zu meistern scheint das Merkmal der Reise zu sein, die oft als die Wüstenerfahrung oder die dunkle Nacht der Seele bezeichnet wird. Diese dunkle Nacht kann beängstigend und entmutigend erscheinen, aber die Entwicklung zur persönlichen Macht ruft zwangsläufig Schmerz und negative Gefühle hervor. Doch zugleich bietet sie uns auch die Chance, zu einer höheren Ebene der Zufriedenheit zu gelangen. Am Anfang der Reise sehen wir uns oft großen Schwierigkeiten gegenüber, die das Potential für größere Freude und Erfüllung verbergen.

Lassen Sie uns einen Blick auf einige der Formen werfen, die die Herausforderung an unsere alten Stammeslebensmuster annehmen kann, und wie wir sie in neue Anfänge umwandeln können.

Krankheit als Auslöser für Veränderung

Auf der Reise in Richtung Bewußtsein und Selbstentdeckung werden uns die Augen am häufigsten durch Krankheiten geöffnet. Eine Krankheit verlangt unmittelbare Aufmerksamkeit und kann nicht ignoriert werden. Wenn unser Weckruf die Form einer lebensbedrohenden Krankheit annimmt, bleibt uns nichts anderes übrig, als Notiz von ihr zu nehmen. Über eine Krankheit können wir der Macht unserer Psyche und unseres Geistes begegnen.

Wie wir bereits in Kapitel 2 gesehen haben, ist Negativität nicht immer der eigentliche Grund für eine Krankheit. Manchmal ist eine Krankheit die Folge von genetischen oder umweltbezogenen Faktoren, über die wir wenig Kontrolle zu haben scheinen. Eine Krankheit ist manchmal auch die Antwort auf ein Gebet – so unlogisch das klingen mag –, weil sie den Weg darstellen kann, auf dem wir unsere wertvollsten Fä-

higkeiten entdecken und zu anderen das meiste beitragen. Eine solche Krankheit kann man sich als einen Wendepunkt vorstellen, an dem Sie die Wahl treffen müssen. Angesichts einer Krise, die nur durch einen Wandel im Bewußtsein und Lebensstil behoben werden kann, müssen Sie nach dem Potential für spirituelles Wachstum suchen, das der Situation innewohnt. Damit Sie keine negative Einstellung gegenüber Ihrer Krankheit entwickeln, denken Sie an sie als eine Einladung zur Entdeckung einer höheren Bewußtseinsebene. Die jüngere medizinische Literatur ist voller Geschichten von Menschen, die auf einen Herzinfarkt oder Krebs reagierten, indem sie ihre Ernährung änderten und anfingen, Sport zu treiben und Yoga, Meditation oder andere Techniken zur Streßreduzierung zu praktizieren – und eine echte Neigung zu diesen Neuerungen entdeckten. Die Folge war, daß viele ihr Leben gründlich änderten und durch die von der lebensbedrohenden Krankheit geöffneten Tür in ein Leben der spirituellen Wiedergeburt gingen.
Ich glaube, daß jede Krankheit als eine Transformationserfahrung aufgefaßt werden kann, weil sie verlangt, daß wir dem Heilungsprozeß Beachtung schenken, der allein die Möglichkeit der Veränderung enthält. Wenn sich eine Krankheit aufgrund eines negativen Verhaltensmusters herausbildet – Mißbrauch von Substanzen, Rauchen, hohe Streßbelastung, eine abstumpfende Arbeit oder Beziehung –, dann wird die persönliche Veränderung zum Teil des Heilungsprozesses. Betrachtet man eine Krankheit gleichzeitig als eine Gelegenheit zur Entwicklung von Selbstbewußtheit, wird das Potential für Genesung aktiviert, das brachliegt, wenn Sie eine passive Haltung annehmen oder in Selbstmitleid versinken.

Wenn die Herausforderung eine Krankheit ist

Ann war verheiratet, Mutter von vier Kindern und in ihrer Gemeinde sehr engagiert, als bei ihr im Alter von 41 Jahren unerwartet Lupus (Hauttuberkulose) diagnostiziert wurde. Da sie mit alternativen Heilmethoden überhaupt nicht vertraut war, war es ganz natürlich, daß sie sich schulmedizinisch behandeln ließ. Sie bekam Steroide, die sie regelmäßig einnehmen mußte, worauf sie in kürzester Zeit fast 35 Kilo zunahm, bei einem bisherigen Gewicht von ungefähr 67 Kilo. Anns Arzt teilte ihr mit, daß Lupus im Grunde eine unheilbare Krankheit sei. Sie konnte bestenfalls hoffen, durch eine medikamentöse Behandlung ein vorübergehendes Abklingen der Symptome zu erreichen. Ann glaubte, daß ihr nichts anderes übrigblieb, als die Prognose und den Behandlungsplan zu akzeptieren. Aber im Laufe der Monate, in denen sie die chemischen Präparate einnahm, wurde sie hochgradig depressiv und körperlich immer erschöpfter. Sie litt ständig an Schuldgefühlen über ihr Unvermögen, sich um die Bedürfnisse ihrer Familie zu kümmern, und mußte sich immer mehr auf ihre 16jährige Tochter verlassen, daß sie ihr beim Kochen, Einkaufen und im Haushalt half. Ihre Tochter, die ihr Bestes tat, um sie zu unterstützen, war zunehmend genervt, weil sie kaum mehr Zeit für sich hatte und auch kaum vorbereitet darauf war, ihre neuen Pflichten zu erledigen.

Die Spannung im Haushalt spitzte sich schließlich derart zu, daß Anns Ehemann ihr vorschlug, therapeutische Hilfe in Anspruch zu nehmen. Es dauerte ein paar Monate, bis Ann auf diesen Vorschlag einging, aber als sie es dann tat, begegnete sie einer Therapeutin, die zufällig im Bereich der alternativen Medizin engagiert war und ihr half, sich über andere Behandlungsmethoden bei Lupus zu informieren, von Akupunktur über Visualisierung bis zur Aromatherapie.

Gleichzeitig lernte Ann sich selbst kennen. Ihre Therapeutin sagte klipp und klar, daß sie nicht mit derselben Haltung an diese Behandlungsmethoden herangehen könne, die sie bei der Medikamentenbehandlung eingenommen hatte. »Medikamente wirken ungeachtet Ihrer geistigen Verfassung«, erklärte sie, »das trifft auf alternative Heilmethoden nicht zu. Diese bauen auf Ihre bewußte Beteiligung; tatsächlich funktionieren sie um so besser, je bewußter Sie sind.« Inspiriert von diesen Informationen, begann Ann, sich durch Bücher, Kassetten und Treffen mit einer Selbsthilfegruppe ein fundiertes Wissen anzueignen.

Durch diese Reise machte Ann mehrere bemerkenswerte Veränderungen durch. Die dramatischste war ihre Entdeckung des Unterschieds zwischen der Unterstützung, die ihr durch ihre Religion zuteil wurde, und der Unterstützung, die sie in anderen spirituellen Disziplinen fand. Als sie anfangs von ihrer Diagnose erfahren hatte, hatte Ann geglaubt, daß sie für etwas bestraft wurde. Als sie durch ihre neuen Praktiken allmählich eine intimere Beziehung zu Gott entwickelte, vermochte sie von einem ganz anderen Standpunkt aus über Gott nachzudenken und ihre Krankheit aus einer völlig neuen Perspektive zu betrachten.

»Als erstes fand ich heraus«, sagte Ann, »daß die starken Schuldgefühle, die ich seit der Diagnose mit mir herumgetragen hatte – Schuldgefühle, weil ich nicht mehr in der Lage war, die Ehefrau und die Mutter zu sein, die ich vorher gewesen war –, eigentlich von meinem Glauben herrührten, daß ich irgendwie ein schlechter Mensch bin. Ich schämte mich dafür, krank geworden zu sein, und vermutete, daß meine Familie genauso über mich denken müsse.

Als ich lernte, mich Gott von einem Standpunkt aus zu nähern, der nichts mit einer bestimmten Religion zu tun hatte, sondern eher im allgemeinen spirituell war, erfuhr ich von der Möglichkeit, daß eine Krankheit manchmal der Weg ist, auf dem Gott uns führt, damit wir mehr über uns herausfinden. Mir war zum Beispiel nie in den Sinn gekommen, daß ich eine Art Macht in mir habe, die durch positives Denken verstärkt wird. Ich hatte zwar immer angenommen, daß es besser ist, optimistisch zu sein, anstatt herumzunörgeln, aber ich hatte das nie mit dieser Vorstellung in Zusammenhang gebracht, daß ich die Macht habe, meinen Geist auf eine solche Weise zu stärken, daß er positiv auf meine Gesundheit einwirken könnte. Und weil ich mit der Idee aufgewachsen bin, daß Gott einem willkürlich Wohltaten oder Herausforderungen zukommen läßt, empfand ich die Anschauung, daß nichts willkürlich und in Wirklichkeit nichts eine Bestrafung ist, als die tiefste Form von Befreiung, die ich je erfahren habe. Diese Art Spiritualität gab mir Hoffnung – nicht einfach die Hoffnung, die besagt, daß, wenn ich nur genügend bete, Gott vielleicht meine Gebete hört. Vielmehr begann ich zu glauben, daß Gott jedes Gebet hört und es bei der Genesung nicht unbedingt darum geht, physisch geheilt zu werden. Es kann bedeuten, daß man herausfindet, so wie ich, daß in einem viel mehr Mut steckt, als man denkt.

Ich erkannte, daß ich meinen Körper zwar sehr gern für immer von Lupus geheilt haben wollte, aber ich wollte mich ebenfalls von den vielen Unsicherheiten heilen, die mich dazu veranlaßt hatten, ein solches behütetes Leben zu führen. Die ganze Zeit, in der ich mich geborgen wähnte, war ich eigentlich verängstigt und fürchtete mich davor, etwas Neues auszuprobieren. Jetzt heile ich diesen Teil von mir und fühle mich mit der Person, die ich bin, wohler, als ich es je für möglich gehalten habe. Ich fühle mich nicht mehr beherrscht von all dem ›Was ist, wenn …?‹, das mich früher immer so gequält hat. Auch wenn ich noch immer Lupus habe, bin ich in vielerlei Hinsicht gesünder als zuvor, bevor diese Krankheit aus-

brach. Jetzt hoffe ich, daß ich auch auf der physischen Ebene gesund werden kann und es schließlich auch werde, wenn ich diesen Weg weiterverfolge.«
Mit der Zeit klangen Anns Krankheitssymptome ab, und obwohl niemand vorhersagen kann, wie lange dieser Zustand anhalten wird, bleibt sie voller Hoffnung, daß, sollte die Krankheit wieder auftreten, sie darauf vorbereitet sein wird, sich ihrer Situation mutig zu stellen.

Wenn die Herausforderung Angst vor dem Altern ist

Es muß nicht immer eine lebensbedrohende oder schwere Krankheit sein, die Sie dazu veranlaßt, Ihre persönliche Reise anzutreten. Ein Mann namens Jacques, den ich vor einigen Jahren in einem Workshop kennenlernte, erzählte eine wunderbare Geschichte über seine Herausforderung, die ihn auf den Weg gebracht hatte. Jacques war ein sehr erfolgreicher Geschäftsmann, der sich alles geleistet hatte, was man mit Geld kaufen konnte. Er hatte exotische Plätze besucht, besaß drei Häuser – eines in den französischen Alpen –, hatte interessante Freunde und genoß im allgemeinen einfach ein herrliches Leben. An seinem vierzigsten Geburtstag betrachtete er sich lange im Spiegel, während er darüber nachdachte, was für ein besonderes Geschenk er sich kaufen solle. Dabei fielen ihm seine »Rettungsringe« in die Augen, und ihm wurde bewußt, daß er körperlich überhaupt nicht in Form war. So beschloß er, sich nicht wie sonst ein großzügiges Geschenk zu machen, sondern statt dessen mit Joggen anzufangen und das kommende Jahr damit zu verbringen, wieder in Form zu kommen. Er gab zu, daß ihn an jenem ersten Tag die Angst vor dem Altern weit mehr beflügelt habe als irgendein höheres

Motiv, aber dennoch machte er sich an seinem Geburtstag zu seinem ersten Lauf auf. Nach nur drei Häuserblocks mußte er anhalten, hustend, keuchend und außer Atem. Ihm wurde klar, daß er das Rauchen aufgeben mußte, wenn er seinen Plan durchziehen wollte. Um acht Uhr abends war er Nichtraucher.

Binnen vier Monaten führte Jacques' neugefundenes Interesse an seiner Gesundheit ihn dazu, sich stärker mit Ernährung zu beschäftigen – ein Bereich, an den er vor seinem vierzigsten Geburtstag kaum einen Gedanken verschwendet hatte. Er studierte verschiedene Ernährungsprogramme und beschloß schließlich, seine überaus fettreiche Ernährungsweise aufzugeben, den Verzehr von Rind- und Lammfleisch sowie Wild zu reduzieren und überwiegend frisches Obst und Gemüse zu sich zu nehmen.

Als sein 41. Geburtstag näherrückte, sah Jacques wie das blühende Leben aus. Ebenso bedeutsam war, daß sein Interesse für Gesundheit ihn auf andere Faktoren neugierig gemacht hatte, die die Gesundheit beeinflussen können: geistige Haltung, Glaubensmuster und persönliche Bedürfnisse. Er begann auf sein Leben zurückzublicken oder, wie er es ausdrückte, sein inneres Selbst zu erforschen. Als er ausschließlich auf das Geschäftsleben konzentriert gewesen war, war es ihm überhaupt nicht bewußt gewesen, daß irgend etwas anderes – geschweige denn irgend jemand anders – von Bedeutung war. Seine Zufriedenheit hatte zu Selbstgefälligkeit geführt. Aber seitdem er angefangen hatte, in seinem Inneren zu verweilen, konnte er nicht anders, als darüber nachzudenken, was mit all den Menschen, mit denen er regelmäßig Kontakt hatte, vor sich ging.

Eines Tages hatte Jacques die Idee, seine engsten Freunde und Geschäftspartner zu einem Abend der Selbsterforschung in sein Haus einzuladen. Natürlich, so erzählte er mir vergnüglich, wartete er, bis alle eingetroffen waren, bevor er ihnen seine Absicht mitteilte. Sie hatten erwartet, daß Jacques ihnen über ein neues geschäftliches Unternehmen berichten würde, an dem sie sich beteiligen könnten. Als er ihnen sein wahres Motiv nannte, hätten sie am liebsten fluchtartig den Raum verlassen. »Aber weil ich der reichste Mann im Zimmer war«, fügte Jacques hinzu, während er entzückt über seinen Plan lachte, »mußten sie bleiben.«

Er eröffnete den Abend damit, seinen eigenen Prozeß der Transformation zu schildern, und bemerkte obendrein, daß auch sie – ob es ihnen klar sei oder nicht – in einem unaufhörlichen Kreislauf der blinden Leistung erstarrt seien und darauf warteten, zu erwachen. Er wollte, daß sie sich mit diesem Erwachen auseinandersetzen. Und dann begannen diese Männer einer nach dem anderen auf eine völlig neue Art und Weise über sich zu reden – sie erforschten ihre Gefühle über ihre Berufe, ihre Lebensweisen, ihre Familien. Obwohl es ihnen zuerst unangenehm war, löste sich ihr Unbehagen nach und nach auf. Sie beendeten den Abend mit dem Versprechen, sich spätestens nach einem Monat zu einem zweiten Erfahrungsaustausch zu treffen.

Binnen sechs Monaten trafen sich die Männer regelmäßig und hatten sogar die Gruppe vergrößert. Ihre Gespräche führten sie schließlich weg von ihren persönlichen Belangen in Bereiche, die mit Spiritualität und globalen Krisen zusammenhingen. Sie sprachen darüber, was sie für die Welt tun konnten, die ihnen soviel gegeben hatte. Jeder von ihnen verpflichtete sich dazu, für die Verbesserung des Planeten zu arbeiten. Ihre Versammlungen hatten sich mittlerweile in eine Mischung aus persönlichem Austausch und einer Art »Denkfabrik« verwandelt, wobei sie Personen oder Projekte präsentierten, die aus ihrer Unterstützung Nutzen ziehen konnten.

Jacques' Reise ist eine besonders köstliche Geschichte, weil er anfangs ein vollentwickeltes Individuum zu sein schien. Zur Zeit seines Erwachens war er selbstmotiviert, selbstbestimmt, selbstbewußt und überaus kultiviert, so daß er kaum den Eindruck erweckte, als ob er mit sich selbst in Verbindung treten müsse. Aber »Individuum«, wie es vom Stammesgeist definiert wird, und »Individuum«, wie es im Kontext der Bewußtseinsentwicklung zu verstehen ist, haben zwei völlig verschiedene Bedeutungen.

Ein »Individuum« ist dem Stammesgeist zufolge kaum mehr als eine Mischung aus der physischen Identität eines Menschen und der Stärke seines Ich, womit hier der Teil des Selbst gemeint ist, den wir durch äußere Erfahrungen zusammen mit unseren Gefühlen über unsere physische Erscheinung kennen. Aber im Kontext der Bewußtseinsentwicklung ist das »Individuum« der Teil von uns, der über das Physische hinausgeht und innere Merkmale verkörpert, die vom spirituellen Wachstum herrühren und uns Kraft und Stärke ungeachtet der Gruppenbilligung verleihen.

Wenn Ihnen Ihr Leben nicht mehr gefällt

Obwohl Jacques' Reise der Selbstentdeckung fast witzig begann, treten die meisten Menschen sie als Folge einer ernsten Lebenskrise an. In einem Workshop erzählte Simon, ein Anwalt, seine Erfahrung. Simon war Jurist geworden, weil sein Vater Richter war und ihm gesagt hatte, daß er schon immer davon geträumt hatte, mit seinem Sohn zusammen eine Anwaltspraxis zu führen. Er war so stark von den Zielen seines Vaters für ihn beeinflußt gewesen, gab Simon zu, daß ihm erst mit Anfang Dreißig klar wurde, daß er auch eigene Ambitionen haben durfte.

Simon wurde planmäßig Anwalt und hatte im Alter von 26 Jahren ein Anwaltsbüro gegründet. Mit 27 heiratete er, und mit 29 wurde er Vater. Natürlich wurde von ihm erwartet, daß er seine Tochter zur Juristin aufzog. Tatsächlich äußerte Simons Vater nach ihrer Geburt, daß er zwar nicht damit gerechnet habe, daß das erstgeborene Kind seines Sohns ein Mädchen sein würde, aber daß sie dennoch ihre Sache als Anwältin gut machen könnte.

Mit 34 Jahren stand Simon kurz vor einem Nervenzusammenbruch. Er konnte nichts mehr mit seiner Frau anfangen, weder verbal noch sexuell, und war auch seinen beruflichen Pflichten nicht mehr gewachsen. Die einzige Unterstützung, die er von seiner Familie erhielt, war ihr Vorschlag, daß er einen längeren Urlaub nehmen sollte. Eines Tages, als Simon aus dem Fenster seines Büros starrte, kam seine Sekretärin herein und machte eine Bemerkung, auf die er überhaupt nicht gefaßt war. »Sie sind therapiereif«, meinte sie. »Wissen Sie das?«

Zuerst fand Simon ihre Bemerkung beleidigend, was er ihr auch sagte. Sie erwiderte, daß es nicht ihre Absicht gewesen sei, beleidigend zu sein; vielmehr sei ihr die allmähliche Verschlechterung seiner Gemütsverfassung und Haltung aufgefallen und sie vermute, daß er die Belastungen seines Lebens nicht mehr zu bewältigen wußte. Ein Therapeut, sagte sie zu ihm, sei keine Person, die Verrückte um Hilfe aufsuchen, sondern jemand, zu dem normale Menschen hingehen, wenn sie erkennen, daß alles *um sie herum* verrückt geworden ist.

Simon meinte, daß er keine Therapeuten kennen würde, und so schlug seine Sekretärin vor, daß er ihre eigene aufsuchen solle. Sie nahm sein Telefon, rief ihre Therapeutin an und vereinbarte einen Termin in der folgenden Woche. Sie mußte Simon versprechen, niemandem ein Sterbenswörtchen davon zu sagen. Als der Tag des Termins kam, stahl er sich aus dem

Büro fort, begab sich zu der Therapeutin und verbrachte seine erste Sitzung damit, zu wiederholen, daß er keine Ahnung habe, warum er bei ihr sei oder was er tun solle.

Die Therapeutin stellte Simon zunächst Fragen über sein Leben, seine Familie und seinen Beruf. Und dann stellte sie ihm die eine Frage, die sich zu stellen er nicht einmal in Erwägung gezogen hatte. »Was haben Sie sich für Ihr Leben gewünscht?«

»Jurist zu werden, zu heiraten, eine Familie zu gründen«, antwortete er. »Genau das, was ich getan habe.«

»Ach wirklich? Und warum sind Sie dann im Moment so ›zufrieden‹?« fragte sie in provozierendem Ton. »Haben Sie sich jemals Gedanken darüber gemacht, daß Sie sich das alles vielleicht gar nicht gewünscht haben?«

Simon sagte ihr, daß er diesen Gedanken nicht einen Augenblick berücksichtigt habe. »Aber was wäre, wenn Sie jetzt darüber nachdenken müßten?« fragte sie.

»Das könnte ich nicht«, antwortete er. »Und wozu soll das überhaupt gut sein? Alle meine Entscheidungen wurden bereits getroffen.«

Die Therapeutin schlug für die folgende Woche eine weitere Sitzung vor, und in der Zwischenzeit sollte er darüber nachdenken, welche Entscheidungen er hätte treffen können, welche Entscheidung er gern treffen würde und vor welchen Entscheidungen er sich fast fürchten würde. Simon wollte die Aufgabe nicht erledigen, aber die Fragen hatten sich bereits eingeprägt, und so hatte er, ob es ihm nun gefiel oder nicht, die Reise in sein Inneres angetreten.

In der folgenden Woche konnte Simon nachts kaum schlafen. Seine Gedanken kehrten zu seiner Kindheit und zu all den Plänen und Erwartungen zurück, die ihm vorherbestimmt worden waren. Er begann eine Wut zu empfinden, wie er sie zuvor nie gekannt hatte.

Seiner Frau fiel auf, daß er immer unruhiger wurde, aber er wollte ihr nicht erzählen, daß er eine Therapie begonnen hatte, weil er glaubte, sie würde schon bei dem Gedanken in Panik geraten. Bei seinem nächsten Termin konnte er seiner Therapeutin nur sagen, daß er keine Ahnung habe, was er sich für sein Leben wünschen würde, weil man ihm noch nie die Gelegenheit geboten hätte, über diese Frage nachzudenken. Im Laufe der vergangenen Woche wäre ihm lediglich klargeworden, daß ihm niemals die Freiheit der Wahl in irgendeinem Bereich seines Lebens gewährt worden sei – ob es nun darum ging, wie er seinen Lebensunterhalt verdienen wollte oder wen er heiraten würde. Mit anderen Worten, er hatte völlig im Stammesgeist gelebt.

»Ich sagte zu meiner Therapeutin, daß ich meine Frau lieben würde«, erklärte Simon, »und ich behielt die entsetzliche Erkenntnis für mich, zu der ich gekommen war – daß ich sie nämlich überhaupt nicht liebe.«

Im Laufe der folgenden Wochen wurde Simon Schritt für Schritt auf die Reise der Selbstentdeckung geführt. Er empfand die ersten Stufen als das Befreiendste, was er je für sich getan hatte – und als das Erschreckendste. Schließlich erkannte er, daß er keine Lust mehr hatte, irgend etwas von dem zu tun, was er tat. Er wollte sich die Zeit nehmen, alles zu erforschen, was ihm auf dem Weg entgangen war. Und dann kam der Tag, an dem er seiner Familie mitteilte, daß er wirklich Urlaub machen wollte, aber nicht nur vom Geschäft. Er verkündete, daß er Zeit brauche, um jede Wahl zu überdenken, die jemals für ihn getroffen worden war, um herauszufinden, ob sie wirklich das war, was er für sich haben wollte.

Am Ende arbeitete Simon weiterhin als Anwalt, aber er wechselte von einer gemeinschaftlich geführten zu einer eigenen Kanzlei. Und im Zuge dieser Veränderungen lernte er eine andere Frau kennen, in die er sich verliebte, eine Frau, die offen für das reiche innere Territorium war, das er sich nach wie vor mit Hilfe seiner Therapeutin erschloß. Es überraschte ihn nicht, daß seine Eltern, die seine neuen Entscheidungen nicht unterstützt hatten, auch nicht akzeptierten, daß er sich von seiner Frau scheiden lassen wollte. Simon schloß seine Darstellung vor den Workshop-Teilnehmern mit den Worten: »Ich bin weiterhin voller Hoffnung, daß meine Familie mich eines Tages so kennen wird, wie ich mich heute selbst kennenlerne. Ich bin traurig über die Distanz zwischen uns, aber gleichzeitig bin ich endlich zufrieden.«

Simons Geschichte ist ein klassisches Beispiel für die Loslösung vom Stammeseinfluß durch das Hervorbringen des inneren Individuums. Mitten in unserem Leben fangen wir auf subtile Weise an, uns fehl am Platz zu fühlen. Die Menschen und Orte, mit denen wir am vertrautesten sind, erzeugen nicht mehr die für unser Gedeihen notwendige Energie. Wir fühlen uns zunehmend niedergeschlagen, können aber den Grund dafür nicht verstehen, besonders wenn es in unserem Leben keine offensichtlichen Veränderungen gegeben hat.

Auf einer tieferen Ebene wissen wir natürlich genau, was vor sich geht und warum es uns angst macht. Wir sind nicht ohne das Wissen über die Wirkungskraft unserer spirituellen Natur auf die Welt gekommen; ganz im Gegenteil wissen wir instinktiv, daß jede innere Änderung, die wir vornehmen, jede Änderung in der Sichtweise oder im Glauben automatisch eine äußere Veränderung nach sich zieht. Sosehr wir uns auch mühen, wir können diese Veränderung nicht aufhalten – was ermutigend sein sollte, wenn wir versuchen, eine Krankheit zu heilen.

Simons anfängliche Angst davor, sich selbst einzuschätzen, war durch die Erkenntnis aktiviert worden, daß etwas in seinem Inneren langsam erwachte, das schließlich zu einer Veränderung seines Lebens führen würde. Veränderungen ängstigen uns so sehr, daß viele Menschen unbewußt ihren Heilungsprozeß sabotieren, anstatt Veränderungen in ihrem emotionalen und psychologischen Leben vorzunehmen, die wiederum eine Veränderung in ihrer Biologie bewirken werden. Verändern Sie die Emotion, verändern Sie Ihre Energie, und Sie verändern Ihre Biologie. Auch wenn man eine Heilung nicht garantieren kann, maximieren Sie Ihre Heilungschancen, wenn Sie imstande sind, sich auf einen Prozeß der Veränderung einzulassen.

Die Macht des erwachten Selbst

Sobald Sie den Übergang zur persönlichen Macht vollzogen haben, sobald Sie sich dieser Form der Energie geöffnet haben, machen Sie sehr schnell die Erfahrung, daß die Selbstentdeckung kein Prozeß ist, der aufhört. Ganz im Gegenteil werden der Ausdruck der eigenen Persönlichkeit und Selbstsorge die Regel anstatt die Ausnahme. Persönliche Macht hat ihre eigenen Prioritäten, ihren eigenen Wortschatz, ihre eigenen Werte. Vielleicht haben Sie das Gefühl, als würden Sie mehr Herausforderungen begegnen als je zuvor. Der Grund dafür liegt darin, daß Sie ein Potential in Ihnen erschlossen haben, das vorher brachgelegen hat, und Sie entdecken, daß Sie Fähigkeiten, Einsichten und andere Energiewerkzeuge haben, die zu besitzen Sie sich früher nicht erlaubt haben.
Sie haben beispielsweise die Erlaubnis, Ihre persönlichen Bedürfnisse zu untersuchen und darzulegen. Auch wenn es oft überaus schwierig ist, den richtigen Dreh bei der Fähigkeit, die eigene Persönlichkeit zum Ausdruck zu bringen, zu finden, können Sie Unterstützung in Anspruch nehmen, um diese Fähigkeit zu erlernen. Angetrieben von persönlicher Macht verstehen Sie allmählich, was persönliche Grenzen sind und was

es bedeutet, sich vor Einflüssen zu schützen, die Ihrem Wachstum nicht förderlich sind. Sie fangen an, die Notwendigkeit, sich selbst zu lieben und für sich selbst zu sorgen, einzusehen. Ich begegne nicht vielen Menschen, die sich daran erinnern können, als Kind gelernt zu haben, daß sie sich erst selbst lieben müssen, bevor sie eine andere Person voll und selbstlos lieben können, obschon ich vielen begegne, die sich mit großer Freude daran erinnern, daß sie als Kind geliebt wurden. Häufiger treffe ich Menschen, die schon im mittleren Alter waren, bevor sie sich überhaupt wohl dabei fühlten, den Gedanken an Selbstliebe näher an sich heranzulassen.

Selbstliebe ist eine relativ neue und oft mißverstandene Idee, trotz der Tatsache, daß sie die offensichtlichste Folge des christlichen Gebots ist, seinen Nächsten so zu lieben *wie sich selbst*. Natürlich kann Selbstliebe problematisch sein: In ihren Anfangsphasen kann sie sich in Maßlosigkeit und Narzißmus manifestieren. Aber diese Episoden können sogar vorteilhaft sein, weil sie uns auffordern, persönliche Grenzen zu ziehen, wo wir bis dahin vielleicht noch keine definiert haben. Aber im Anschluß an die Phase der Maßlosigkeit stellt sich ein echtes Verlangen danach ein, unsere emotionalen Bedürfnisse zu erforschen.

Selbstliebe ist im Idealfall die Fähigkeit, Sorge für uns selbst zu tragen, Entscheidungen im Rahmen unserer gegenwärtigen Lebensweise zu treffen, die uns nähren und unsere Vitalität erneuern. Für einige von uns kann das bedeuten, ein regelmäßiges Sportprogramm zu absolvieren, während es für andere vielleicht bedeutet, sich hin und wieder einen Tag freizunehmen, um aufs Land zu fahren. Wieder andere brauchen die regelmäßige heilende Berührung einer Massagebehandlung, eine monatliche Gesichtsbehandlung oder etwas Geselligeres. Vielleicht benötigen Sie die Gesellschaft einer ganz neuen sozialen Gruppe – Menschen, die sich für den Umweltschutz engagieren, nach ökologischen Prinzipien leben oder irgendeine spirituelle Praxis pflegen. Oder Sie stellen fest, daß Sie die Freiheit brauchen, allein zu leben und sich selbst abseits der gewöhnlichen sozialen Belastungen kennenzulernen. In einigen Fällen bringen Sie vielleicht Ihre Selbstliebe zum Ausdruck, indem Sie sich versprechen, es nie wieder zuzulassen, daß Mißbrauch Einlaß in Ihr Leben findet.

Egal, welche Bedürfnisse ans Tageslicht kommen, während Sie sich kennen- und liebenlernen – Sie müssen sich in jedem Fall das Recht der Wahl, des Ausdrucks der eigenen Persönlichkeit und der Selbstachtung einräumen. Auf diese Weise werden Sie aus erster Hand die Wahrheit herausfinden, nämlich daß Sie erst dann eine andere Person zu lieben vermögen, wenn Sie sich selbst lieben können.

Der vielleicht wichtigste Aspekt in diesem Prozeß ist der, daß Ihre neue Atmosphäre von Heilung Ihnen eine völlig neue Definition einer »gesunden Person« liefert. Über die alte, falsche Definition hinaus, daß eine gesunde Person jemand ist, der körperlich nicht krank ist, wird Ihre Gesundheit zuallererst von Ihrem Bewußtsein bestimmt. Selbst wenn Sie augenblicklich an einer körperlichen, vielleicht sehr schmerzhaften Krankheit leiden, kann Ihr Glaube an die darin enthaltenen Lektionen und Bedeutungen anhaltende Hoffnung und Energie hervorrufen.

Unsere spirituellen Bedürfnisse müssen befriedigt werden, wenn unsere Körper gedeihen sollen. Diese Erkenntnis ist grundlegend für die Prozesse der Gesundheitserhaltung und der Heilung geworden. Überdies haben wir uns der Möglichkeit, wenn nicht gar der Wahrscheinlichkeit, geöffnet, daß wir schon vorher gelebt haben können und diese früheren Leben Einflüsse in unser gegenwärtiges Leben einsickern lassen, einschließlich Einflüsse auf unsere Gesundheit. Unsere Kenntnisse von Ernährung und Nahrungsergänzungen, gepaart mit

unserem Wissen über Heiltechniken aus östlichen Kulturen sowie aus unserer eigenen Kultur, haben uns Heilungsmöglichkeiten zugänglich gemacht, welche die vertrauten Prognosen der allopathischen Medizin in Frage stellen.
Alle diese Faktoren verschaffen uns große Vorteile und außergewöhnliche Alternativen, sollten wir sie für unsere persönliche Heilung benötigen. Letzten Endes verbessert alles, was wir über unser tieferes Selbst erfahren, nicht nur unsere Gesundheit, sondern auch die Qualität unseres physischen Lebens als solches. Das Ziel besteht darin, daß wir unser Leben in unseren Körpern so bewußt wie möglich voll und ganz annehmen und genießen.

Sich in symbolische Macht hineinbewegen

Die symbolische Macht ist bei weitem die stärkste Ebene der Einsicht, die uns zugänglich ist. Dadurch, daß wir Kontakt mit dem archetypischen Reich aufnehmen, wird es uns möglich, über die physische Bedeutung von Ereignissen hinauszusehen und sie als göttliche Gelegenheiten zur Entwicklung unseres Bewußtseins zu betrachten. Die symbolische Sicht nimmt eine Dimension wahr, die Mystiker als realer als die physische, mächtiger als die materielle beschreiben.
Das symbolische Bewußtsein begegnet dem göttlichen Geist leichter als das persönliche Bewußtsein. Es nimmt die als Ewigkeit bezeichnete höhere Schwingungsebene wahr und kann sich als eine reiche, innere Empfindung, eine spirituelle Begegnung oder eine Art übersinnlicher Erfahrung manifestieren. Überdies kann es die Form einer zutiefst persönlichen Beziehung zur Natur, eines kreativen Ausdrucks, einer Einsicht, eines Durchbruchs oder einer Lösung von außergewöhnlich schöpferischer Kraft annehmen.

Ein Beispiel für symbolisches Denken

In Kapitel 6 erhalten Sie eine ausführliche Anleitung, wie Sie die drei Formen der Macht auf jede Krise und Frage in Ihrem Leben anwenden können, nicht nur auf physische Krankheiten. Doch im Augenblick möchte ich Ihnen einfach nur ein Gefühl dafür vermitteln, wohin Sie gehen, und einen kleinen Vorgeschmack auf die Kraft und Schönheit des symbolischen Geistes geben.

Angenommen, bei Ihnen wurde eine ernste Krankheit diagnostiziert, vielleicht Krebs oder multiple Sklerose. Beide Krankheiten haben erschreckende Prognosen. Die meisten Menschen, die eine solche Diagnose erhalten, sind erschüttert und empfinden vielleicht Wut, was eine natürliche Reaktion ist. Aber schließlich müssen Sie auf diese Nachricht reagieren und sich auf ein Behandlungsprogramm einlassen; Sie fangen also an, Medikamente einzunehmen. Um Ihre Heilung zu fördern, ändern Sie vielleicht auch noch Ihre Ernährungsweise.

Wenn Sie im Laufe der Wochen nicht die Resultate erhalten, die Sie sich erhofft haben, beginnt eine Stimme in Ihnen zu fragen: »Warum ist das mit mir geschehen?« Oder vielleicht fragt die Stimme: »Warum überrascht es mich eigentlich, daß mir das passiert ist? Mir passieren immer schlimme Dinge. Inzwischen sollte ich doch daran gewöhnt sein, und bestimmt sollte ich keine Wunder erwarten.«

Sie werden depressiv. Die Menschen um Sie herum versuchen auf jede ihnen mögliche Weise, Ihnen Hoffnung zu machen, aber Sie haben keinen Zugang mehr dazu, daß irgendwo in Ihrem Universum Hoffnung zu finden ist.

Dann begegnen Sie einer Person, die Ihnen eine neue Sichtweise Ihrer Situation anbietet. Sie sollten sich einmal vorstellen, so sagt sie Ihnen, daß jeder von uns in seinem Inneren

einen Teil mit sich herumträgt, der sich wie ein Opfer fühlt. Bei einigen von uns kommt das Opfer an die Oberfläche, wann immer sie sich in einer intimen Beziehung befinden. Bei anderen beginnt das Opfer jedesmal zu sprechen, wenn sie nach ihrer Meinung über etwas gefragt werden. Bei wiederum anderen sagt das Opfer unablässig vor der Zeit, was sie erwartet, wenn sie »dort« ankommen, wo auch immer »dort« sein mag.
Sie sagen zu Ihrem neuen Berater, daß Sie damit etwas anfangen können und Leute kennen, auf die jede dieser Beschreibungen zutrifft, einschließlich sich selbst.
Der Berater bestätigt Sie und erklärt: »Jeder trägt ein Opfer in seinem Inneren mit sich, und deswegen sollte niemand sein Opfer persönlich nehmen. Es ist einfach ein natürlicher Bestandteil der menschlichen Psyche.« Jetzt fragt er Sie: »Was wäre, wenn Sie die Gelegenheit hätten, sich diesem Teil von Ihnen zu stellen und sich dieses negativen Einflusses ein für allemal zu entledigen? Würden Sie sie ergreifen?«
Nachdem Sie einen Augenblick nachgedacht haben, antworten Sie mit Ja. Darauf sagt er Ihnen, daß dem Loslassen die Erfahrung vorangehen müsse. Sie werden Ihrem Opfer von Angesicht zu Angesicht begegnen müssen, sich ihm in einer Situation stellen, in der es am mächtigsten ist, so daß Sie den Teil in Ihnen entdecken können, der diese Kraft herauszufordern vermag. Sie sind einverstanden.
Dann entwickelt sich eine Krankheit in Ihrem Körper. Jetzt ist Ihre Gelegenheit gekommen, und Sie fragen: »Wie begegne ich dem Opfer in mir?«
»Läßt diese Krankheit Sie sich wie ein Opfer fühlen?« werden Sie gefragt.
»Ja, sie bringt mich dazu, mich hilflos, vergiftet, besiegt und von meinem Körper betrogen zu fühlen. Sie läßt mich Angst empfinden.«
»Dann werden wir uns jetzt auf diese Gefühle konzentrieren

und nicht auf die Krankheit. Lassen Sie sich von dieser Wahrheit leiten: Nehmen Sie Ihre Herausforderung nicht persönlich, ob es sich nun um eine Krankheit, ein Beziehungstrauma oder eine berufliche Krise handelt. Der erste Schritt besteht nicht darin, sich von der Herausforderung zu trennen, sondern sich den Ängsten und Gefühlen, ein Opfer zu sein, die die Krise in Ihnen aktiviert, klar und deutlich zu stellen. Beim zweiten Schritt gehen Sie direkt in diese Gefühle hinein. Die Krankheit ist nicht das Problem, und das müssen Sie sich immer wieder sagen, nötigenfalls hundert- oder tausendmal am Tag. Das Problem ist der Machtverlust, den die Krankheit in Ihnen bewirkt hat.

Machen Sie sich dann auf die Suche, um jene Dinge zu finden, die Sie sich mächtig fühlen lassen. Treffen Sie Entscheidungen, die Macht in Ihr System bringen. Entwickeln Sie eine Vorstellung von Glauben und davon, was Sie tun können, um dem Geist in Ihnen näherzukommen. Sagen Sie sich immer wieder, daß die Krankheit nicht das Problem ist. Sie stehen dem Teil von Ihnen gegenüber, der Sie stets dazu veranlaßt hat, sich geschlagen und voller Angst zu fühlen, und die Krankheit ist lediglich das Hilfsmittel, um sich ernsthaft diesem Schreckgespenst zu stellen.

Verweilen Sie nun bei Ihrer Stärke. Zelebrieren Sie jede Leistung, die Sie täglich vollbringen, ob Sie diese Leistung nun als groß oder klein erachten. Symbolisch gesehen ist jede Leistung groß. Suchen Sie die Muster von Stärke und Schwäche, die Sie immer beeinflußt haben. Fordern Sie die Muster von Schwäche auf, sich zu zeigen, nötigenfalls eines pro Tag, so daß Sie andere Möglichkeiten wählen können – und treffen Sie dann auch diese Entscheidungen.

Jeden Tag wird das Opfer in Ihnen schwächer und der Sieger stärker werden. Jeden Tag werden Sie eine tiefere Verbindung mit dem Leben spüren, ein Leben, für das Sie sich verantwortlich fühlen, und keines, das die Leitung über Sie übernommen hat. Auf diese Weise zu leben ist Ihnen bestimmt, weil sie Sie dazu bringt, leben zu wollen – Sie haben die Macht und die Kraft, alles selbst zu erschaffen.

Und eines Tages fällt Ihnen auf, daß Sie sich des Opfers nicht mehr bewußt sind. Sie sind stark genug, allem gegenüberzutreten, dem Sie gegenübertreten müssen, sei es die Schöpfung eines neuen Lebens oder das Loslassen eines Lebens, das schließlich voll und ganz gelebt wurde. Auf diese Weise sollten wir uns kennen, auf eine zutiefst persönliche Weise, während wir die generell unpersönliche Natur unserer Erfahrungen anerkennen.«

Archetypisches Denken, so wie es Ihnen gerade beispielhaft vorgeführt wurde, ist die in höchstem Maße befreiende Form der Einsicht, die Sie in Ihrem Inneren entwickeln können. Zusammen mit Ihrer Stammes- und persönlichen Macht verleiht der symbolische Geist Ihnen die Fähigkeit, die negativen Herausforderungen Ihres Lebens zu interpretieren und zu erkennen, daß jede einzelne ein positives Geschenk ist, auch wenn dieses Geschenk nicht sofort klar ersichtlich ist.

Die symbolische Sicht geht über die Zeit hinaus. Diese Sicht ist zeitlos und enthält jede Wahrheit, die jemals innerhalb der menschlichen Erfahrung gewonnen wurde. Wenn Sie sie sich zunutze machen, steht es Ihnen frei, die Lehren der großen spirituellen und philosophischen Meister aller Generationen und aller Kulturen anzuzapfen und dafür zu sorgen, daß nichts ihre gegenwärtige Anwendung verhindert. Es steht Ihnen frei, anzuerkennen, daß die heutigen Krisen mit Ereignissen verknüpft sind, die sich noch offenbaren müssen, und mit Ereignissen, die bereits eingetreten sind, und sich darüber klarzuwerden, daß Ihre Reaktion im gegenwärtigen Augenblick sich sowohl auf die Vergangenheit als auch auf die Zukunft auswirkt.

Der symbolische Geist ist eine Quelle der Kraft und der Wahrheit, und diejenigen, die mit ihm in Berührung gekommen sind, vermögen alles zu überleben. Darüber hinaus sind sie fähig, eine Auferstehung zu erfahren, die für Menschen, die die Macht der symbolischen oder unsichtbaren Dimension des Lebens nicht erfassen können, rein mythisch bleibt.
Die symbolische Macht wohnt jedem von uns inne. Sie ist die Essenz des achten Chakras, des oberhalb unseres physischen Körpers schwingenden Machtzentrums. Halb persönlich, halb unpersönlich, versucht es unaufhörlich, uns dazu zu bringen, daß wir uns auf unsere wahre Energie und Natur einlassen und sie entdecken. Es ist unser unbewußtes Selbst, der Teil, der sich danach sehnt, hervorzukommen und ein bewußter Verbündeter zu werden. Der Teil, der uns nicht von der freudvollen Verbindung mit dem physischen Leben ablenkt, sondern uns die Freiheit gibt, dieses ganze Leben bereitwillig anzunehmen, ohne Angst davor zu haben, daß wir nicht mächtig genug sind, es voll und ganz zu erfahren.

Führung empfangen

In jeder Situation, wie herausfordernd sie auch sein mag, haben Sie die Möglichkeit, der Bedeutung hinter dem Ereignis nachzugehen. In einigen Fällen kann das einfach bedeuten, darauf zu vertrauen, daß es letzten Endes einen positiven Grund für das Ereignis geben muß und daß die Bedeutung offenbart wird, wenn und sofern es zweckdienlich erscheint. Diese Haltung kann man nicht ohne weiteres in einer Krise einnehmen, besonders in einer Situation auf Leben und Tod, die eine Krankheit oft darstellen kann. Aber eine solche Reaktion wird Ihnen zu der größten Macht und der eindeutigsten Führung verhelfen.

Wir reagieren auf Krisen, indem wir die drei Formen der Macht in der Reihenfolge verwenden, wie wir sie entwickelt haben, sowohl historisch als auch individuell: Stammesmacht, persönliche Macht, symbolische Macht. Diese Reaktion erfolgt automatisch; wir sind programmiert, auf diese Weise Situationen zu meistern. Unsere erste Reaktion auf die Diagnose einer Krankheit beispielsweise ähnelt ein wenig unserer Reaktion auf ein Erdbeben. Die Welt unter unseren Füßen bebt bis ins Innerste – etwas Gewaltiges und Unerwartetes ist eingetreten, das möglicherweise die wichtigsten Teile unseres Lebens verändert, einschließlich unserer engsten Beziehungen und unserer beruflichen Sicherheit. Es ist fast unmöglich, darauf sofort positiv zu reagieren oder Hoffnung zu sehen. Und so reagieren wir auf eine Krankheit zuerst auf der Stammesebene, weil wir die physischen Folgen einer derart bedrohlichen Situation in den Griff bekommen müssen. Wir müssen die Vielschichtigkeit der Krankheit und die Behandlungsmöglichkeiten verstehen, und wir müssen unser Leben organisieren, um mit der Krankheit fertig zu werden.

Wenn die Krankheitskrise durch die unteren Chakras in unseren Stammesgeist eingedrungen ist, bewegt sie sich langsam nach oben zu unserem persönlichen Geist. Das ist eine entscheidende und schreckliche Veränderung, denn solange wir weiterhin innerhalb des Stammesgeistes denken und handeln, wird unsere Erfahrung von der Gruppe absorbiert und unterstützt. Aber wenn sie in unseren persönlichen Geist eintritt und dabei unsere psychologischen und emotionalen Reaktionen aktiviert, sind wir auf uns gestellt. Kein anderer kann die Angst zum Schweigen bringen, die nachts zu uns spricht, wenn wir im Bett liegen und darüber nachdenken, was uns am nächsten Tag erwarten wird.

Doch inmitten dieser erschreckenden Reise kommt die Gelegenheit, sich über die Verzweiflung hinauszubewegen und einen inneren Dialog anzustreben, aus dem Einsicht und Führung hervorgehen können, die unsere physischen Umstände überschreiten. An diesem Punkt ist unser Übergang in den symbolischen Geist möglich.

Die drei Phasen des Dialogs folgen diesem Muster:

Stammesbezogen: Ihre Familie vertritt vielleicht die Haltung, daß »diese Krankheit uns alle betrifft und wir gemeinsam gegen sie angehen werden«. Ihr Arzt kann Daten präsentieren, aus denen hervorgeht, wie andere Menschen auf die Behandlung angesprochen und sie gemeistert haben. Durch diese ganze Situation durchzieht sich die Grundhaltung, daß Ihre Krankheit eine Gruppenherausforderung darstellt, und im Mittelpunkt steht die Frage: »Warum geschieht das mit uns, und wie werden wir das in den Griff bekommen?«

Persönlich: Die Wirklichkeit dessen, dem Sie sich gegenübersehen, wird als persönliche Herausforderung erkannt, was sie im Grunde auch ist: Es trifft nicht »uns«, sondern es trifft »mich«. Die Frage, die als nächstes an die Oberfläche kommt, ist oft die lähmendste: »Was habe ich getan, daß ich das verdiene?« Sie haben das Gefühl, daß, wenn Sie nur wüßten, warum das mit Ihnen geschieht, Sie damit fertig werden können. In dieser Phase können Selbstmitleid und Depression in Ihr Denken einsickern und zu einer ebenso großen Krise werden wie die physische Krankheit selbst.

Symbolisch: Es bleibt noch eine weitere Einstellung übrig, die Sie mehr als jede physische Behandlung unterstützen kann: die Fähigkeit, symbolisch und nicht buchstäblich auf das zu reagieren, was vor sich geht. Anstatt zu fragen: »Warum passiert *mir* das?«, lauten die tieferen und authentischeren Fragen, denen nachzugehen ist: »*Warum* passiert das? Welche

Bedeutung hat diese Situation, und wie kann ich damit am besten umgehen?« Begreifen Sie das, was Ihnen widerfahren ist, von dem unpersönlichsten Standpunkt aus, zu dem Sie gelangen können, und denken Sie aus dieser Position heraus über Reaktionen nach, die Sie in höchstem Maße stärken werden. Denken Sie an Ihre Krise als etwas, das einem anderen passiert ist, den Sie nicht einmal kennen, und fragen Sie sich, welchen Rat Sie dieser Person geben würden. Beziehen Sie sich auf spirituelle Lehren, die Sie daran erinnern, daß es für alles einen Grund gibt und daß das Unmögliche wirklich möglich wird, wenn man den Glauben an und das Vertrauen auf diesen Grund hat.

Von diesem Standpunkt aus werden Sie für Führung und die klarste Ebene der Einsicht empfänglich sein. Von der symbolischen Dimension aus können Sie Ihre Krankheit im Kontext Ihres ganzen Lebens sehen, weit über das hinaus, was im Augenblick geschieht. Sie werden fähig sein, Ihre archetypischen Muster zu identifizieren, zu verstehen und mit ihnen einen Dialog zu führen, in dem Sie deutlich die sich wiederholenden Herausforderungen erkennen, welche die fortwährende Dynamik Ihres Lebens gebildet haben. Die unbeantworteten Teile Ihres Lebens lassen Sie nicht länger in Ihrer Vergangenheit festsitzen, sondern werden eine ergiebige Linse, durch die Sie mehr über Ihren Entwicklungsweg erfahren können. Das ist die Atmosphäre, in der echte Führung gedeiht. Der symbolische Geist trägt das Potential in sich, jede Angst in Ihnen in nichts weiter als bedeutungslose Worte zu verwandeln. Mit der symbolischen Sicht können Sie sich, bewaffnet mit einem Gefühl für Ewigkeit, wieder auf die physische Herausforderung einer Krankheit einlassen.

Nun ist es an der Zeit, Ihre Beziehung zum Geheimnis der Heilung zu ergründen.

Zweiter Teil

… und wie sie es können

KAPITEL 5

Den richtigen Weg durch das Chaos der Heilung finden

Unsere Gedanken und Emotionen spielen eine große Rolle bei der Entwicklung von Krankheiten, und positive Gedanken können unsere Heilfähigkeit vergrößern. Darum konzentrieren sich die Heilkünste nicht mehr ausschließlich auf äußere Behandlungsmethoden, sondern haben ihr Interesse der inneren, geistigen und seelischen Natur des Menschen zugewandt. Dieser ganzheitliche Ansatz hat zu einer bereitwilligen Annahme diverser Methoden aus dem Osten und dem Westen geführt. Die Kombination von zusätzlichen Heilmethoden und Spiritualität stellt in Aussicht, Menschen effektiver dabei helfen zu können, sich von unheilbaren und chronischen Krankheiten zu heilen, die Gesundheit bis ins vorgerückte Alter zu erhalten und den Alterungsprozeß zu verzögern. Darüber hinaus bieten die östliche Spiritualität und die Weisheit ursprünglicher Traditionen aus allen Kulturen unserer westlichen Kultur, die überwiegend von jüdisch-christlichen Überlieferungen beeinflußt ist, neue Sichtweisen von Göttlichkeit. Mit so vielen Wahlmöglichkeiten, die plötzlich in unser Gesichtsfeld gerückt sind, kann die Herausforderung der Heilung wie ein Chaos erscheinen. Wie kämpfen wir uns hier durch, um den richtigen Heilungsweg für uns zu finden? Wie finden wir die richtige Kombination aus innerer spiritueller Praxis und äußeren Behandlungsmethoden?

Zuerst sollten Sie daran arbeiten, Ihren Geist zu heilen. Ein gesunder Geist ist für einen gesunden Körper unbedingt erforderlich, auch wenn ein gesunder Geist keinen gesunden Körper *garantiert*. Das Verständnis für Ihren Geist birgt in sich jedoch den Schlüssel dazu, kontrollieren zu können, was mit Ihrem Körper und in ihm geschieht. Da viele komplementäre Behandlungsmethoden verlangen, daß Sie sich der Rolle des Geistes bei der Heilung bewußt sind, müssen Sie Ihren Geist mit dem Körper vereinen. Kurzum, Sie müssen Ihrem Geist physische Form verleihen, ihn verkörpern.

Eine Möglichkeit dazu besteht darin, daß Sie sich darin üben zu verstehen, wie Ihr Körper und Ihr Leben die Energie der Chakras widerspiegeln. Diese Übung kann Ihnen helfen, Ihrem Geist und Ihrer eigenen inneren, göttlichen Macht eine Energieform zu geben. Sie werden sich ferner von dem überholten Eltern-Kind-Konzept eines äußeren Gottes lösen müssen, der mit einem System von Belohnung und Bestrafung arbeitet – das spirituelle Erbe des Widder- und Fische-Zeitalters. Erkennen Sie, daß allen Ihren Gedanken und Taten eine göttliche Kraft innewohnt, daß eine innere Kraft Sie dabei führt, immer bewußter zu werden. Dadurch, daß Sie die Natur des inneren Gottes besser kennenlernen, wird die Ihnen eigene Macht offenbart. Es wird Ihnen möglich, sich bewußt zu werden, wie Sie alles, was Sie in Ihrem Leben erfahren, einschließlich Ihrer Gesundheit, miterschaffen.

Angst beeinträchtigt den achtsamen Gebrauch Ihrer Macht. Wenn Ihre Entscheidungen auf Angst basieren, kommt es zum Chaos zwischen Ihnen und Ihrer inneren Göttlichkeit. Um Ihre Anfälligkeit für Angst zu vermindern, erfordert Ihr spirituelles Leben Aufmerksamkeit und Pflege. Sie erhöhen am Anfang Ihre spirituelle Macht nicht dadurch, daß Sie wie sonst weitermachen, genausowenig wie Sie Ihre Kochfähigkeiten durchs Klavierspielen verbessern können. Der menschliche

Geist verlangt tägliche Pflege durch eine spirituelle Praxis wie das Gebet oder Meditation. Diese Praktiken nähren das Energiesystem und helfen Geist, Herz und Seele miteinander zu vereinen.
Eine spirituelle Praxis ist jedoch nicht dasselbe wie eine gesunde Lebensweise. Eine gesunde Lebensführung beinhaltet ausreichende körperliche Bewegung, richtige Ernährung, das Vermeiden giftiger Substanzen und andere bewußte Gewohnheiten. Doch selbst das Leben nach strengsten Regeln ist keine Gewähr dafür, daß sich keine Krankheit entwickeln wird, auch wenn sie sicherlich das Risiko verringert.
Eine gesunde Lebensführung hilft Ihnen, mehr darüber zu erfahren, was Ihr Körper benötigt, um ein Höchstmaß an physischem Wohlbefinden zu erreichen. Eine spirituelle Praxis fördert Ihr Verständnis für die Rolle, die das Göttliche in Ihrem Leben spielt. Sie offenbart den Weg, der Ihnen bestimmt ist. Obwohl eine spirituelle Praxis Ihren Geist beim Wachstum unterstützen und Ihre Gesundheit insgesamt verbessern kann, indem sie Sie erdet und zu gesunden, nicht zerstörerischen Verhaltensweisen führt, garantiert sie ebensowenig vollkommene Gesundheit. Wie wir gesehen haben, kann sie Sie sogar dazu herausfordern, eine Krankheit durchzumachen, die Inspiration und einen stärkeren Sinn für die Macht Ihres Geistes hervorbringen kann.
Wenn eine Krankheit Teil Ihrer spirituellen Reise ist, können Sie durch keinen medizinischen Eingriff geheilt werden, solange Ihr Geist nicht anfängt, sich so zu verändern, wie es die Krankheit anregen sollte. Medizinische Eingriffe, komplementäre Heilmethoden, Veränderungen in der Ernährungsweise und im allgemeinen Lebensstil mögen bis zu einem gewissen Grade hilfreich sein und sollten sicherlich genutzt werden. Aber wenn Sie sich einer Krankheit als einer spirituellen Herausforderung gegenübersehen, können Sie nur genesen, wenn

Sie auf Ihre spirituelle Praxis bauen, um die notwendigen Einsichten zu gewinnen. Durch spirituelle Praxis können Sie die Krankheit durchstehen und von ihr genesen, indem Sie die Kraft und Weisheit Ihres Geistes erhöhen. Möglicherweise werden Sie auch auf das Loslassen Ihres Lebens vorbereitet, wenn das der göttliche Wille für Sie ist. Sie müssen Ihren Glauben vom physischen Reich auf das spirituelle Reich neu ausrichten.

Diejenigen, die imstande waren, diesen Übergang zu vollziehen, können für andere zu einer großen Inspiration werden. Indem wir untersuchen, wie sie ihre Krisen gemeistert haben, können wir Einblick darin gewinnen, wie wir unsere eigene in den Griff bekommen.

Kardinal Joseph Bernardin, der viele Jahre lang das Oberhaupt der katholischen Erzdiözese in Chicago war, ist ein Beispiel für jemand, der dem Weg der Krankheit ganz bewußt folgte. Dadurch zeigte er anderen, daß man sich vor einer Krankheit und selbst vor dem Tod nicht fürchten muß. Im folgenden werde ich die zwei Jahre vor seinem Tod aus der Perspektive der in den vorhergehenden Kapiteln erläuterten drei Formen der Macht betrachten. In diesen Jahren durchlief der Kardinal alle drei Formen der Macht in beschleunigtem Tempo.

Anfang der neunziger Jahre behauptete ein junger Mann in der Öffentlichkeit, von Kardinal Bernardin sexuell mißbraucht worden zu sein. Obwohl der Kardinal die Anschuldigungen konsequent abstritt, führten sie zu einer genauen Untersuchung und riefen Argwohn und Kritik hervor, insbesondere angesichts der verschiedenen Sexskandale, die die römisch-katholische Priesterschaft in den vorhergehenden Jahren in Verruf gebracht hatten. Der Kardinal unternahm jeden Versuch, um mit diesen Vorwürfen würdevoll umzugehen. Seine öffentlichen Reaktionen auf seinen Ankläger waren weder wütend noch auf vorgetäuschte Weise mitfühlend. Am Ende widerrief der junge Mann seine Anschuldigungen, und der Kardinal erklärte in der Öffentlichkeit, daß er keinen Groll hege und seinem Ankläger vergeben habe. Später traf er sich sogar privat mit dem Mann.

Hätte Kardinal Bernardin unter dem Einfluß der Stammesmacht gestanden, hätte er vielleicht die Wahl getroffen, gegen den jungen Mann Klage zu erheben, dies wäre eine gewöhnliche Stammesreaktion auf einen Angriff. Aus symbolischer Sicht war dies die »Judas«-Erfahrung des Kardinals – ein Verrat in der Öffentlichkeit von all dem, wofür sein Lebenswerk gestanden hatte.

Kurz nach der Aufklärung des Skandals wurde bei dem Kardinal Bauchspeicheldrüsenkrebs diagnostiziert. Obwohl er daran arbeitete, seine Krankheit zu heilen, und es sechs Monate nach der ersten Diagnose zu einer Besserung kam, tauchte der Krebs wieder auf. Man könnte sich fragen, warum ein Mann mit einem solchen Glauben und einer solchen spirituellen Unterstützung seine Krankheit nicht zu heilen vermochte, und man könnte vermuten, daß seine Spiritualität ihn im Stich gelassen habe. Aber wenn nun der Kardinal in Wirklichkeit öffentlich sterben wollte, um zu zeigen, daß das Sterben ebenso wie das Leben ein Akt der Spiritualität sein kann?

Die Krankheit des Kardinals könnte symbolisch gesehen als seine »Kreuzigung« interpretiert werden. Alles, was die physische Welt ihm bieten konnte, die beste medizinische Versorgung und die spirituelle Unterstützung von vielleicht Millionen von Menschen, hatte versagt. Wenn er der physischen Welt verhaftet geblieben wäre, wäre er vielleicht ein verbitterter Mann geworden. Aber obwohl er schließlich an Krebs starb, wählte er statt dessen, offen über seine Angst vor dem Sterben, seinen Glauben und sein allmähliches Akzeptieren seines Todes zu sprechen. Er schrieb ein Buch mit dem Titel »Das Geschenk des Friedens«, um denen, die mit dem eigenen Tod oder dem eines geliebten Menschen konfrontiert werden, Hoffnung und Mut zu geben. Aus symbolischer Sicht ist sein Akzeptieren des Todes der höchste Akt der Vergebung und die bewußte Hingabe seines Lebens an Gott. Er zeigte anderen den Weg durch den schrecklichen Korridor des Todes, indem er ihn selbst mutig beschritt und eine grundlegende Praxis der spirituellen Heilung verkörperte. Die Botschaft der Hoffnung, die er hinterließ, bleibt ein reales, lebendes Beispiel für die Macht des Geistes. Wir können sie sogar als seine »Auferstehung« bezeichnen.

Eine Krankheit als eine spirituelle Herausforderung zu sehen verringert nicht unsere Heilungschancen, sondern wir müssen verstehen, daß Spiritualität in erster Linie der Weg ist, auf dem wir innere und nicht körperliche Kraft gewinnen. Darauf kann sicherlich physische Heilung folgen, aber ob sie nun eintritt oder nicht, ist Teil der spirituellen Bestimmung des einzelnen.

Ich kannte einmal einen Bio-Bauern namens Jerry, der den Unterschied zwischen spiritueller Praxis und der Notwendigkeit, auf eine Krankheit mit einem Behandlungsprogramm zu reagieren, nicht verstehen konnte. Jerry lebte auf einer kleinen Farm, wo er seine eigenen Nahrungsmittel anbauen konnte, und er war ein hervorragender vegetarischer Koch. Außerdem betrieb er intensiv Körpertraining und hatte zu diesem Zweck in seinem Bauernhaus einen Raum mit Übungsgeräten eingerichtet, wo er zwei bis drei Stunden täglich trainierte. Von Natur aus voller Energie, hatte er eine herzliche, freundliche Persönlichkeit. Doch zugleich war er auch wütend. Wenn er mit Leuten über die Notwendigkeit der natürlichen Lebensweise sprach, wetterte er gegen den Schaden, den Menschen ohne jedes Umweltbewußtsein dem Planeten zufügten. Seine leidenschaftliche Lebenseinstellung trug eine negative Energie mit sich, die ihn alle, die seine Ansichten nicht teilten, verachten ließ.

Im Alter von 39 Jahren wurde bei Jerry Knochenkrebs festgestellt, eine Diagnose, die ihn und alle, die ihn kannten, erschütterte. Seine Freunde empfahlen ihm alle möglichen Heiler, lokal und überregional, von denen sie gehört hatten. Er konsultierte mindestens zehn verschiedene Heiler, von denen viele eine Therapie vorschlugen, die unter anderem eine höhere Zufuhr von Eisen und Aminosäuren durch den Verzehr von rotem Fleisch beinhaltete. Jerry lehnte kategorisch ab. Für ihn stellte der Verzehr von Fleisch eine Verletzung seiner Lebensweise und Spiritualität dar. Die Empfehlungen der Heiler machten ihn wütend, denn sie ließen durchblicken, daß die Art und Weise, wie er sich so viele Jahre lang ernährt hatte, unzulänglich gewesen war. Jerrys Freunde versuchten ihn zu überreden, seine Ernährung zu ändern, wenn auch nur vorübergehend, um herauszufinden, ob das wirklich etwas ausmachen würde. Sie versicherten ihm ständig, daß er doch zu seinem vegetarischen Lebensstil zurückkehren könne, sobald er wieder gesund wäre. Aber Jerry glaubte, daß seine Verpflichtung zum organischen Leben sein spiritueller Ausdruck sei und genügen sollte, um seine Gesundheit zurückzubekommen.

Im Laufe der Monate verschlechterte sich Jerrys Zustand. Seine Freunde baten ihn, den Beistand von spirituellen Beratern zu suchen, um ihm zu helfen, seine große Wut aufzulösen. Jerry glaubte, daß Gott ihn verraten habe, indem er ihm diese Krankheit gab, und daß keine spirituelle Autorität erklären könne, warum seine gesunde Lebensweise zu einem unheilbaren Krebs geführt habe, während es anderen, die ohne irgendein Bewußtsein über ihre Ernährung leben, prächtig gehe. Das Dilemma verzehrte ihn und entwickelte sich zu einer äußerst negativen Besessenheit, die seine Aufmerksamkeit von seiner Heilung abzog.

Jerry starb schließlich in der festen Überzeugung, daß sein

Leben nutzlos gewesen sei, weil alles, woran er geglaubt hatte, einschließlich des »Gottes auf Erden«, ihn nicht geheilt hatte. Jerrys Leben erinnert uns im Gegensatz zu dem des Kardinals Bernardin daran, daß wir uns davor hüten sollten, physische Gesundheit mit einer echten spirituellen Praxis von Mitgefühl, Gebet und Reflexion zu verwechseln. Ich will damit nicht sagen, daß Jerry keinen Krebs entwickelt hätte oder imstande gewesen wäre, sich von seiner Krankheit zu heilen, wenn er sich einer Gebetspraxis zusammen mit seiner meditativen Gartenarbeit und seinem Training gewidmet hätte. Eine besinnliche, echte spirituelle Praxis jedoch hätte ihm ganz andere Einsichten über seine physische Herausforderung liefern können. Vielleicht hätte er erkennen können, daß ihm die verschiedensten emotionalen und psychologischen Wahlmöglichkeiten offengestanden hätten.

Angesichts Jerrys tiefer Überzeugung, daß organische Gartenarbeit an sich eine spirituelle Praxis ist, hätte er vielleicht eine Form der bewußten Meditation in seine alltägliche Gartenarbeit einbringen können. Möglicherweise hätte er einsehen können, daß Wut nicht der Weg ist, um Menschen von der Notwendigkeit einer umweltbewußten Lebensweise zu überzeugen. Und vielleicht hätte er schließlich sogar seine Herausforderung aus symbolischer Sicht sehen können: wie er den gleichen toxischen Zustand wie die Erde durchmachte, an deren Reinigung er so hart gearbeitet hatte. Diese Erkenntnis hätte Jerry befähigen können, gegen die Krankheit leidenschaftlicher anzugehen und vielleicht die Umwelt noch energischer zu verteidigen, bewaffnet mit tieferen Einsichten und Inspirationen.

Heilung erfordert die Bereitschaft, Veränderungen nicht nur in seiner physischen, sondern auch in seiner spirituellen Lebensweise vorzunehmen. Gesunde Veränderungen des Lebensstils und der spirituellen Praxis sind parallel verlaufende

Straßen, die zum selben Ziel führen, und jede Straße muß jeden Tag befahren werden. Einem Teilnehmer an einem meiner Workshops, Jeff, gelang es, diese beiden Wege zu verfolgen. Im jungen Alter von 24 Jahren wurde bei Jeff ein Herzleiden festgestellt. Zu der Zeit betrieb er aktiv Sport und Bodybuilding und hatte gerade eine Computerfirma gegründet. Bei seiner Diagnose ging es hauptsächlich darum, daß er ein »Loch« im Herzen hatte, was ihm und seiner Familie natürlich einen Schock versetzte.

Vor seiner Diagnose hatte Jeff sich nicht für Spiritualität interessiert. Aber nachdem er von seinem Leiden erfahren hatte, informierte er sich so umfassend wie möglich über Ernährung und die geeigneten körperlichen Übungen bei seinem Problem. Aber wie er es ausdrückte: »Ich erinnere mich nicht einmal daran, daß in dieser Zeit ein spiritueller Begriff zu meinem Wortschatz gehörte.« Eines Nachts, als er kurz vor dem Einschlafen war, hörte Jeff eine Stimme, die sagte: »Vertraue mir.« Als er mir von diesem Vorfall erzählte, beschrieb er diese Stimme als laut und gleichzeitig leise. Der einzige Gedanke, den er fassen konnte, war: »Wem vertrauen? Wer spricht zu mir?«

Am nächsten Tag ging Jeff die Stimme nicht aus dem Kopf – auch nicht am übernächsten Tag und am Tag darauf. Nachdem er eine Woche lang über diese Anweisung nachgedacht hatte, kam er bei seinem täglichen Spaziergang an einer Kirche vorbei. »Ich habe nicht einmal darauf geachtet, zu welcher Konfession die Kirche gehörte«, erinnerte er sich. »Ich weiß nur noch, daß ich hineinging und in der ersten Bankreihe Platz nahm. Ich betrachtete das Kreuz, das an der Wand hing, und fragte laut: ›Hast du mit mir geredet?‹ Und dann wußte ich plötzlich, daß es so war.«

Als Jeff die Kirche verließ, war er mit dem tiefen Glauben erfüllt, daß eine göttliche Kraft daran beteiligt war, was mit ihm geschah. Er begann, ein tägliches Gebetsritual durchzuführen und die Gesellschaft von Menschen zu suchen, die »die Sprache der Spiritualität sprechen«. Eine der verblüffendsten Erfahrungen, die er mit seinen neuen Bekanntschaften machte, war die, daß niemand die Glaubwürdigkeit seines Erlebnisses mit der nächtlichen Stimme in Frage stellte. Tatsächlich, so erzählte er, betrachteten sie es so, als ob es die normalste Sache der Welt wäre.

Jeff lernte Meditation und Visualisierung und schöpfte aus vielen Büchern zu spirituellen Themen Trost. Obwohl er zuvor nie in Betracht gezogen hatte, daß er seinen Geist ebenso wie seinen Körper pflegen müsse, widmete er sich nun jeden Tag dieser Aufgabe. Er gelangte sogar an einen Punkt, an dem er glaubte, daß er nicht mehr vor der Herausforderung stand, ob er leben oder sterben würde. Vielmehr war es für ihn von Belang, wie gut er sich beiden Möglichkeiten stellen konnte, ohne zu wissen, was vor ihm lag.

Binnen zwei Jahren war Jeff von seinem Herzleiden völlig geheilt, zur großen Überraschung seiner Ärzte, die ihm mitteilten, daß es in solchen Fällen wie dem seinen sehr selten zur Genesung käme. Um diese Zeit war er an einem Ort der tiefen inneren Zufriedenheit angelangt. »Bei der Arbeit kommen Leute zu mir, um sich zu beruhigen. Sie erzählen mir, daß das Gespräch mit mir ihnen zu helfen scheint, Dinge klarer zu sehen und sich über kleine Vorfälle, die jeden Tag passieren, nicht so aufzuregen. Ich fühle mich wie ein Berater oder Therapeut. Das ist zwar schön, aber ich habe nie damit gerechnet, daß ich einmal diese Rolle spielen werde. Ich glaube, daß ich Menschen genau auf diese Weise helfen sollte, indem ich ihnen ruhig und gelassen positive Gedanken und die Hoffnung gebe, daß der morgige Tag ein besserer sein wird. Symbolisch gesehen glaube ich heute, daß meine Krankheit aus diesem Grund ein Herzleiden war. Ich denke, sie hat mir das Herz geöffnet.«

Krankheit, persönliche Intimität und die Angst vor Heilung

Echte Heilung ist eine der erschreckendsten Reisen, die man unternehmen kann. Einigen Menschen kann eine Krankheit ein Gefühl von physischer Sicherheit vermitteln, was sie die Geschwindigkeit verringern läßt, mit der sich ihr Leben bewegt oder verändert. Überdies kann eine Krankheit die Sicherheit bieten, sich seinen inneren Fragen nicht stellen oder sich nicht ändern zu müssen. Und wie ich bereits erwähnt habe, können Sie im Falle einer schweren Erkrankung ein Maß an Teilnahme und Aufmerksamkeit von anderen erfahren, das Ihnen andernfalls nicht zuteil wird. Diese ganze wunderbare Fürsorge und Beachtung kann verführerisch sein und Sie auf subtile Weise zu der Überzeugung bringen, daß Sie das alles verlieren werden, wenn Sie jemals wieder gesund werden.

Ich habe bereits darauf hingewiesen, daß wir mit dem Studium der Archetypen, sobald sie in der Erforschung unseres Selbst und unserer Lebensmuster zum Vorschein kommen, die größten und hellsten Räume des menschlichen Bewußtseins betreten können. Jedoch kann ich jetzt zugeben, daß ich persönlich erst so dachte, als eine Krankheit mich zwang, mich meinen eigenen Mustern und Ängsten zu stellen. Auf dieser langen, schmerzhaften Reise entwickelte ich die intuitive Fähigkeit, diese Muster bei anderen Menschen wahrzunehmen.

1982 zog ich nach New Hampshire, um mit zwei Partnern den Buchverlag *Stillpoint Publishing Company* zu gründen. Wie ich bereits in Kapitel 1 erwähnte, wollten wir drei uns auf Bücher spezialisieren, die zum menschlichen Bewußtsein beitragen. Dies stellte für mich jedoch ein berufliches Ziel dar und keine persönliche Verpflichtung zu einem bewußteren Leben. Bevor ich mit ganzheitlicher Medizin zu tun bekam, hatte ich als Journalistin in Chicago gearbeitet und mich vollkommener Gesundheit erfreut – und dabei ein ungesundes Leben geführt. Ich rauchte, trank literweise Kaffee, trieb keinen Sport und machte mir überhaupt keine Gedanken darüber, was ich aß. Zwar trank ich keinen Alkohol und nahm auch keine Drogen, aber in Anbetracht meiner sonstigen Lebensweise hatte ich bestimmt auch so genügend Gifte in meinem System. Kurz nachdem ich nach New Hampshire gezogen war, begann ich an chronischen Schmerzen im unteren Rücken zu leiden. Die Schmerzen wurden so stark, daß ich manchmal zweimal am Tag meine Chiropraktikerin aufsuchen mußte. Ich bin ihr noch heute dankbar dafür, daß sie für mich ihre Gebühren senkte, weil ich so oft kam – eine Art Mengenrabatt.

Außerdem bekam ich chronische Kopfschmerzen – Migräne, sinus- und streßbedingte Kopfschmerzen. Manchmal hielten sie einen Tag an, manchmal eine Woche. Ich erinnere mich besonders an einen Anfall, der fünf Wochen ununterbrochen anhielt. Ich dachte, das sei der schlimmste Anfall gewesen, den ich jemals haben würde, aber ich sollte mich irren. Ein paar Jahre später bekam ich Kopfschmerzen, die mich vier Monate lang – Anfang Mai bis Ende August – fortwährend quälten.

Bei Beginn dieses Kopfschmerzmusters entwickelte ich zudem ein chronisches Müdigkeitssyndrom (CFS). Im nachhinein überrascht mich das nicht mehr, da wir drei praktisch rund um die Uhr arbeiteten, um unsere Firmenidee zu verwirklichen. Als Folge der Stunden, die wir aufblieben, und der ständigen Schmerzen, die ich hatte, wurden meine Schlafmuster unregelmäßig. Oft verbrachte ich die halbe Nacht damit, mich vor Schmerzen zu übergeben, und dann ging ich am nächsten Tag in einem äußerst geschwächten Zustand ins Büro und arbeitete weitere zehn oder zwölf Stunden, während ich eine Tasse Kaffee nach der anderen trank, um mich wach zu halten.

Um diese Zeit herum wurde der Archetypus des »verletzten Kindes« in Büchern und auf dem psychologischen Marktplatz populär. Ich hörte ständig Leuten zu, die ihr inneres Kind beschrieben und die Schuld für ihre Verhaltensmuster den Wunden gaben, die ihr inneres Kind noch nicht verarbeitet hatte. Ich hielt sie alle für verrückt, und in Anbetracht meiner Neigung zu schonungslos offenen Bemerkungen sagte ich ihnen das auch oft – was mir den Ruf einbrachte, die Person zu sein, mit der man *nicht* in einer Krise spricht.

Auf dem Höhepunkt meines chronischen Müdigkeitssyndroms schlug eine sehr enge und gute Freundin, Sally, mir vor, mich einem Heiler vorzustellen, den sie ziemlich gut kannte. »Und was wird er für mich tun?« fragte ich auf meine taktvolle Weise. Sie antwortete, daß er mit seinen Händen heilen könne. Ich sagte ihr – wieder mit schonungsloser Offenheit –, was ich von diesem Vorschlag hielt, und wir ließen das Thema fallen, bis ich eines Tages nicht mehr aufstehen konnte. An diesem Morgen rief ich Sally an und bat sie, einen Termin für mich bei diesem Heiler zu vereinbaren. Ich fügte hinzu, daß sie mich abholen müsse, weil ich zum Autofahren zu schwach sei.

Eine Stunde nach diesem Telefongespräch waren wir auf dem Weg zu ihrem Heiler. Während der ganzen Fahrt erzählte mir Sally von seiner Fähigkeit und ihrem Vertrauen zu ihm. Als wir das Häuschen erreichten, das er als seine Praxis eingerichtet hatte, rief er mich in sein Behandlungszimmer hinein. Er fragte mich, was nicht in Ordnung sei, und ich antwortete, daß ich keine Energie mehr habe und einfach eine »Starthilfe« brauche. Er sah mir in die Augen, und dann sah er über meinen Kopf hinweg. Nachdem er diese Augenbewegung ungefähr dreimal durchgeführt hatte, lehnte er sich in seinem

Sessel zurück und verschränkte die Arme. »Ich lehne es ab, Ihnen zu helfen«, verkündete er mir. Dann brachte er mich zur Tür und bemerkte dabei, daß ich ihn wieder aufsuchen würde. Ich sagte zu ihm, er solle zur Hölle gehen, und dann verließ ich seine Praxis mit dem Gefühl, von Gott völlig aufgegeben und einsamer zu sein, als ich zu beschreiben vermag.
Sally war schockiert, als ich ihr erzählte, was passiert war. Während der Heimfahrt entschuldigte sie sich unentwegt für sein Verhalten, und obwohl ich ihr versicherte, daß es nicht ihre Schuld sei, konnte ich sehen, daß sie sich schuldig fühlte. Wir schwiegen einige Minuten, und dann meinte Sally mit leiser Stimme: »Ich glaube, du mußt dich mit deinem inneren Kind in Verbindung setzen.«
Das war natürlich das Schlimmste, was sie zu mir hätte sagen können, und zweifellos war es der ungünstigste Zeitpunkt. »Ich will kein Wort mehr über diesen Unsinn mit dem inneren Kind hören!« schrie ich fast. »Mein inneres Kind – wenn es so etwas überhaupt gibt – ist nicht verletzt. Ich hatte *keine* schlechte Kindheit, ich komme *nicht* aus zerrütteten Familienverhältnissen, meine Eltern lieben sich immer noch innig, und sie haben meine Brüder und mich immer geliebt. Also wie soll dann dieses innere Kind von mir Wunden bekommen haben?«
Sally wies darauf hin, daß Wunden in vielen Formen in der Kindheit entstehen und wir alle irgendeine Form von Wunde in unseren frühen Jahren erhalten, gleichgültig, wie glücklich meine Kindheit verlaufen zu sein schien. Ich machte sie darauf aufmerksam, daß sich in ihrem Kopf zuviel Unsinn ansammeln würde, und sagte, sie solle damit aufhören.
Nachdem sie mich zu Hause abgesetzt hatte, ging ich in mein Schlafzimmer, ließ mich auf mein Bett fallen und versank in tiefes Selbstmitleid. Ich fand, daß ich das Recht hatte, mir leid zu tun, denn während ich mein Leben damit verbrachte, anderen durch die Veröffentlichung von Büchern über alternati-

ve Gesundheitspraktiken zu helfen, ließ mich die ganze alternative Welt im Stich, wenn ich Hilfe am nötigsten hatte.
Ungefähr zehn Tage lang blieb ich im schwarzen Loch des Selbstmitleids. Als Sally den Schock genügend verdaut hatte, um den Heiler nach dem Grund zu fragen, warum er mir nicht helfen wollte, erklärte er ihr, daß eine Präsenz, die hinter mir gestanden hätte, ihm verboten habe, mich zu berühren. Diese bizarre Offenbarung, die Sally mir daraufhin erzählte, trug kaum dazu bei, meine Niedergeschlagenheit aufzulösen. Aber einige Tage später erfuhr eine Gruppe von Schülern, die mit diesem Mann zusammenarbeitete, daß er neben seiner sogenannten Heilpraxis einige seiner Klientinnen belästigt hatte. Als ich das hörte, erfüllte mich der Gedanke mit Ehrfurcht, daß ich genau zu der Zeit, in der ich mich so verlassen gefühlt hatte, in Wirklichkeit beschützt worden war. Aber trotz dieses recht bemerkenswerten Vorfalls war ich noch immer außerstande, gesund zu werden, und mein Selbstmitleid kehrte bald zurück.
Ab 1985 wurde ich, eine aufstrebende medizinisch Intuitive im Verlagswesen, im Raum von New England gebeten, Vorträge über den Zusammenhang zwischen Energie und Krankheit zu halten. Kurz darauf sollte ich im Norden von New Hampshire einen Workshop für eine Gruppe von Zahnärzten leiten. Zu meiner Lehrmethode gehört die Anwendung von Fallgeschichten und Anekdoten von Leuten, mit denen ich gearbeitet hatte. Doch weil zu der Zeit in meiner Laufbahn meine Erfahrungen mit anderen noch ziemlich begrenzt waren, sprach ich über meine eigenen Krankheiten. Ein besonders verständnisvoller Zahnarzt hob seine Hand, nachdem ich eine Weile über mich geredet hatte. »Wie kommt es«, fragte er, »daß jemand in Ihrem Alter so viele Kinderkrankheiten durchgemacht hat?«
Mich überkam das Gefühl, als ob dieses innere Kind, von dem

ich dachte, daß ich keines hätte, direkt aus meinem Solarplexus herausgesprungen wäre, mir geradewegs in die Augen sehen und ins Gesicht lachen würde, als wollte es sagen: »Und die ganze Zeit hat du geglaubt, daß *du* dein Leben ›schmeißen‹ würdest! Nun, Kleine, denk noch einmal darüber nach.« Ich war wie betäubt, außer Fassung, verwirrt und fasziniert, und das alles gleichzeitig. Als der Workshop vorrüber war, dachte ich über diese Erfahrung und seine Bedeutung nach. Ich begann mich ernsthaft mit meinem inneren Kind auseinanderzusetzen, und mit der Zeit vermochte ich Bereiche in meinem Leben zu erkennen, die einer weiteren Erforschung bedurften.

Meine Kopfschmerzen verschwanden jedoch nicht, und Ende der achtziger Jahre glaubte ich, daß ich sie nie mehr loswerden würde. Die ganze Zeit über unterrichtete ich immer mehr Menschen in Workshops überall in den Vereinigten Staaten, und meine Veranstaltungen kreisten um das Thema, daß es möglich ist, jede Krankheit zu heilen. Wenn ich diese Worte laut vor einer Gruppe aussprach, dachte ich für mich: »Abgesehen von mir.« Wenn ich von einem Podium abtrat, fühlte ich mich oft wie eine Schwindlerin oder zumindest wie jemand in einem Zustand des tiefen Konflikts. Obwohl ich wirklich von dem überzeugt war, was ich lehrte, konnte ich mich anscheinend nicht mit der Macht verbinden, die meinen Worten und Ideen zugrunde lag. Ich fühlte mich ein wenig wie ein *Pandit*, ein indischer Gelehrter, der die hinduistischen Schriften und die Feinheiten der mystischen Praxis studiert und interpretiert, aber selten die Verwirklichung dieser Lehren anstrebt. Kurzum, ich war außerstande, Heilarbeit für mich zu leisten.

Im August 1988 mußte ich mich einer relativ unkomplizierten Nasenoperation unterziehen. Dafür fuhr ich nach Chicago, meiner Heimatstadt, weil ich Ruhe brauchte. Ich wußte, daß ich nach dem Eingriff aussehen würde, als hätte man mich überfallen, und ich hielt es für weise, die Genesungszeit bei meinen Eltern zu verbringen. Zwei Wochen nach der Operation, die erfolgreich verlaufen war, kehrte ich in mein Bauernhaus in New Hampshire zurück. Kaum war ich in mein Haus eingetreten, als meine Nase, zuerst langsam, zu bluten anfing. Ich fand das merkwürdig, weil ich noch nie Nasenbluten gehabt hatte, auch als Kind nicht.

Die Blutung wurde rasch immer stärker, und das Blut strömte aus meiner Nase und meine Kehle hinunter. Ich lief ins Badezimmer und erbrach Blut überall an die Wände und auf den Boden. Ich rief meine Nachbarn Karol und Ray an, die mich in ihr Haus brachten, mich auf ihrem Sofa stützten und mir eine riesige Schüssel gaben, um das Blut aufzufangen, das aus mir herausfloß. Karol sagte zu mir mit ihrer lieblichen mütterlichen Stimme: »Entspann dich jetzt einfach, meine Liebe. Niemand stirbt an einer blutenden Nase.«

Nachdem die Blutung weitere vierzig Minuten angehalten hatte, hörte ich, wie Ray Karol zuflüsterte: »Wir müssen einen Krankenwagen anrufen.« Als die Rettungssanitäter ankamen, war ich zu schwach, um mich zu bewegen. Man trug mich in den Krankenwagen, wo mich zwei Frauen bereits erwarteten, um mich auf dem Weg ins Krankenhaus zu versorgen. Ich mußte aufrecht sitzen, weil ich inzwischen fast an dem Blut erstickte, das meine Kehle hinunterfloß. Dabei hörte ich eine der Frauen die andere fragen: »Meinst du, sie wird es schaffen?«

Bei dieser Bemerkung sah ich aus dem Fenster des Krankenwagens, und dann fiel mein Kopf in die Schale mit dem Blut auf meinem Schoß. Auf einmal schwebte ich außerhalb des Wagens und sah durch das Fenster diese zwei Frauen, die verzweifelt versuchten, meinen Kopf aus der Schale zu heben. Irgendwie wußte ich, daß ich entweder tot war oder eine Nahtoderfahrung hatte. Ich trieb vom Krankenwagen weg und entfernte mich immer weiter von der Erde in den Weltraum hinein. Plötzlich fühlte ich mich von einer liebevollen und seltsam vertrauten Präsenz umarmt, die zu mir sagte, daß es für mich noch nicht an der Zeit sei, heimzukehren, und ich zurückkehren müsse, weil ich noch Aufgaben zu erledigen hätte.

Mir wurden einige Bilder von dem gezeigt, was noch alles vor mir lag, die jedoch verschwommen waren und fast durchscheinend wirkten. Als ich gerade zurückgehen wollte, konnte ich meinen Körper sehen, der aber inzwischen nicht größer aussah als ein Sandkorn. Wie ich so im Raum schwebte, kam es mir vor, als wäre ich so groß wie die Unendlichkeit selbst, und ich stellte die naheliegende Frage: »Wie soll ich denn in diesen Körper zurückkehren? Ich werde doch nicht hineinpassen.«

Mir kam blitzartig das Bild von einem Dschinn, der in eine Flasche eintritt, ins Bewußtsein, und in diesem Augenblick wurde ich wie magnetisch in meinen Körper hineingezogen, während ich die ganze Zeit über dachte: »Ist das die Bedeutung des Bildes von einem Dschinn in einer Flasche? Ist es der Geist, der in den Körper eintritt?«

Nach dieser Erfahrung beschäftigte ich mich noch intensiver mit meinem inneren Kind. Dabei wurde mir klar, daß der Grund, warum ich nicht nach innen gehen wollte, meine Angst vor alten Gefühlen war, so als wäre das Hineinschauen in mein Inneres wie das Öffnen einer jahrtausendelang vergrabenen Kiste. Verschiedene Bilder stiegen in meinem Bewußtsein auf. Die Qualität meiner Träume änderte sich von recht gewöhnlichen, die alltägliche Ereignisse wieder aufwärmten, zu Bildern, die ein verängstigtes Kind zeigten, das versucht, sich selbstsicher in einer Welt von Erwachsenen zu bewegen. Allmählich wurde mir klar, daß ich mich mein ganzes Erwachsenenleben lang bis zu diesem Augenblick so gefühlt hatte. Als ich begann, das Ausmaß meines Gefühls von Unzulänglichkeit zu erfassen, war ich imstande zu verstehen, warum ich in den meisten meiner beruflichen Beziehungen immer die Rolle des »Kindes« zu spielen schien. Ich hatte überhaupt keine Ahnung, was persönliche Grenzen bedeuten, und auf herausfordernde Situationen reagierte ich oft mit sarkastischen Äußerungen – eine unreife Kommunikationsmethode, die ich entwickelt hatte, weil ich noch nicht gelernt hatte, wie ich mich für mich selbst einsetzen konnte. Wenn ich meine physischen Probleme heilen wollte, das erkannte ich jetzt, mußte ich mich zuerst meinem inneren Kind stellen und die Muster der Angst heilen, die dieser Archetypus in meinem Bewußtsein repräsentierte.

Ich wollte diese innere Arbeit nicht tun – erstens, weil ich wußte, daß sie nicht leicht sein würde, und zweitens, weil ich auf eine lange Reise gefaßt sein mußte, deren Ende nicht abzusehen sein würde. Beim Schreiben dieser Zeilen habe ich dieses Ende auch noch nicht erreicht, aber ich bin viele Meilen vom Anfang entfernt. Durch diese Erfahrung verband ich mich schließlich doch noch mit der heilenden Energie, die so viele Jahre lang unerreichbar zu sein schien. Anstatt lediglich an die Existenz von archetypischen Energien zu *glauben*, *weiß* ich heute, daß sie real sind. Ich weiß, daß sie nicht einfach abstrakte Gebilde sind, dazu erfunden, um imaginäre Kräfte zu beschreiben, die in uns am Werke sind. Diese durchaus realen Energien existieren in wirklich allen unseren Gedanken und Erfahrungen.

Viele von uns fürchten sich davor, so wie es mir erging, mit unserem inneren Selbst vertraut zu werden. Demütigend und erniedrigend, wie es ist, erleuchtend und phantastisch, wie es sein kann, ist eine solche Intimität dennoch eine Erfahrung, die für die Heilung nun einmal unbedingt erforderlich ist.

Heilung erfordert, wenn sonst nichts anderes, persönliche Ehrlichkeit, und es gibt wenig, was intimer ist.

Die Bedingungen dafür, gesund zu werden

Bewaffnet mit dem Wissen um meinen eigenen Widerstand gegen die Reise der Heilung, beschloß ich, die Teilnehmer meines nächsten Workshops zu fragen, wie wichtig es ihnen sei, gesund zu werden. Zuerst antworteten alle ganz enthusiastisch, daß diesem Ziel nichts im Wege stünde. Aber weil sie so schnell und begeistert geantwortet hatten, war mir klar, daß etwas nicht stimmen konnte; ihre Antwort war mental gewesen, nicht emotional. Die emotionale Ebene offenbart unsere wahren Gefühle.

Ich beschloß, sie auf die Probe zu stellen, und forderte sie auf, sich präzise über die möglichen Änderungen im Lebensstil zu äußern, die vorzunehmen sie bereit wären, um gesund zu werden. Heilung hat ihren Preis, und dieser ähnelt in vielerlei Hinsicht der Antwort auf eine andere Frage, die ich hätte stellen können: »Was sind Sie gewillt aufzugeben, um Gott zu begegnen?« Abraham wurde aufgefordert, seinen Sohn zu opfern. Die Forderung, etwas aufzugeben – also nicht mehr einer physischen Autorität zu gehorchen, sondern sich dem Göttlichen zuzuwenden –, es ist die Prüfung unseres Vertrauens zum Göttlichen. Diese Prüfung taucht immer wieder auf, sobald wir einer neuen Herausforderung in unserem Leben begegnen. Wir werden nicht nur einmal geprüft; wir werden unentwegt mit der Frage konfrontiert: »Welche Welt ist es, der du vertraust, deine oder meine?«

Mit diesen Hintergedanken stellte ich der Gruppe eine Reihe von Fragen, von denen jede darauf hinzielte, den Grad der Verpflichtung auszuloten.

»Wenn es für die Heilung erforderlich wäre, Ihren Job zu wechseln, wären Sie dazu bereit?«
Die meisten Teilnehmer antworteten mit Ja.
»Wenn es für die Heilung erforderlich wäre, in einen anderen Teil des Landes zu ziehen, wären Sie dazu bereit?«
Wieder antworteten die meisten mit Ja.
»Wenn es für die Heilung erforderlich wäre, die meisten Ihrer Einstellungen gegenüber anderen und sich selbst zu ändern, wären Sie dazu bereit?«
Jetzt wurde die Gruppe vorsichtiger und nachdenklicher. Die Antworten gingen diesmal weiter auseinander. Einige sagten, sie fänden nicht, daß ihre Einstellungen so sehr geändert werden müßten. Andere meinten, daß sie es mal versuchen würden, falls ein solches Maß an Veränderung notwendig sei.
»Wenn es für die Heilung erforderlich wäre, alle Ihre physischen Gewohnheiten zu ändern, sich beispielsweise im Essen zu beschränken und Ihrem Tagesablauf ein intensives Trainingsprogramm hinzuzufügen, wären Sie dazu bereit?«
Wieder waren die Teilnehmer vorsichtig in ihren Antworten. Einige sagten, daß sie bestimmte Dinge nicht aufgeben wollten und auch den Grund dafür nicht einsehen könnten. Und in Hinblick auf den Gedanken, ein tägliches Trainingsprogramm zu absolvieren, sagten mehrere, daß ihnen die Zeit fehle, so gern sie auch ein solches Training in ihr Leben integrieren würden.
»Wenn es für die Heilung erforderlich wäre, längere Zeit allein zu sein, daß Sie sich vielleicht auf ein ausgedehntes Retreat einlassen müssen, um sich Ihrer Schattenseite stellen zu können, wären Sie dazu bereit?«
Jetzt wurden die Antworten interessanter. Einige Teilnehmer wurden sogar abwehrend: »Warum müßte ich so etwas tun?« wollten sie wissen. Andere lehnten diese Möglichkeit kategorisch ab – so als würden sie befürchten, daß sie sich durch

eine bejahende Antwort für ein drei Monate langes Retreat direkt nach dem Workshop verpflichten würden.

»Wenn es für die Heilung Ihrer emotionalen und psychologischen Natur erforderlich wäre, daß Sie eine physische Krankheit durchmachen, vielleicht eine lange und schwierige, als das Mittel, um mit diesen problematischen Teilen von Ihnen in Berührung zu kommen, würden Sie diese Herausforderung akzeptieren?«

Die meisten antworteten mit Nein. Einige sagten, daß sie es vielleicht akzeptieren würden, wenn ihnen nichts anderes übrigbliebe. Nur einer erwiderte: »Auf jeden Fall.«

»Wenn es für das Ziel, wieder gesund zu werden, erforderlich wäre, daß Sie alles, was Ihnen vertraut ist, aufgeben müssen – Heim, Ehepartner, Arbeit –, was würden Sie dazu sagen?«

Diesmal fiel die Gruppe in Schweigen. Niemand wollte antworten. Ich wußte, daß sie sich fürchteten. Auf meine Frage, wovor sie Angst hatten, antworteten einige von ihnen langsam mit Gegenfragen, die sich wie folgt zusammenfassen lassen: »Warum verlangt die Heilung von einer Krankheit so viel Verlust und Arbeit? Warum kann sie nicht einfach sein?«

Ich erklärte ihnen, daß es mir bei diesen Fragen nicht darum ging, sie zu ängstigen oder den Eindruck zu erwecken, daß die Reise zur Gesundheit einem Gang über heiße Kohlen gleiche. Vielmehr sollten diese Fragen veranschaulichen, daß wir in uns – ob wir uns dessen bewußt sind oder nicht – die Bedingungen tragen, unter denen wir uns mit unserem Leben vorwärtsbewegen, einschließlich des Ziels, uns von einer Krankheit zu heilen. Die Beantwortung dieser Fragen war für sie offensichtlich einschüchternd gewesen, selbst wenn sie sich in einem Zustand relativ guter Gesundheit befanden.

Eine Frau namens Meg, bei der ich kürzlich eine Gesundheitseinschätzung vornahm, litt an ständigen extrem starken Schmerzen im mittleren Rückenbereich. Außerdem spürte sie ein Brennen in beiden Oberschenkeln, und diese Empfindung war so heftig, daß das Fleisch sogar aussah, als läge eine Verbrennung dritten Grades vor. Ihre Füße waren derart angeschwollen, daß sie nicht mehr laufen konnte. Zur Zeit unseres Gesprächs war ihre Stimme schwach; offenbar hatte sie vorher geweint. Als ich ihre Energie bewertete, spürte ich, daß sie gerade eine Trennung von einem Mann durchgemacht hatte, in den sie leidenschaftlich verliebt war, jemand, von dem sie fest geglaubt hatte, er sei ihr Lebenspartner. Symbolisch gesehen stellte er jemand dar, auf den sie »bauen« konnte. In einer ziemlich verworrenen Weise bestätigte Meg meine Wahrnehmung und erklärte, sie habe sich gerade von einem Mann getrennt, mit dem sie zwei Jahre zusammengewesen war, und irgendwie, aber nicht wirklich gehofft, daß sich aus dieser Beziehung eine Heirat ergeben würde.

Ich fragte sie, ob sie sich in der Beziehung sexuell unzulänglich gefühlt hätte, weil ein äußerst starkes Gefühl von Unzulänglichkeit mit ihrem Dilemma zusammenzuhängen schien. Sie verneinte das. Ich erwiderte, daß irgendein starkes Gefühl von Unzulänglichkeit Teil dieser Situation sein müsse, in Anbetracht der Stelle ihrer Rückenschmerzen und des intensiven Brennens, das sie in ihren Beinen spürte. Daraufhin sagte sie: »Ich hatte seiner Meinung nach nicht genug Geld. Er wollte eine Millionärin haben, und ich kann kaum meine eigenen Rechnungen begleichen.«

Trotz seiner Einstellung und ihrer Krankheit sah Meg ihn noch immer. »Er kommt jeden Tag, um nach mir zu sehen. Und ich bin auf ihn angewiesen, weil ich dort, wo ich lebe, niemanden habe, der mir helfen kann.«

Ich legte Meg ein Profil der »Bedingungen« dar, die für ihre Heilung vielleicht nötig sein würden. Die erste war, aus ihrer Gegend wegzuziehen, wo sie ohne Unterstützung von ihrer Familie oder Freunden lebte, oder zumindest diesen Mann

nicht wiederzusehen. Sie meinte, daß für sie beides nicht möglich sei, besonders die Bedingung, ihn nie mehr wiederzusehen.
Ich fragte sie dann, ob sie glaube, daß gesund zu werden bedeuten würde, daß dieser Mann keinen Grund mehr habe, sie zu besuchen. Meg antwortete so schnell, daß sie sich vermutlich nicht darüber im klaren war, was sie da eigentlich sagte. »Ich darf nicht gesund werden. Er würde mich verlassen und eine andere finden, und was wird dann aus mir?«
Ich forderte Meg auf, sie solle versuchen, ihre Situation symbolisch zu betrachten und sich vorzustellen, daß ihr Exfreund ihre Angst davor verkörpert, in vorgerücktem Alter allein zu sein, da sie bereits in den Fünfzigern war. Ich legte ihr nahe, daß sie sich zuversichtlicher und gesünder fühlen würde, wenn sie sich dieser Angst stellen und lernen könnte, sich auf sich selbst zu verlassen. Dann könnte sie vielleicht auch einen Partner von gleicher Stärke anziehen. Ich bat sie, sich vorzustellen, daß sie den Mythos von einer »Maid in Not, die auf ihren Ritter in glänzender Rüstung wartet« lebt, der kommen und sie in seine sichere Burg führen wird. Und anstatt ihren Exfreund als den Ritter zu sehen, sollte sie sich selbst in dieser Rolle vorstellen.
Sie konnte weder sich noch ihren Exfreund auf diese Weise symbolisch sehen. »Er ist nicht in meiner Vorstellung. Er ist real. Was sollte es mir denn auch nützen, ihn mir symbolisch vorzustellen?«
Meg war so fest im Stammesbewußtsein verankert, daß ich mit ihr nur mittels ihrer Stammessprache kommunizieren konnte. Ich schlug ihr also vor, »vorübergehend« bei einem Familienangehörigen einzuziehen, der ihr helfen könnte, ihre Rückenbeschwerden auszukurieren, auch wenn ihre Geschwister in anderen Bundesstaaten lebten. Von dem Wort *vorübergehend* beruhigt, sagte sie, sie werde darüber nachdenken.

Nicht jeder ist derart von seiner Stammesenergie eingeschränkt. Ein Mann namens Ted schrieb mir in einem Brief, daß er, nachdem er sich meinen Vortrag über die Bedingungen, die wir der Heilung auferlegen, angehört hatte, sich ernsthaft mit seinen eigenen Bedingungen auseinandergesetzt habe. Durch diese Selbstanalyse erkannte Ted, daß sich sein Prostatakrebs wahrscheinlich zum Teil aufgrund seiner Angst davor, daß seine Familie von seiner Homosexualität erfahren könnte, entwickelt hatte. Diesen Aspekt seines Lebens hatte er immer geheimgehalten, weil er glaubte, seine Familie würde sich seiner schämen, falls sie es herausfinden sollte. Ihm wurde außerdem klar, daß seine Angst vor ihrer Scham teilweise auf sein eigenes Unbehagen über seine Sexualität zurückzuführen war und daß er seine eigene Heilung behinderte, solange er sich nicht als Homosexueller bekennen würde.

Also lud Ted seine Familie zum Abendessen ein, und nach dem Essen fragte er sie, ob es irgendwelche Bedingungen gäbe, unter denen sie ihn nicht mehr lieben würde. Diese Frage schockierte alle, und dann fragte seine Schwester: »Meinst du damit, ob wir dich noch immer lieben würden, wenn du uns sagen würdest, daß du schwul bist?«

Ted war von ihrer Antwort und der lässigen Art, wie sie sich äußerte, ganz verblüfft. »Ja«, sagte er, »genau das meine ich.«

»Und dann«, schrieb Ted mir in dem Brief, »sagte meine Schwester: ›Das wissen wir bereits. Das ist keine große Sache. Gibt es noch etwas, das du uns sagen willst? Ich meine, raubst du Banken aus oder so?‹ Ich begann gleichzeitig zu lachen und zu weinen. In mir wallten die stärksten Gefühle von Liebe und Dankbarkeit für meine Familie auf. Ich kann Ihnen gar nicht sagen, wie sehr ich meine Eltern und diese verrückte Schwester von mir liebe. Und danach hatte ich das

Gefühl, als ob die Heilung meines Körpers ebenfalls ›keine große Sache‹ sein wird, um es in den Worten meiner Schwester auszudrücken.«

Wir können uns nicht von ernsten oder chronischen Krankheiten heilen, ohne irgendeinen Teil unseres Lebensmusters zu ändern, und eine Änderung ist zweifellos die erschreckendste Herausforderung in der Heilung. Natürlich sind nicht alle Veränderungen schwierig, furchterregend oder schmerzlich. Viele sind sogar wirklich angenehm, wie zum Beispiel sein Leben in einem weniger hektischen Tempo zu führen und sich mehr Freizeit zu gönnen. Sich ein regelmäßiges Sportprogramm anzugewöhnen und seine Ernährung auf gesunde Lebensmittel umzustellen kann ebenfalls angenehm sein, sobald diese Aktivitäten zu einem natürlichen Teil seines Lebens werden. Aber diese Veränderungen sind alle physisch oder stammesbezogen.

Angst kommt erst ins Spiel, wenn die Ebene der Veränderung das persönliche Reich erfaßt. Dann müssen wir untersuchen, was für uns emotional, psychologisch und spirituell nicht funktioniert. Auf dieser Ebene fangen wir an, eine Einstellung zur Heilung zu entwickeln, die auf Vorbehalt und Verhandeln basiert.

Als ich die Teilnehmer und Teilnehmerinnen an meinem Workshop fragte, welche Veränderungen sie für die Heilung bereitwillig vornehmen würden, kam die aufschlußreichste Antwort von einer Frau, die ich hier Marta nennen will. »Ich möchte nicht ganztägig arbeiten müssen«, erklärte sie, »weil ich meine freie Zeit zu sehr genieße. Und ich möchte gern mehr Urlaub haben. Außerdem möchte ich viel reisen können, weil das zu meinen Lieblingsbeschäftigungen gehört. Und natürlich möchte ich nicht, daß meine Ehe in die Brüche geht oder ich meine Kinder verlassen müßte. Das betrachte ich als völlig unannehmbar.« Bei den meisten Dingen, die sie aufzählte,

handelte es sich nicht um Aspekte ihres Lebens, die sie für die Heilung opfern würde, sondern es waren Wünsche nach Dingen, die sie überhaupt nicht hatte.
Als Marta fertig war, stiegen die meisten Gruppenmitglieder mit ähnlichen Äußerungen ein und brachten eine Abneigung dagegen zum Ausdruck, überhaupt etwas für die Heilung aufzugeben. Martas Offenheit hatte ihnen die Erlaubnis gegeben, sich von den positiven Antworten zurückzuziehen, die sie zuvor zaghaft gegeben hatten. Sie waren erleichtert, der Möglichkeit ausweichen zu können, sich unangenehmer und schwerer Entscheidungen gegenüberzusehen.
Leider können Sie keine eigenen Bedingungen für die Heilung stellen. Den richtigen Weg zur Heilung zu finden erfordert alles oder nichts. Sobald Sie Bedingungen für die Heilung stellen, erreichen Sie nur eine bedingte Heilung.

Abhängigkeit und die Annahme, daß jemand anders es für Sie erledigen kann

Wir sind von Natur aus abhängige Wesen – was nicht unbedingt schlecht ist. Es ist beruhigend zu wissen, daß wir uns auf andere verlassen können und umgekehrt sie sich auf uns. Wir lernen das als Stammeswesen und sammeln schwächere Mitglieder um uns, um sie zu beschützen. Heilung ist jedoch eine der Lebensherausforderungen – vielleicht die äußerste Herausforderung –, der wir uns letzten Endes ganz allein stellen müssen. Zweifellos können andere ihre Unterstützung anbieten, aber nur der oder die Kranke kann die härteste und schwierigste Arbeit vollenden.
Die positiven Einstellungen, die Menschen Ihnen gegenüber während Ihrer Heilung hegen, sind einfach nicht stark genug, daß sich Ihr Körper physisch erholt, besonders wenn Sie von

all den Ängsten überschwemmt werden, die eine Krankheit hervorrufen kann, oder sich passiv verhalten. Eine Frau, die ich auf einem Workshop kennenlernte, hatte Lupus (Hauttuberkulose) und schwere Depressionen. Ich sprach mit ihr über die Notwendigkeit, ein gewisses Maß an Hoffnung wiederzufinden. »Ich überlasse es teilweise meinen Freunden und meiner Kirche, zu hoffen«, sagte sie. »Ich habe einfach genug damit zu tun, morgens aufzustehen.«

Das ist ein klassisches Beispiel für eine Person, die sich auf den Stammeswillen verläßt, daß dieser ihre innere Arbeit erledigt. Trotz des ganzen Trostes, den Freunde und die Familie bringen können, wird diese Macht vermindert, wenn der Empfänger nicht versucht, sich selbst zu helfen.

In einer anderen Situation empfahl ich einem Mann, der versuchte, Prostatakrebs und Depressionen in den Griff zu bekommen, sich täglich eine Stunde »Depression« zu gestatten. In dieser Stunde, so sagte ich ihm, solle er sich erlauben, zu weinen, zu schreien oder auf eine Matratze einzuschlagen – alles, um die Wut, Angst und Trauer loszulassen, die zu der Kraft der Depression beitragen. Aber nach dieser Stunde sollte er sich mit einem Gebet, mit Meditation oder einer erbaulichen Lektüre befassen, um sich an einen Ort der Hoffnung zurückzubringen. Auf diese Weise würde er, wenn er sich mit seinen Freunden oder Familienmitgliedern traf und ihre liebevolle und positive Unterstützung erhielt, weitaus eher in der Lage sein, die starke Energie zu absorbieren, die sie auf sein System übertrugen.

So sehr wir es uns auch wünschen, daß andere imstande sind, für uns unser Bett zu nehmen und hinzugehen«, sie können es nicht. Wir können immer für die Liebe und Unterstützung anderer offen sein, aber die eigentliche Arbeit, die verrichtet werden muß, kann nur aus unserem Inneren kommen.

Komplementäre Behandlungsmethoden

Die Diagnose einer Krankheit kann verständlicherweise große Bestürzung hervorrufen. Wie wenn Sie in einem fremden Land aufwachen, in das gereist zu sein Sie sich nicht erinnern, können Sie durchaus das Gefühl haben, daß Sie nicht wissen, was Sie tun sollen oder an wen Sie sich wenden können. Dabei hilft es nicht, wenn Sie sich verschließen. Seien Sie offen für wirklich jede Möglichkeit, die sich Ihnen bietet. Seit dem Auftauchen des ganzheitlichen Heilungsansatzes ist es in Kreisen der alternativen Medizin populär geworden, die allopathische Medizin nur negativ zu beurteilen. Tatsächlich stehen viele Leute, die an einem alternativen Heilungsprogramm beteiligt sind, jeglicher Unterstützung von seiten der herkömmlichen Medizin fast feindselig gegenüber. Langfristig gesehen kann sich das als ein Fehler erweisen. Starke negative Gefühle über oder Ängste vor der allopathischen Medizin sind kein Grund, um diese auszuschließen. Wenn Sie ständig bemüht sind, vor der herkömmlichen Medizin davonzulaufen, könnten Sie darüber vergessen, sich auf die Besserung Ihrer Gesundheit hinzubewegen. Wenn Sie sich zur ganzheitlichen Behandlung entschließen, sollten Sie auf jeden Fall vorher das ganze Spektrum der in beiden medizinischen Arenen verfügbaren Möglichkeiten ernsthaft untersucht haben. Denken Sie daran, daß es in vielen Fällen am effektivsten ist, das Beste aus beiden Welten zu kombinieren.

Jedenfalls ist es nicht länger begründet oder sinnvoll, ein Feindbild von der allopathischen Medizin aufrechtzuerhalten. Auch wenn die etablierte Ärzteschaft sich anfänglich gegen alternative Heilweisen sträubte, hat sie in den vergangenen Jahren doch einen bedeutenden Wandel vollzogen und sich für andere Therapieformen geöffnet. Dazu gehören beispielsweise die Reflexzonenbehandlung, Chiropraktik, Massage und Akupunktur, die Behandlung mit Vitaminen, Enzymen, Aminosäuren und anderen lebenswichtigen Ergänzungsstoffen und die Anwendung von Nährstofftherapien zur Bekämpfung der freien Radikalen, der chemischen Verbindungen im Körper, die die Entwicklung von Krankheiten fördern. Glücklicherweise haben die allopathische und die komplementäre Medizin angefangen, sich auf eine Weise zusammenzutun, welche die für das Wassermann-Zeitalter charakteristische Vereinigung von Gegensätzen widerspiegelt. Der Vorteil, offen für beide medizinische Richtungen zu bleiben, liegt in einem viel breiteren Spektrum von Heilenergie, aus dem man wählen kann.

Um bei dem Stichwort Wahl zu bleiben: Die weiseste Entscheidung, die Sie treffen können, wenn Ihnen eine erste Diagnose vorliegt, ist es, eine zweite und gar dritte ärztliche Meinung einzuholen. Bedenken Sie, daß jeder Arzt andere Erfahrungen bei der Behandlung von jeder Krankheit macht, so daß wahrscheinlich jeder andere Vermutungen äußern wird. Auch wenn dies Ihre Entscheidungsfindung zuerst komplizierter zu machen scheint, ist es auf die Dauer hilfreicher, weil Sie so auch eine Auswahl an Möglichkeiten haben. Als ich wegen meiner Kopfschmerzen, einschließlich Migräne, Hilfe suchte, stieß ich auf einen Arzt, der »Experte« in der Behandlung von Sinuskopfschmerzen war. Nachdem er mich untersucht hatte, sagte er – und das sagte er wortwörtlich: »Ich kann nichts für Sie tun. Sie haben nichts, worauf Sie sich freuen können, außer einem Leben ständiger Schmerzen.« Hätte ich auf ihn gehört, hätte mich das »umgehauen«, ganz zu schweigen davon, daß seine Worte meinem Bewußtsein einen äußerst negativen Gedanken eingepflanzt hätten.

Statt dessen beschloß ich, andere medizinische Quellen, sowohl allopathische als auch ganzheitliche, heranzuziehen, und kombinierte dann das Beste aus allem für mein Behandlungsprogramm. Indem ich den Rat eines wunderbaren Arztes und eines begabten Chiropraktikers befolgte, fand ich schließlich einen Weg aus einem Leiden, das mit jahrelangen Schmerzen einhergegangen war. Aber ich mußte über die Prognose des ersten Arztes hinaussehen. Diese Erfahrung lehrte mich, wie empfänglich wir doch für die Meinung der sogenannten Fachleute sind. Aber eine Meinung ist bloß die Wahrnehmung einer Person und sollte in keiner Situation als das »letzte Wort« aufgefaßt werden.

Viele Frauen, die mit der Diagnose von Brust- oder Eierstocktumor konfrontiert werden, verweigern sich einer Operation, sie wollen sich nicht »aufschneiden« lassen. Cindy, eine Frau, die ich vor einigen Jahren kennenlernte, beschloß, ihren bösartigen Brusttumor mit allen verfügbaren alternativen Therapien behandeln zu lassen. Das besonders Grausame an diesem Tumor war, daß er ihre Haut durchdrang, was ständige Blutungen und unerträgliche Schmerzen hervorrief. Als keines der von ihr gewählten Heilverfahren zu einer Besserung führte, suchte sie einen Arzt auf, der auf eine sanfte Chemotherapie in Verbindung mit verschiedenen energetischen Behandlungsmethoden spezialisiert war. Ihr Tumor bildete sich um fünfzig Prozent zurück. Doch nach zwei Monaten war er wieder aufgetaucht, und überdies hatten sich andere Wucherungen gebildet.

Cindy kehrte daraufhin zu dem Arzt zurück, der geholfen hatte, ihren Tumor zum Schrumpfen zu bringen, und obwohl er sie wieder behandelte, legte er ihr auch nahe, daß sie diese Wucherungen operativ entfernen lassen müsse. Sie weigerte sich, diese Möglichkeit überhaupt in Betracht zu ziehen. Sie glaubte, daß ihr Geist und ihre Seele stark genug seien, um die Krankheit zu besiegen. Als ich die Gelegenheit hatte, mit ihr zu arbeiten, erhielt ich den sehr starken Eindruck, daß der größte Teil ihrer Energie eigentlich nicht in ihrem Körper war,

sondern in ihrer Ehe, die dabei war zu scheitern. Sie erzählte, daß ihr Mann und seine Familie ihr wachsendes Interesse für Selbstentfaltung scharf kritisiert hätten. Tatsächlich war die häusliche Atmosphäre so unerträglich geworden, daß sie schließlich ausgezogen war. In der Hoffnung auf Versöhnung unternahm sie in den folgenden Monaten Versuche, sich mit ihrem Mann zu treffen, die jedoch abgelehnt wurden. Das hatte bei ihr den Eindruck hinterlassen, daß er sich in Wirklichkeit vor langer Zeit ihren Auszug gewünscht, aber nicht den Mut aufgebracht hatte, ihr das direkt zu sagen; und so hatte er sie praktisch gezwungen, diese Entscheidung zu treffen, indem er ihr das Leben mit ihm unerträglich gemacht hatte. Weil sie diejenige war, die ausgezogen war, hatte es den Anschein, als wäre sie es auch, die nun die Scheidung wollte.
Ich erklärte Cindy, daß sie die Energie, die sie für ihre eigene Heilung benötigte, auf die Heilung ihrer Ehe lenkte. Ihr Körper sprach auf alle ihre Bemühungen, gesund zu werden, nicht an, weil die geringe Energie, die dafür übrigblieb, nicht stark genug war, um zusammen mit den natürlichen Behandlungsweisen zu wirken. Es wäre viel hilfreicher für sie, so riet ich ihr, wenn sie mit Hilfe eines Therapeuten daran arbeiten würde, die Wut loszulassen, die sie im Innern gegen ihren Mann und seine Familie hegte, und sich mit ihrem eigenen Leben weiterzubewegen. Da ihre Wut und ihre Ehesituation ihre Lebenskraft völlig verzehrten, mußte sie eine allopathische Behandlung erwägen. Die Entscheidung dafür wäre sehr schwierig für sie, weil sie damit vor ihrem Ehemann und seinem »Stamm« anscheinend zugeben würde, daß sie schon immer mit ihrer Meinung über ihr »verrücktes« Interesse für Persönlichkeitsentwicklung recht gehabt hätten. Trotzdem mußte sie es tun.
Um einen Übergang in unserem Leben zu vollziehen, müssen wir etwas aus unserer Vergangenheit loslassen – ein symboli-

sches Erleichtern unserer Energie. In Cindys Fall bedeutete das Loslassen ihrer Vergangenheit, einen Stamm zu verlassen, der die Person, zu der sie werden wollte, nicht unterstützen konnte. Als ich ihr das erklärte, ergab das symbolisch gesehen für sie einen Sinn, aber sie konnte keine emotionale Verbindung mit dem Bild herstellen. Während ihr Geist großen Trost in der Vorstellung fand, in die persönliche Macht einzutreten, vermochte ihre Energie nicht den Übergang zu vollziehen. Schließlich breitete sich der Krebs in ihrem ganzen Körper aus, und sie starb ein Jahr nach ihrer ersten Diagnose.

In einem Workshop, den ich vor zwei Jahren durchführte, berichtete eine Frau namens Mary über ihren Heilungsprozeß. Als bei ihr Schilddrüsenkrebs festgestellt wurde, empfahl ihr Arzt, sie solle sich einer Strahlentherapie unterziehen. Sie sagte, sie wolle darüber nachdenken. »Zuerst ängstigte mich alles, was er sagte«, erzählte sie im Workshop. »Ich konnte mir kein Bild davon machen, bestrahlt zu werden. Ich hatte mir das immer so vorgestellt, als würde einem die Haut vom Körper weggebrannt. Ich war mit alternativen Heilmethoden sehr vertraut, aber nicht speziell bei Schilddrüsenkrebs. Also zog ich mehrere ganzheitliche Ärzte zu Rate und fragte sie, welche Erfolge sie in der Behandlung anderer Patienten mit diesem Leiden zu verzeichnen hätten. Sie teilten mir ihre Erfolgsgeschichten mit, berichteten aber auch von den Patienten, deren Krebs sich verbreitet hatte. Die Quote der Erfolge und Mißerfolge schien ungefähr gleich zu sein. Ich war wohl enttäuscht, weil ich erwartet hatte, von ihnen zu hören, daß alle ihre Patienten geheilt worden seien, was, wie ich heute zugebe, völlig unrealistisch meinerseits war.

Je länger ich über meine Situation nachdachte, um so mehr fand ich, daß es für mich vielleicht am besten wäre, den Rat beider medizinischer Richtungen anzunehmen und sie miteinander zu verbinden, und genau das habe ich getan. Ich unterzog mich der Strahlenbehandlung und ließ mich akupunktieren, machte eine Therapie, stellte meine Ernährung um und praktizierte Yoga – also alles, wobei ich ein gutes Gefühl hatte. Nach sechs Monaten berichtete mir mein Arzt, daß mein Krebs sich zurückbilde. Ich sagte ihm, daß ich das Wort *geheilt* vorziehen würde, und er antwortete: ›Das würde ich wohl auch.‹«

Im Grunde ist es am weisesten, für alle positiven Heilmethoden aufgeschlossen zu bleiben, seien sie allopathisch oder ganzheitlich. Jede Behandlung, die Ihre Heilung fördern und Ihrem Körper Hoffnung und Kraft zurückgeben kann, ist überlegenswert.

Sie können mit Hilfe von Visualisierung sämtliche Bestandteile Ihres Heilungsprogramms zusammenziehen. Die wirksamste Visualisierung, mit der ich in diesem Zusammenhang je gearbeitet habe, beginnt damit, daß Sie sich ein Rad mit vielen Speichen vorstellen. Denken Sie an jede einzelne Speiche als eine der Heilmöglichkeiten, die Sie gewählt haben. Lassen Sie beispielsweise eine Speiche »Gebet« sein, eine andere »Gesprächstherapie«, die nächste »Akupunktur«, »Selbsthilfegruppe«, »therapeutische Berührung«, »erfahrener Arzt« und so weiter. Sie können die tatsächlichen Begriffe oder ein Bild, das diese bestimmte Heilweise symbolisiert, für jede Speiche visualisieren.

Stellen Sie sich jetzt vor, daß Sie selbst mitten in diesem Rad liegen oder sitzen. Lassen Sie das Rad langsam um sich herum drehen. Visualisieren Sie die Energie, die von all diesen Heilmethoden zusammen in Ihr System einströmt – nicht als gesonderte Disziplinen, sondern als eine gewaltige, integrierte Struktur, die gemeinsam ihre Kraft in Ihr System ausstrahlt. Vielleicht finden Sie Musik im Hintergrund hilfreich, um sich die Bewegung dieses Rades besser vorstellen zu können. Lassen Sie sich in die Kraft des Windes hineintreiben, der durch

die Drehbewegung entsteht, ein Wind, der Ihren physischen Körper schmelzen läßt und Ihrem System jedes Gift und jede Spur von Krankheit entzieht.
Eine solche Visualisierung ist sehr wirksam, da durch das Bild des sich drehenden Rades tatsächlich Wärme in Ihrem Körper erzeugt werden kann, eine greifbare Manifestation heilsamer Energie.

Widerstehen Sie der Versuchung, die Sprache der Wundologie zu sprechen

Bevor wir uns den Methoden zuwenden, die Ihnen helfen können, sich selbst zu heilen, möchte ich Ihre Aufmerksamkeit zurück auf das Thema lenken, das ich anfangs behandelt hatte: die Sprache der Wundologie und ihre Gefahren (vgl. Kapitel 1).
Es gibt nur wenige Situationen im Leben, in denen man sich noch einsamer fühlt, als wenn man jeden Abend im Bett liegt mit der Angst, daß man nie wieder gesund werden wird. Als Reaktion darauf kann eine starke Verbindung, die mit dem Archetypus des »Märtyrers« oder des »Opfers« hergestellt wird, hypnotisch werden, während die Versuchung, von Ihrer Unterstützung abhängig zu werden, gleichermaßen machtvoll ist.
Die Geschichte von Belle wurde mir von ihrem Ehemann erzählt, der sich an mich wandte, weil er mit seiner Weisheit am Ende war. Belle hatte sich drei Monate zuvor ein Bein gebrochen. Inzwischen, sagte er, sollte sie eigentlich wieder auf den Beinen sein. Doch kurz vor ihrem Beinbruch hatte Belle ihrer Familie verkündet, daß sie nicht länger die Rolle der Hausfrau spielen werde. Sie würde nicht mehr kochen und putzen oder irgendwelche anderen Hausarbeiten für ihren Mann und ihre vier Kinder – zwei Teenager und zwei jüngere – erledigen. Nachdem sie sich das Bein gebrochen hatte, bestand ihr

Tagesablauf darin, sich morgens anzuziehen, in demselben Sessel im Wohnzimmer Platz zu nehmen und zu lesen oder fernzusehen. Sie lachte über ihre Situation und sagte zu ihrer Familie: »Seht ihr, sogar Gott will, daß ich mich jetzt einfach nur schone. Er ist mit meiner Entscheidung einverstanden, und mein gebrochenes Bein ist der Beweis dafür.«
Belles Mann versuchte, ihr gut zuzureden, aber es war vergeblich. Er versprach, mit ihr einen wunderbaren Urlaub zu machen – der seine finanziellen Mittel beträchtlich überschreiten würde –, aber selbst das vermochte sie nicht von ihrem Platz in diesem Sessel zu bewegen.
Dann sagte er den Kindern, sie sollten mit dem Putzen und Kochen aufhören, um zu sehen, ob sie das motivieren würde. Aber das einzige, was geschah, war, daß im Haus alles drunter und drüber ging, und schließlich hatte er genug davon, mit den Kindern immer zur Imbißbude zu gehen. Nichts funktionierte. Er sagte, daß er sich sogar überlegt habe, mit den Kindern auszuziehen, aber diese Möglichkeit hatte er fallenlassen, weil er es sich wirklich nicht leisten konnte, zwei Haushalte zu unterhalten.
Ich bot diesem Mann eine symbolische Sicht von seiner Frau an. Ich glaubte eigentlich nicht, daß es viel nützen würde, aber ich wußte nicht, was ich ihm sonst sagen sollte – und meine Idee könnte, so dachte ich, die trostlose Situation doch zumindest mit ein wenig Humor würzen. Ich sagte ihm, er solle an sie als eine faule Königin denken. Die Familie sollte ihr überhaupt keine Beachtung mehr schenken und sich statt dessen auf sich selbst konzentrieren und zusammen vergnügen, während die »Königin« allein auf ihrem Thron sitzen blieb. Vielleicht wäre sie dann motiviert, wieder Teil der Familie sein zu wollen, wenn diese sie von ihren vergnüglichen Aktivitäten ausschloß, denn Verantwortung hatte zweifellos wenig Anreiz für sie. Er lachte einen Moment über die Vorstellung

von ihr als fauler Königin und sagte, daß es vollkommen zu ihr passen würde. Aber er bezweifelte, ob sie Familienspaß reizvoller fände als ihre Bücher und ihr Fernsehen.
»Dann schaffen Sie den Fernseher aus dem Haus«, schlug ich vor. »Mit anderen Worten, schränken Sie die Größe ihres ›Hofes‹ ein, das könnte ihr Vergnügen einschränken. Wenn muntere Möglichkeiten sie nicht motivieren, dann wird Langeweile vielleicht wirksamer sein.«
Er dachte kurz nach und meinte dann, daß er den Fernseher ins Untergeschoß stellen würde. So könnten die Kinder ihn weiterhin benutzen, und wenn Belle fernsehen wollte, müßte sie zumindest die Treppe hinuntergehen. Damit endete unser Gespräch.
Vermutlich hat dieser Plan funktioniert, denn der Mann meldete sich nicht mehr bei mir, aber der Ausgang dieser Geschichte ist weniger wichtig als die Art und Weise, auf die sie drastisch die Macht der Wundologie veranschaulicht, um andere zu kontrollieren.
In einem anderen Workshop erzählte ein Mann namens Julio seine Geschichte von seinem Kampf mit Depressionen und wie es ihm gelungen war, diese dank der Entschlossenheit seiner Frau, ihm zu helfen, zu überwinden. Julio hatte regelmäßig depressive Schübe, die in den Wintermonaten besonders stark auftraten. Wenn er sich in einem solchen Zustand befand, verbrachte er die Wochenenden meistens im Bett, stand nur für die Mahlzeiten auf und saß dann mit leerem Blick vor dem Fernseher, während er aß. Seine Frau versuchte alles mögliche, um ihm zu helfen, seinen Zustand in den Griff zu bekommen. Sie schlug vor, ins Restaurant oder ins Kino zu gehen oder übers Wochenende wegzufahren, einfach um aus der Wohnung zu kommen, aber er schmetterte ihre Vorschläge immer ab.
»Schließlich«, erzählte Julio, »ging sie an die Decke. Sie sag-

te zu mir, daß ich ein egozentrischer Langweiler geworden sei und es sie nicht mehr interessiere, wie depressiv ich sei. Sie wollte ein erfülltes Leben leben, mit mir oder ohne mich. Sie begann, mit Freunden auszugehen, nicht nur an den Wochenenden, sondern auch oft in der Woche. Die Hälfte der Zeit hatte ich keine Ahnung, wo sie war.

Wenn sie nach Hause kam, erzählte sie mir, daß sie sich großartig amüsiert habe, und fragte dann, ob ich meinen Abend vor dem Fernseher genossen hätte. Als nächstes erklärte sie mir, daß ich sie nicht mehr erregen könne, und zog aus unserem Schlafzimmer aus. Sie sagte sogar, daß ich inzwischen rund um die Uhr ein Langweiler sei. Ich sagte ihr, daß ich mehr Zeit brauche, um gesund zu werden, worauf sie entgegnete: ›Und ich brauche die Zeit, um nicht krank zu werden, und das bedeutet, daß ich dir aus dem Weg gehen muß. Nimm dir also soviel Zeit, wie du brauchst, weil ich diese leeren Stellen, die ich früher mit dir geteilt habe, aufgefüllt habe. Und weißt du was? Mit jedem Tag, der vergeht, vermisse ich dich immer weniger, weil du kein Mensch bist, den man sehr vermissen kann.‹

Zuerst verletzten mich ihre Äußerungen, und dann bekam ich es mit der Angst zu tun. Ich konnte den Gedanken, sie zu verlieren, nicht ertragen, und so beschloß ich einfach, mich zusammenzureißen, auch wenn ich so tun müßte, als hätte ich keine Depressionen mehr. Ich zwang mich dazu, mit ihr auszugehen und mit ihr gemeinsam etwas zu unternehmen. Anfangs fiel mir das sehr, sehr schwer, weil ich immer noch so deprimiert war. Es fühlte sich künstlich an, so zu tun, als wäre ich es nicht, aber mir blieb nichts anderes übrig. Schließlich heilte jedoch meine Entschlossenheit wirklich meine Krankheit, weil ich anfing zu spüren, daß ich für meine Stimmungen verantwortlich bin. Wenn ich jetzt merke, daß ein Stimmungsumschwung auf mich zukommt, ist es mir bewußt, daß ich die Wahl habe, dagegen anzugehen. Und das habe ich meiner Frau zu verdanken.«

Wenn Menschen zulassen, daß ein anderer Mensch, ein »Opfer«, sie aufgrund einer Verletzung oder Krankheit kontrolliert, oder wenn Opfer ihr persönliches Leiden nach einer äußeren Ursache ausrichten, verstärken sie negative Stammesmacht. Diese Macht umfaßt nicht nur die Opfer, sondern die meisten Menschen, die vielleicht glauben, daß sie helfen, aber in Wirklichkeit die Negativität des Opfers unterstützen.

Vor einigen Jahren lernte ich einen Mann kennen, der mir erzählte, daß er am Golfkrieg-Syndrom leide. Tyrones Körper wurde von Monat zu Monat schwächer. Ihm waren die Haare übermäßig stark ausgefallen, und er hatte chronische Schmerzen am ganzen Körper, hauptsächlich in den Beinen, was das Laufen sehr erschwerte. Er sagte, daß sein Leiden ungefähr sechs Monate nach seiner Rückkehr vom Krieg angefangen habe.

»Die Armee hat mir das angetan«, erklärte Tyrone, »und diese Bastarde wollen es nicht zugeben. Ich sollte von ihnen nicht nur finanzielle Entschädigung erhalten, weil ich nicht mehr arbeiten kann, sondern auch eine öffentliche Entschuldigung dafür, was sie mir und all den anderen Jungs damals angetan haben. Wir sind nämlich viele, wissen Sie. Ich bin nicht der einzige. Aber als ich zur Behandlung ins Militärkrankenhaus ging und den Ärzten sagte, daß ich und viele andere Jungs, die in diesem Krieg waren, das Golfkrieg-Syndrom hätten, gaben sie mir zur Antwort, daß es diese Krankheit nicht gäbe. Wissen Sie, was das bedeutet? Das bedeutet, daß ich mir das alles nur einbilde. Also fragte ich sie: ›Nun, wenn es nicht das Golfkrieg-Syndrom ist, was zum Teufel ist es dann?‹ Sie antworteten, daß sie sich nicht sicher seien, schlugen aber vor, ich solle viel Vitamine einnehmen, mich besser ernähren und mir einen Therapeuten suchen. Mit anderen Worten, sie sagten mir, ich sei verrückt.«

Ich sagte zu Tyrone, daß meiner Meinung nach die Beleidigung nicht so sehr das Problem sei, sondern vielmehr seine Wut und die Tatsache, daß er mit seinem Leiden sein Gefühl ausdrücke, vom Militär verraten worden zu sein – von der Stammesmacht, mit der er sich am meisten identifizierte. Er räumte ein, daß er sich von der Armee ganz und gar verraten und im Stich gelassen gefühlt habe. Jetzt fühle er sich verpflichtet, sie dazu zu bringen, öffentlich zu bekennen, daß durch ihren Einsatz von chemischen Waffen ihre eigenen Soldaten krank geworden seien. Er sammelte die Namen und Adressen aller anderen Männer und Frauen, die an der gleichen Krankheit litten. Er wollte, daß sie sich mit ihm zusammentun, um sich an die Medien wenden zu können, die wiederum Druck auf das Militär ausüben könnten, damit dieses die Wahrheit zugäbe. Er hatte die volle Unterstützung seiner Frau, die alles tat, was in ihrer Macht stand, um ihm zu helfen, der Öffentlichkeit die Realität des Golfkrieg-Syndroms nahezubringen.

Ich fragte Tyrone, welches Ziel stärker sei, der Wunsch, sich zu heilen, oder das Bedürfnis, zu beweisen, daß die Armee ihren eigenen Leuten Gewalt angetan habe. Er erwiderte, daß er beide Ziele verfolge, und er fragte sich, warum er nicht mit beiden erfolgreich sein könne.

Ich legte ihm dar, daß, um beide Ziele erreichen zu können, er seine geistige Haltung ändern müsse; anstatt seinen »Stammeskrieg« zu führen, sollte er zuerst alles unternehmen, was ihm möglich sei, um sich zu heilen. Er würde weit mehr Unterstützung bei denen finden, die auch diese Krankheit hätten, wenn er zu einer Person würde, die sich erfolgreich von dem Leiden geheilt hätte, an dem alle litten. Dann würden alle wissen wollen, wie es ihm gelungen sei, seine Gesundheit zurückzugewinnen.

Tyrone meinte, daß ihm diese Möglichkeit zwar sinnvoll erscheine, aber daß er im Falle einer Heilung keinen physischen Beweis mehr dafür hätte, diese Krankheit jemals gehabt zu haben, und ihm folglich niemand glauben würde – am allerwenigsten das Militär.

Ich wies darauf hin, daß, wenn er entschlossen sei, mit der gleichen Geschwindigkeit wie seine »verletzten Stammeskameraden« gesund zu werden, er in Wirklichkeit die Geschwindigkeit und die Erfolgsquote seiner Genesung auf die seines ganzen Stammes abstimmen würde. Die Wahl, im Tempo einer Gruppe gesund zu werden, ist immer riskant, weil dieser Weg mental und energetisch schwer zu begehen ist. Und wenn er nicht genesen würde, von welchem Nutzen würden dann seine Bemühungen auf lange Sicht sein?

Ich wußte zwar, daß das, was ich zu Tyrone gesagt hatte, mental bei ihm ankam, aber ich konnte auch sehen, daß sein Herz der Sache für seine verwundeten Stammeskameraden verschrieben blieb. Ich bezweifelte nicht, daß er weiterhin versuchen würde, den führenden Militärs die Realität seiner Krankheit zu beweisen, anstatt seine Energie auf die Heilung seines Körpers zu richten. Da er darauf vorbereitet war, für seine Sache zu sterben, typisch für den Archetypus des »Märtyrers«, käme für ihn eine Neuausrichtung einem Verrat an seinem verwundeten Stamm gleich.

Lassen Sie mich noch einmal betonen, daß die Unterstützung einer Gruppe für die Heilung des einzelnen unentbehrlich ist, aber es muß die Art von Unterstützung sein, die die Entwicklung in eine positive Richtung fördert. Das sieht in der Praxis so aus, daß Sie sich ein paar Stunden oder einen Tag pro Woche mit Ihren traurigen, überwältigenden und oft bedrückenden Emotionen über Ihre Krankheit beschäftigen dürfen, aber sich danach wieder die Energie der Hoffnung zu eigen machen. Dann wird die liebevolle Unterstützung von Freunden und Familienangehörigen zusammen mit medizinischer Intervention am wirksamsten – das kann die Reise leichter machen und hilft Ihnen dabei, Ihren Weg zum Licht zu finden.

Nun wollen wir die vielen Möglichkeiten erforschen, die uns auf unserem Weg zur Heilung helfen können.

KAPITEL 6

Das heilende Feuer im Inneren entzünden

Es ist eine Sache, rein intellektuell die Schritte zu verstehen, die Sie zu Ihrer Heilung unternehmen müssen. Aber es ist etwas ganz anderes, zu verstehen, was Sie auf der emotionalen Ebene zu leisten haben. Um das heilende Feuer entzünden zu können, müssen Sie etwas von Herzen glauben. Das Herz ist der Katalysator, der die Heilung des übrigen Körpergeistes in einer Kettenreaktion auslöst.

Die größte Illusion des Neuen Zeitalters ist die, daß das intellektuelle Bewußtsein allein heilt. Glauben Sie mir, das Bewußtsein richtet nichts von selbst aus. Die Hinduisten und Buddhisten bezeichnen das, was wir um uns herum sehen und wahrnehmen, als *Maya* – Illusion. So ist es auch eine Illusion, sich ausschließlich auf das verstandesmäßige Bewußtsein zu verlassen, um seinen Körper zu heilen. Es ist genauso trügerisch, wie Kokain zur Leistungssteigerung zu nehmen, und macht in höherem Maße süchtig. Es läßt Sie denken, daß sich Ihr Leben verändert, noch während es Sie machtloser macht. Sie brauchen keine Krücke, Sie brauchen Rückgrat.

Wenn wir die Macht von Geist, Körper und Seele zu einem Willen zu heilen zusammenschließen wollen, müssen wir zuerst lernen, wie die drei in der Abbildung dargestellten Wahrnehmungsarten zu verwenden sind. Damit können wir uns – und unser Leben – ändern. Die Interpretation Ihrer Gedanken, Haltungen und Herausforderungen im Rahmen dieses dreiteiligen Modells der stammesbezogenen, persönlichen und symbolischen Sicht wird Ihnen eine große Hilfe sein, sowohl physische Probleme als auch Lebenskrisen zu meistern. Diese Möglichkeiten, das Leben zu betrachten, können Ihnen drei verschiedene Perspektiven Ihrer Heilungsherausforderung geben und ein besseres Verständnis dafür vermitteln, was mit Ihnen und in Ihnen passiert. Schon C. G. Jung sagte, daß kein Problem auf der Ebene gelöst wird, auf der es aufgetreten ist; um eine Lösung zu finden, müssen wir uns auf eine höhere Ebene begeben.

Dreiteilige Sicht

Widder **Stammesbezogen** **Äußerlich**	**Fische** **Persönlich** **Innerlich**	**Wassermann** **Symbolisch** **Archetypisch**	**(Kultur)** **(Macht)** **(Typus)**
3 Selbstachtung	**7** Bankkonto der Gnade		
2 Geld, Macht, Sex	**6** Mentale Realität	**8** Archetypische Dimension	
1 Familie	**5** Wille, Wahl		
	4 Emotion, Liebe, Vergebung		

Die drei Spalten in dem Modell stellen die drei Formen der Macht (stammesbezogen, persönlich und symbolisch) und die drei astrologischen Zeitalter, in denen sie sich entwickelten, dar. In jeder Spalte sind die mit der jeweiligen Macht übereinstimmenden Chakras und der jedem Chakra zugeordnete Lebensbereich aufgeführt. Abgesehen von dem siebten und achten Chakra sind sie ohne Erläuterung verständlich. Auf dem »Bankkonto der Gnade« oder »zellularen Bankkonto« bewahren Sie die Energie oder Gnade, die Sie brauchen, um Ihren Körper anzutreiben und zu heilen. Das achte Chakra werde ich in Kapitel 7 ausführlicher erläutern, aber im wesentlichen ist es eine Brücke zwischen unserem persönlichen Bewußtsein und dem unpersönlichen Bewußtsein der archetypischen Dimension. Es enthält archetypische Muster oder die universell anerkannten Themen oder Bilder, die eine unpersönliche Sicht der menschlichen Erfahrungen bieten, ausgehend von dem, was C. G. Jung als das kollektive Unbewußte bezeichnete. Wenn wir imstande sind, Ereignisse nicht persönlich, sondern vielmehr symbolisch zu betrachten, können wir bestimmte Archetypen erkennen, die in uns wirken, wie zum Beispiel das »verwundete Kind«, der »Befreier«, der »Held«, die »Mutter«, der »Vater«, die »weise Frau« oder der »wilde Mann«. Archetypen sind nicht grundsätzlich entweder positiv oder negativ – es sind lediglich uralte Verhaltensmuster oder -typen, denen wir zu irgendeiner gegebenen Zeit verfallen können. Wenn wir unsere Reaktion auf ein Ereignis als Widerspiegelung eines bestimmten Archetypus betrachten, können wir vermeiden, daß wir dieses Ereignis persönlich nehmen und zellulare Energie, die wir für unsere spirituelle und physische Heilung benötigen, darin investieren.

Während Sie lernen, die dreiteilige Sicht anzuwenden, sollten Sie nicht vergessen, daß es kein Denksystem nach dem Motto »gut, besser, am besten« ist. Jede Form der Macht hat etwas zu bieten, das uns helfen kann, auf ausgeglichene und bewußte Weise zu leben. Die Stammesmacht beispielsweise stimmt am stärksten mit der physischen Welt überein und ist die äußerlichste Energieform. Wir sollten uns die physische Dimension, die sie verkörpert, zu eigen machen, ebenso wie die spirituelle Dimension, und sie nicht voneinander trennen. Die Stammesmacht befähigt Sie, die Veränderungen in Ihrem Leben auf konkrete Weise zu messen – im Gegensatz zur persönlichen oder symbolischen Macht. Aber die Stammesmacht kann auch Ihre Fähigkeit zu heilen einschränken, wenn Sie in Gedanken ständig Vorbehalte haben (zum Beispiel: »Wenn dieses Medikament wirkt, kann diese Krankheit vielleicht geheilt werden«). Aus diesem Grund müssen Sie mit dieser Bewußtseinsebene sorgfältig umgehen. Sie können sich darin üben, zu denken: »Diese Heilbehandlung wird bei mir funktionieren, weil ich weiß, was mein Körper braucht.« Achten Sie darauf, ob Sie negative Stammesgedanken hegen wie: »Ich bin mir nicht sicher, ob das überhaupt etwas nützen wird.« Wenn Sie sich bei einem solchen Gedanken ertappen, wenden Sie sich bewußt an die Energie Ihres fünften Chakras (»Wille, Wahl«) und sagen Sie: »Ich wähle aus, was ich brauche.« Seien Sie zuversichtlich, daß diese Entscheidungen für Sie funktionieren werden. Wenn Sie feststellen, daß Sie denken oder glauben, daß eine Krankheit nur mit Medikamenten geheilt werden kann, müssen Sie sich an Ihre persönliche Willenskraft wenden, um beispielsweise zu entscheiden: »Alles kann geheilt werden, und ich kann vollständige Genesung erreichen.«

Die Anwendung der persönlichen und symbolischen Macht befreit Sie von den Vorurteilen und Begrenzungen Ihrer äußeren Umgebung. Die symbolische Macht ermöglicht es Ihnen, durch physische Illusionen hindurchzusehen und die Lektion zu erkennen, die Ihnen durch jede Herausforderung, der Sie sich gegenübersehen, geboten wird. Indem Sie auf eine symbolische Ebene aufsteigen, wo Zeit und Raum keinen menschlichen Begrenzungen unterworfen sind, können Sie Dinge aus dieser höheren Perspektive betrachten. Sie sind dann in der Lage, mit Hilfe persönlicher Willenskraft Ihr Vorgehen zu planen. Sie können die Energie der symbolischen Sicht in allen Aspekten Ihres Lebens einsetzen, von der Erschaffung einer neuen Arbeit bis dahin, die Vergangenheit loszulassen und sich vorwärtszubewegen.

Der erste Schritt bei der Anwendung der dreiteiligen Sicht besteht darin, daß Sie sich von negativen Glaubensmustern in Hinblick auf Heilung befreien. Erstellen Sie dazu eine Tabelle mit drei Spalten, und beschriften Sie diese Spalten mit den Namen der drei Machtformen. Bestimmen Sie zwei oder drei Ihrer Kernüberzeugungen, die sich auf die Stammes- und persönliche Wahrnehmung und Macht beziehen, und tragen Sie sie in die entsprechenden Spalten ein. Diese Überzeugungen können negativ oder positiv sein. Zum Beispiel ist die Aussage »Heilung ist schmerzlich, langwierig und schwer« ein negatives Glaubensmuster, das der Stammesmacht entspringt, und darum sollten Sie es in der Spalte »Stammesmacht« aufführen. Der Glaube »Eine Krankheit enthält eine Botschaft der Änderung für mich, und ich muß empfänglich dafür sein, welche Veränderung notwendig ist« ist eine natürliche Folge von symbolischer Macht. Denn er erzeugt einen geistigen Zustand, der einen inneren Abstand ermöglicht, um Dinge in archetypischen und nicht persönlichen Begriffen zu sehen. Also sollte dieser Glaube in die Spalte »symbolische Macht« eingetragen werden.

Zum besseren Verständnis führe ich im folgenden für jede Form der Macht zehn Überzeugungen als Beispiele an. Der Grund, warum die Stammesüberzeugungen alle negativ sind, ist der, daß die Stammeskultur eher geneigt ist, an negativen

Überzeugungen festzuhalten, als die beiden anderen, obwohl auch die persönliche Macht mit einigen ziemlich negativen Überzeugungen verbunden ist. Wenn Sie an spiritueller Sicht reifen, werden Sie besser imstande sein, die innewohnende Macht in Ihnen (persönlich) zu erkennen im Gegensatz dazu, Macht außerhalb Ihrer selbst (stammesbezogen) zu suchen.

Stammesüberzeugungen über Heilung

- Eine Krankheit ist ein langer und schmerzhafter Prozeß.
- Eine ernste Krankheit kann nicht vollständig geheilt werden.
- Nur chemische Medikamente sind wirksam.
- Eine Krankheit ist das Ergebnis von Streß, den andere Menschen mir verursacht haben.
- Ich habe mit der Entstehung dieser Krankheit nichts zu tun.
- Ich werde für ein Unrecht, das ich getan habe, bestraft.
- Eine Therapie anzufangen bedeutet, zuzugeben, daß man eine Geisteskrankheit hat.
- Mein Arzt ist für meine Genesung verantwortlich.
- Eine Krankheit hat nichts mit meinen Emotionen oder meinem seelischen Zustand zu tun.
- Für meine Heilung ist es notwendig, mit dem Göttlichen zu feilschen.

Persönliche Überzeugungen über Heilung

Die negative Seite des persönlichen Geistes

- Meine Krankheit ist die Folge von Negativität.
- Meine Krankheit muß mit einem karmischen Faktor zusammenhängen.

- Die allopathische Medizin hebt die Macht und Wirksamkeit der ganzheitlichen Medizin auf.
- Meditation und Ernährung bieten genügend Unterstützung, um meine Krankheit zu heilen.
- Meine Krankheit muß ihre Wurzel in meiner Kindheit haben, weil diese so schmerzlich war.
- Ich werde allein sein, wenn ich zu einem gesunden und starken Individuum geworden bin.

Die positive Seite des persönlichen Geistes

- Heilung ist eine spirituelle Reise.
- Mein Geist ist stärker als mein physischer Körper.
- Während ich mich durch den Heilungsprozeß durcharbeite, kommen Lektionen auf mich zu, die ich lernen muß.
- Heilung erfordert, daß ich die Verantwortung für den Prozeß übernehme.

Symbolische Überzeugungen über Heilung

- Ich bin Teil eines universellen Lebenssystems.
- Alles Leben unterstützt mein Leben.
- Die Bestimmung meiner archetypischen Muster hilft mir, meine Rolle in universellen Mustern zu erkennen.
- Das Streben nach symbolischer Bedeutung in der Erfahrung einer Krankheit unterstützt mich auf dem physischen Weg, den ich für meine Heilung beschreiten muß.
- Meine Krankheit kann eine Möglichkeit sein, um eine neue spirituelle Richtung zu bekommen.
- Die Suche nach negativen Gründen, warum eine Krankheit in mein Leben eingetreten ist, ist letzten Endes von geringem Wert. Was wirklich von Bedeutung ist, ist jede Wahl, die ich heute treffe.

- Es gibt keine falschen Entscheidungen. Jede Entscheidung, von der ich überzeugt bin, ist ein wirksames Heilmittel.
- Ich empfange fortwährend Führung über die Bedeutung und den Sinn des Lebens.
- Zeit ist eine Illusion und hat daher keine Macht im Heilungsprozeß.
- Das Alter hat keine Macht im Heilungsprozeß.

Lassen Sie uns jetzt die dreiteilige Sicht auf eine typische Stammesüberzeugung anwenden und herausfinden, wie wir sie in eine symbolische Wahrnehmung umwandeln können. Schreiben Sie die Überzeugung »Eine Krankheit ist ein langer und schmerzhafter Prozeß« in Ihre Spalte »Stammesmacht«. Dann widmen Sie sich ihr auf der symbolischen Wahrnehmungsebene, wo die Zeit keine Rolle spielt und der Schmerz ein Lehrer sein kann. Weil die symbolische Wahrnehmung die Macht dieser Stammesüberzeugung eben durch ihre andere Sichtweise auflösen kann, tragen Sie in die Spalte »symbolische Macht« folgende Aussage ein: »Heilung überschreitet die lineare Zeit. Sie kann augenblicklich eintreten.« Jetzt müssen Sie eine Brücke des Handelns errichten, um diese beiden Polaritäten miteinander zu verbinden. Und diese Brücke bauen Sie, indem Sie in Ihrer Spalte »persönliche Macht« schreiben: »Ich verpflichte mich dazu, meine Aufmerksamkeit und meinen Willen darauf zu konzentrieren, meine Energie im unsichtbaren Moment des Hier und Jetzt zu erhalten.« Das bedeutet: Immer wenn Sie sich dabei ertappen, in einen negativen Gedanken wie »Warum ist das passiert?« abzurutschen, oder jemand anderem zuhören, der einen solchen Glauben äußert, kommen Sie auf ein inneres Mantra zurück, das Sie umgehend auf den transzendenten Gedanken neu ausrichtet, daß nämlich dieser Glaube für diese Person gelten mag, aber nicht für Sie. Dieses Mantra kann so einfach sein wie: »Dieser Stammesgedanke hat keine Macht über mich.« »Ich will keinen meiner Schaltkreise mit diesem Gedanken verbinden.« »Ich will meine Energie nicht in solche Gedanken verzetteln.«

Bei Ihrem Streben danach, negative Stammes- und persönliche Überzeugungen über Heilung in symbolische umzuwandeln, liegt der Schlüssel darin, Objektivität oder inneren Abstand zu bewahren. »*Meine* Krankheitserfahrung« wird zu »*der* Krankheitserfahrung«. Es ist natürlich sehr viel mühsamer, auf der physischen Ebene etwas durch eine Krankheit zu lernen als durch die Lektüre eines Buches. Doch auf der symbolischen Ebene wird beides einfach zu Erfahrungen, durch die Sie lernen. Betrachten Sie Ihre Krankheit so, als würden Sie wieder in die Schule gehen. Selbst wenn Sie nur fünf Minuten täglich einen distanzierten Geisteszustand erreichen, kann das vollkommen genügen, um Ihren Körper mit einer Energie zu erfüllen, die der entspricht, als hätten Sie ein halbes Jahr lang in aufrichtiger Hoffnung gelebt.

Es ist nicht einfach, inneren Abstand zu gewinnen. In der westlichen Kultur ist dieser Ausdruck oft negativ besetzt, er kann eine kalte und distanzierte Haltung bezeichnen und manchmal sogar Abneigung oder Verstimmung bedeuten. In der Heilung ist es weiser, sich inneren Abstand als einen Weg vorzustellen, um sich von den Ängsten des Geistes loszulösen. Man sollte den Weg als eine Erfahrung betrachten, die man durchläuft, und nicht als eine, die das physische Leben beherrscht. Eine wirksame Methode, um zu dieser spirituellen Haltung zu gelangen, besteht darin, ein Mantra, ein Gebet oder einen Sprechgesang zu ersinnen, die helfen, sich unmittelbar auf eine transzendente Perspektive zu konzentrieren. Schließen Sie Ihre Augen, und wiederholen Sie einen Satz wie: »Ich erhebe mich in diesem Augenblick und immer über meine Ängste hinaus.« »Ängste haben keine Autorität mehr über meinen Geist.« Sie können sich an eine spirituelle Figur richten, die den Bewußtseinszustand verkörpert, nach dem Sie in diesem Augenblick streben – ob es Jesus ist oder der Buddha, Maria, Ramana Maharshi oder Theresia von Ávila. Das Mantra oder Gebet sollte nicht lang und kompliziert sein, je kürzer, desto besser; Kürze birgt Macht in sich, weil kurze Gebete leichter zu wiederholen sind.

Wenn Sie Ihre positiven und negativen Überzeugungen in die Spalten eintragen, versuchen Sie den Grad einzuschätzen, in dem Sie energetisch mit jeder negativen wie auch positiven Überzeugung verbunden sind. Der negative Glaube »Heilung ist schmerzlich, langwierig und schwer« beispielsweise kann ein beträchtliches Maß an Autorität in Ihnen innehaben, während die positivere Überzeugung »Ich bin imstande, mich von allem zu heilen« etwas sein kann, woran Sie zwar gern glauben würden, wozu Sie sich aber noch nicht voll und ganz bekennen können. In diesem Fall machen Sie sich eine Notiz, daß Sie gern einen größeren Anteil Ihrer Energie in dieses Glaubensmuster lenken möchten. Sie können außerdem Ihre Verbindung zu jeder Überzeugung näher unterscheiden, indem Sie einfach »aktiv« oder »nicht aktiv« daneben schreiben. Geben Sie sich Mühe dabei, zu differenzieren, ob eine Überzeugung nur eine intellektuelle Idee für Sie darstellt oder tatsächlich Autorität in Ihnen innehat. Wie ich bereits sagte, besitzen intellektuelle Ideen überhaupt keine Heilkraft.

Diese Übung kann nicht in einer Woche oder gar an einem Tag abgeschlossen werden. Werden Sie nicht frustriert, wenn Ihnen anfangs nur wenige Überzeugungen einfallen. Es wird sehr viel bewußte Anstrengung kosten, alle Glaubensmuster aufzudecken, an denen Sie festhalten. Gedanken und Einstellungen, die in den diversen Situationen und Gesprächen Ihres Alltagslebens aufkommen, werden Ihnen Ihre Überzeugungen vor Augen führen. Verschiedene Menschen lassen unterschiedliche Seiten von Ihnen erkennen; einige bringen die vielversprechende Seite Ihrer Persönlichkeit noch mehr zur Geltung, während andere Ihre Ängste aktivieren. Jedes Glaubensmuster ist es wert, untersucht zu werden. Führen Sie also immer ein Notizbuch bei sich, und halten Sie die Gedanken und Erinnerungen fest, die durch diesen Prozeß ausgelöst werden. Denken Sie daran, daß negative Überzeugungen gewöhnlich negative Verhaltensmuster produzieren. Gehen Sie von den Verhaltensmustern aus, die Sie beunruhigen, und arbeiten Sie rückwärts, bis Sie die ihnen zugrundeliegenden Überzeugungen erkennen. Wenn Sie zum Beispiel feststellen, daß eine immer wieder auftretende Krankheit aus einer Ernährung resultiert, die sich fast nur aus raffinierten Nahrungsmitteln und Zucker zusammensetzt, oder dadurch verschlimmert wird, können Sie dieses negative Verhalten – eben diese Ernährungsweise – vielleicht auf die Überzeugung zurückführen, daß Sie mit der Entstehung Ihrer Krankheit nichts zu tun haben.

Wenn Sie mit dieser Methode nicht weiterzukommen scheinen, versuchen Sie, mit Geschwistern oder anderen Familienmitgliedern über Einstellungen, die Sie miteinander teilen, und die Unterschiede zwischen Ihnen zu reden. Halten Sie das Gespräch neutral – Sie wollen einfach mehr über die bewußten und unbewußten Überzeugungen Ihres Stammes erfahren. Wenn Sie in einem Büro arbeiten, fragen Sie Mitarbeiter oder Kollegen, mit denen Sie ein gutes Verhältnis haben, nach solchen Überzeugungen, die Sie ihrer Meinung nach bei der Arbeit behindern oder beherrschen. Auch wenn es zunächst Überwindung kosten mag, sich an andere Menschen für eine »Wahrnehmungskontrolle« zu wenden, wird es sich als nützlich erweisen, um Ihre Gedanken über die Fragen, die im Heilungsprozeß aufkommen, in ein System zu bringen. Zum Beispiel können Sie sich in einer Arbeitssituation befinden, in der Sie das Gefühl haben, daß Sie zu einem Projekt weniger beigetragen haben als Ihre Kollegen. Ist das nun eine akkurate Einschätzung, oder sagen Sie sich das, weil Sie sich schon immer durch die Linse der Unzulänglichkeit betrachtet haben? Fragen Sie Mitarbeiter, denen Sie vertrauen können, ob sie auch so über sich – oder über Sie – denken. Falls Sie glauben, daß alles, was bei der Arbeit nicht funktioniert hat, stets Ihre Schuld ist, fragen Sie, ob sie Sie auch so sehen.

Wenn Sie einen spirituellen Lehrer haben oder einer religiösen Institution angehören, bitten Sie Ihren Priester, Pfarrer, Rabbi, Lama oder geistlichen Berater um Unterstützung dabei, beunruhigende Fragen zu ergründen, wie etwa: »Ist es mir nicht gelungen, eine Verbindung zum Göttlichen herzustellen, weil ich niemals eine kontinuierliche oder klassische spirituelle Praxis hatte?« Eine sogar noch nützlichere Frage könnte lauten: »Kann Freundlichkeit anderen gegenüber als spirituelle Praxis betrachtet werden?« Diese Fragen und die Dialoge, die sich daraus ergeben, wenn Sie auf Menschen zugehen und sie nach ihrer Meinung fragen, können Ihnen enormen Trost oder Führung dabei geben, eine positivere Richtung für sich selbst zu schaffen.

Der nächste Schritt bei der dreiteiligen Sicht besteht darin, daß Sie Ihre Beziehungen zu anderen untersuchen. Das soll Ihnen helfen, einzuschätzen, wieviel Energie Sie noch immer in Ihre Vergangenheit investieren und damit von Ihrem gegenwärtigen Leben und Ihrer gegenwärtigen Gesundheit abziehen. Ebenso wie Sie das Maß an Macht eingeschätzt haben, das Sie Ihren Überzeugungen einräumen, werden Sie jetzt die Energie beurteilen, die Sie für Ihre Beziehungen »weggeben«. Sobald Sie sich schädlicher alter Verbindungen bewußt sind, können Sie lernen, von solchen schlechten energetischen Investitionen Abstand zu nehmen. Erinnern Sie sich daran, daß Heilung eine »energetisch kostspielige« Arbeit ist, und Sie werden Ihre ganze Vitalenergie in Ihr aktuelles »Bankkonto der Gnade« umschichten müssen. Sie müssen präsent sein, um zu gewinnen – um sich zu heilen.

Führen Sie die Beziehungen in Ihrem Leben auf, die Sie irgendwie als unvollkommen empfinden, einschließlich des Namens der Person und des Grundes. Notieren Sie auch vergangene Beziehungen, ob familiär, freundschaftlich oder beruflich, wie sie Ihnen in den Sinn kommen. Sie können beispielsweise Ihre Mutter oder Ihren Vater angeben, wenn Sie noch das Gefühl haben, daß sie Sie niemals als die Person akzeptiert haben, zu der Sie geworden sind. Vielleicht starb ein Elternteil von Ihnen, als Sie ein Kind waren, was bei Ihnen ein Gefühl des Verlassenseins zurückgelassen hat, das noch nicht geheilt ist. Oder vielleicht glauben Sie, daß Sie einen Elternteil oder beide auf irgendeine Weise verletzt haben, und hegen noch immer ein tiefes Schuldgefühl. Wenn Sie meinen, daß Ihre unerledigten Angelegenheiten mit einem Elternteil sehr viel Energie fordern, notieren Sie sich diese Tatsache. Sie können Ausdrücke wie »größere Energiebelastung« oder »geringere Energiebelastung« verwenden, um zwischen den Beziehungen deutlicher zu unterscheiden.

Auf diese Weise betrachten Sie alle Beziehungen, die irgendwie einen negativen Einfluß auf Ihr Leben haben – Geschäftsfreunde, romantische Verbindungen, gescheiterte Freundschaften. Überlegen Sie, wieviel negative Energie Sie Menschen gegenüber erzeugen, die Sie beneiden oder fürchten. Achten Sie bei jeder einzelnen Beziehung darauf, daß Sie die Art von negativem Gefühl identifizieren, das Sie mit ihr assoziieren – den Grund, warum Sie noch immer Ihre Energie in ihre Richtung lenken.

Wiederholen Sie schließlich diesen Vorgang der Energiebewertung, wenn Sie irgendwelche negativen Assoziationen mit physischen Plätzen verbinden, seien es Städte, Länder, gar die Schulen, die Sie besucht haben, oder das Haus und die Nachbarschaft, wo Sie einst gelebt haben.

In der Regel werden die meisten Ihrer negativen Assoziationen in der Spalte »Stammesmacht« auftauchen. Ein Großteil des Schmerzes, den wir empfangen und hervorrufen, rührt von Problemen in unseren Kindheitsjahren, unseren Beziehungen und unserer beruflichen Tätigkeit her. Unsere Kernfragen drehen sich um Geld, Macht, Sexualität und Selbstachtung. Auch wenn die Lebensreise in hohem Maße spirituell ist, entdecken wir unseren Geist durch Erfahrungen in der physischen Welt. Je stärker und bewußter Sie in Ihrem Geist werden, um so eher können Sie diese positive Energie in das materielle Reich, in die Welt um Sie herum, Ihre Beziehungen, Ihre Familie und Ihren Beruf einbringen.

Schließlich können Sie die dreiteilige Sicht mittels derselben Methode auf Ihre Verhaltensmuster anwenden. Bei einer Form des symbolischen Denkens geht es darum, daß Sie die in Ihnen aktiven archetypischen Muster bestimmen, beispielsweise Ihr »verwundetes Kind« oder den »Befreier«. Durch die Anwendung der archetypischen Betrachtungsweise ist es Ihnen möglich, Ihr Verhalten aus einer distanzierteren und mitfühlenderen Position heraus zu erkennen. Führen Sie einige Ihrer Kernfragen hinsichtlich Geld, Sex und Macht auf. Haben Sie ein Problem damit, an Geld festzuhalten? Oder ist Sex für Sie ein Weg, um Intimität auszuweichen? Haben Sie Angst davor, Macht auszuüben, weil Ihr Vater herrisch war, oder setzen Sie sie aus demselben Grund unangemessen ein? Beachten Sie wiederum, daß die meisten dieser Verhaltensfragen zur Spalte »Stammesmacht« gehören, selbst Probleme wie beispielsweise die Unfähigkeit zu vergeben. Angenommen, Sie haben dieses Problem: Auch wenn Vergebung eine

Angelegenheit des Herzens ist (viertes Chakra), hängt der Grund für Ihre Unfähigkeit dazu wahrscheinlich mit einem Stammesproblem zusammen, sich auf irgendeine Weise verraten oder verletzt zu fühlen (erstes Chakra).

Richten Sie nun Ihre Aufmerksamkeit auf Ihre Einträge in der Spalte »Stammesmacht«. Beschreiben Sie die Ihrer Meinung nach mögliche symbolische Bedeutung einer jeden negativen Überzeugung, Beziehung oder eines jeden negativen Verhaltensmusters. Beispielsweise finden Sie in der Überzeugung »Ich helfe immer anderen, die es überhaupt nicht zu würdigen wissen, was ich für sie tue« auf symbolischer Ebene die Gelegenheit, den Archetypus des »Befreiers« in Ihnen zu verstehen – das Bedürfnis, sich heldenhaft zu opfern, um eine andere Person zu retten. Wie viele andere Archetypen auch kann der »Befreier« eine positive Rolle spielen, aber meistens führt er zu einem selbstzerstörerischen Verhalten, das als Altruismus hingestellt wird. Früher in der Menschheitsgeschichte war der Befreier ein echter Held, doch die Rettung erfolgte im allgemeinen zugunsten des Stammes und auf Kosten des Befreiers.

Wenn Sie die symbolische Bedeutung identifiziert haben, fragen Sie sich: »Was kann ich tun, um dieses Verhalten zu korrigieren, so daß es Macht und Stärke in mein System zurückbringt?« Dann schreiben Sie Ihre Antwort in die Spalte »persönliche Macht«. Eine Möglichkeit wäre beispielsweise: »Bevor ich jemandem Hilfe anbiete, werde ich eingehender meine Beweggründe dafür betrachten. Wenn es meine Motivation ist, jemanden zu retten oder zu trösten, werde ich versuchen, den Grund herauszufinden, warum ich mich so verhalten muß.« Sie könnten sich fragen: »Haben sie mich um meine Hilfe gebeten, oder habe ich mich übereilt aus meinem Bedürfnis heraus angeboten, sie dazu zu bringen, mich zu brauchen?« Bei Paaren kann diese Art von »Altruismus« die Form annehmen, daß ein Partner den anderen, einen Alkoholiker, auf eine Weise »rettet«, die es dem alkoholabhängigen Partner ermöglicht, weiterzutrinken. Oder um ein anderes Beispiel zu nennen: Ihr Partner schildert Ihnen ein Problem in der Arbeit, worauf Sie sich einmischen und Wege anbieten, um das Problem zu »lösen«, wenn er doch nur will, daß Sie ihm verständnisvoll zuhören. Ihr Partner muß es vielleicht sogar allein angehen, und Ihr Versuch, ihn zu »retten«, kann in Wirklichkeit seinen Prozeß behindern.

Wenn Sie sich diese drei unterschiedlichen Betrachtungsweisen hinsichtlich Ihrer Überzeugungen und Verhaltensweisen zu eigen machen, können Sie lernen, Probleme zu lösen und Situationen positiv zu beeinflussen. Dadurch, daß Sie die symbolische Bedeutung beispielsweise in einer Herausforderung suchen, helfen Sie, Ihre Energie von der mit dieser Herausforderung verbundenen Angst zu lösen. Durch die symbolische Wahrnehmung schaffen Sie sich Wahlmöglichkeiten, die Sie sich innerhalb der Begrenzungen der Stammessicht nicht hätten vorstellen können. Wenn Sie die symbolische Wahrnehmung in das Stammesreich oder in die Alltagswelt einführen, können Sie Ihre Umgebung leichter verändern mit dem Ziel, die Macht Ihres Körpers mit Ihrem Geist zu verbinden. Wenn Sie zum Beispiel glauben, daß Sie für irgend etwas bestraft werden, ersetzen Sie diese Überzeugung durch die symbolische Wahrnehmung: »Jede Krankheit ist eine Gelegenheit, um etwas über mich zu erfahren.«

Ihre persönliche Macht wird dann zu dem Mittel, durch das Sie ein Verhaltensmuster ins Leben rufen, das genügend konzentriert ist, um die auf der symbolischen Ebene schwingende Energie in Ihrem physischen Körper zu aktivieren.

Sie können diese drei Formen der Wahrnehmung und der Macht in allen Bereichen Ihres Lebens anwenden – um Probleme zu lösen, Konflikte in Beziehungen zu verstehen, die in Ihr Leben eintretenden Segnungen zu würdigen und zweifellos Ihren Heilungsprozeß zu verbessern. Die Spalte »Stammesmacht« ist Ihre Problemspalte; die Spalte »persönliche Macht« ist Ihre Aktivistenspalte. Unser persönlicher Wille und unsere persönlichen Handlungen sind es, die uns aus dem undifferenzierten Durcheinander des Stammesdenkens in die Welt hinein und dann durch die Welt zu unserem Geist und unserer Heilung führen. Aus diesem Grund ist es so wichtig, Schritte zu unternehmen, um fest verwurzelte negative Überzeugungen und Verhaltensweisen zu ändern und mit der Heilung voranzukommen.

Da ich mir darüber im klaren bin, daß dieses Vorgehen äußerst komplex ist, lassen Sie uns ein weiteres Beispiel durchspielen. Tragen Sie zuerst eine negative Überzeugung, Beziehung oder ein negatives Verhalten in Ihre Spalte »Stammesmacht« ein. Ein besonders bitteres Beispiel für eine Stammesüberzeugung ist die, daß bestimmte andere Rassen, Nationalitäten oder Religionen als Ihre eigene minderwertig sind. Auf irgendeine Weise fallen wir alle dieser Art von Überzeugung zum Opfer, aber dennoch existiert sie nur auf der äußeren oder physischen Ebene und hat keine symbolische Bedeutung.

Als nächstes wenden Sie sich der Spalte »symbolische Macht« zu und überlegen sich eine bedeutungsvolle Betrachtungsweise in bezug auf diese Überzeugung, Beziehung oder dieses Verhalten, um Ihre persönliche Macht zu stärken.

Bei einer Form des symbolischen Denkens wird das Problem vom Standpunkt eines universellen Prinzips aus betrachtet. Im Falle einer rassistischen oder nationalistischen Überzeugung kann es ein einfaches Prinzip wie »Alles ist eins« sein.

Beschreiben Sie nun in der Spalte »persönliche Macht« eine Verhaltensweise, die Ihnen helfen würde, den Bewußtseinswandel von stammesbezogen in symbolisch zu vollziehen. Sie können beispielsweise schreiben, daß Sie eine Selbsthilfegruppe oder einen Therapeuten suchen oder sich eine neue innere Disziplin zu eigen machen müssen, wie das Führen eines Tagebuchs, in dem Sie all die Dinge festhalten, für die Sie jeden Tag in Ihrem Leben dankbar sind. Das Ziel ist, eine Brücke zwischen den Spalten »Stammesmacht« und »symbolische Macht« zu schlagen, indem Sie sich zu einem persönlichen Handeln verpflichten, durch das Sie die von der symbolischen Gedankenebene freigesetzte positive Energie in Ihr physisches System absorbieren können.

Um auf das Beispiel mit den rassistischen und nationalistischen Überzeugungen zurückzukommen, wäre mein bester Rat der, daß Sie Ihren Wortschatz ändern: Das ist die aktive Arbeit, um sich Ihrer Sicht bewußt zu werden und sie zu ändern. Achten Sie darauf, wie Sie in bestimmten Situationen »wir« anstatt »ich« sagen. Machen Sie sich Ihre Abwehrhaltung anderen gegenüber bewußt. Fangen Sie an, Ihre Identifizierung mit Ihrer Volks- oder ethnischen Gruppe in Frage zu stellen. Fangen Sie an, an sich als ein globales und nicht als ein ethnisches Wesen zu denken und so von sich zu sprechen. Ist die steigende Arbeitslosigkeit in Japan ein kleineres Problem als in den USA? Sind ethnische Konflikte nur für afrikanische und Balkanländer ein Dilemma?

Sobald Sie ein Grundverständnis für die dreiteilige Sicht erlangt haben, setzen Sie die Methode regelmäßig ein, um Ihre Heilung zu unterstützen – sie ist ein machtvolles Werkzeug. Aber sie sollte nicht isoliert angewendet werden. Im folgenden führe ich eine Reihe anderer nützlicher Wege auf, wie Sie Ihr heilendes Feuer entzünden können – eine Macht, die, sobald sie brennt, keine Grenzen hat. Verwenden Sie einige oder alle von ihnen zusammen mit der dreiteiligen Sicht, um Ihr Heilungspotential zu maximieren.

Lernen Sie, nein zu sagen

Das Wichtigste, was Sie für sich in einer Krisensituation tun können, ist, daß Sie lernen, mit Ihrer Zeit bewußt umzugehen. Sie müssen sich selbst auf Ihrer Tagesordnung an die erste Stelle setzen. Am besten gelingt Ihnen das, wenn Sie lernen, nein zu sagen. Sie können sich nicht länger die Überzeugung leisten, etwas potentiell Lebensveränderndes zu verpassen, wenn Sie nicht überall dabei sind – ob es ein neuer Film ist, eine Party oder ein Geschäftstreffen.
Konzentrieren Sie sich auf die Tatsache, daß Sie nur jetzt hier sind und nicht wissen, was der nächste Tag bringen wird. Die Fragen sind im Prinzip die gleichen, ob Sie nun ganz gesund sind oder versuchen, gesund zu werden: »Will ich darin meine Zeit investieren? Handhabe ich das kostbare Geschenk der Zeit falsch, weil ich Angst habe, etwas zu verpassen?«
Stellen Sie sich jedesmal, wenn Sie sich in einer Lebenskrise befinden, die folgenden Fragen:

- Wer sind die wichtigsten Menschen in meinem Leben?
- Investiere ich meine Zeit in die Menschen und Dinge, die für mich von größter Bedeutung sind, sowohl im Hinblick auf Heilung als auch darauf, ein bedeutungsvolles Leben zu führen?
- Wenn nicht, was bin ich bereit dafür zu unternehmen?

Auch wenn diese einschätzenden Fragen in einer Übergangszeit – wenn Sie eine Heilungskrise oder einen »spirituellen Notstand« durchmachen – sehr viel wichtiger zu sein scheinen, sollten Sie sie sich Ihr ganzes Leben lang regelmäßig stellen. Ebenso wie Sie Ihre Energie erhalten und weise nutzen sollten, müssen Sie auch lernen, von Ihrer Zeit klugen Gebrauch zu machen. Vielleicht müssen Sie die Zeit einschränken, die Sie mit Menschen verbringen, deren Orientierung und Verhalten nicht länger mit Ihrem Heilungsbedürfnis übereinstimmen. Damit sage ich nicht, daß Sie Ihre Zeit nur noch mit anderen Krebs- oder Inzestopfern verbringen sollen, wenn Sie versuchen, sich von Krebs zu heilen oder eine Inzesterfahrung zu bewältigen. Aber wenn bestimmte Menschen in Ihrem Leben – Freunde, Familie oder Geschäftspartner – auf negative Weise reden und handeln oder Sie zu einem Verhalten ermuntern, das Ihrer Heilung nicht förderlich ist, müssen Sie sich fragen, ob Sie es sich leisten können, Zeit mit ihnen zu verbringen. Es ist möglicherweise kein ausreichender Grund, einer Person an diesem kritischen Punkt in Ihrem Leben Zeit zu widmen, nur weil diese mit Ihnen befreundet sein will.

Ich sage auch nicht, daß Sie in jedem Augenblick »etwas Nützliches tun« müssen, besonders wenn dies dazu führt, daß Aktivität und Produktivität zur Besessenheit werden. Einen klugen Gebrauch von der Zeit zu machen bedeutet, einen leeren Raum für sich zu lassen, um anscheinend nichts zu tun, während Sie es jedoch in Wirklichkeit neuen Ideen und Gefühlen ermöglichen, an die Oberfläche zu kommen. Dieser Inaktivität liegt das gleiche Prinzip zugrunde wie der Meditation. Nur Sie selbst können sich von den erschöpfenden Sorgen und Anliegen des Tages befreien. In diesem Sinne kann eine Krankheit, ein Trauma oder eine Lebenskrise zu einer Gelegenheit werden, Ihr Leben in langsamerem Tempo zu erforschen. Nein zu sagen kann bedeuten, nein dazu zu sagen, sich einfach mit irgendeiner Tätigkeit beschäftigt zu halten. Dieses Prinzip kann außerdem ein nützliches Gegengewicht zu der nächsten Möglichkeit, Ihr heilendes Feuer zu entzünden, darstellen.

Ändern Sie Ihren Kurs sofort

Heilung ist eine Herausforderung, die sich in der Gegenwart abspielt. Viele Menschen beginnen ihren Heilungsprozeß damit, daß sie sich mit allen möglichen verfügbaren Behandlungsmethoden auseinandersetzen. In dieser Zeit unternehmen sie jedoch eigentlich nichts gegen ihr Leiden. Sie glauben, daß das Wissen, mit dem sie sich vollstopfen, an sich eine heilende Kraft ist. Menschen äußern mir gegenüber oft, daß sie sich einfach unschlüssig sind, welche Behandlung die beste für sie sei, und solange sie das nicht herausgefunden haben, fühlen sie sich »sicherer«, wenn sie gar nichts unternehmen. Meinem Verständnis nach bedeutet das, daß sie noch nicht bereit dazu sind, die notwendigen Veränderungen in ihrem Leben anzugehen.

Wenn ich ihnen zuhöre, wie sie ihre Unfähigkeit, eine Entscheidung zu treffen, vernunftsmäßig begründen, entsteht bei mir manchmal der Eindruck, daß das Stillstehen es ihnen – zumindest vorübergehend – ermöglicht, die Illusion aufrechtzuerhalten, nicht wirklich krank zu sein. Vielleicht ziehen sie es vor zu glauben, sich inmitten eines schlechten Traumes zu befinden, aus dem sie schließlich aufwachen werden. Dieses Phänomen taucht am häufigsten in den Fällen auf, in denen im Rahmen einer Erkrankung noch keine physischen Schmerzen aufgetreten sind.

Es ist mehr als unklug, die Entscheidung für eine Veränderung aufzuschieben – es ist gefährlich. Es ist viel klüger und sicherer, irgendwo anzufangen, als gar nichts zu tun. Jede positive Wahl ist eine gute und aktiviert einen neuen Energiestrom in Ihrem Leben. Ein neuer Schritt oder eine Veränderung muß nicht gewaltig sein, um wirkungsvoll zu sein. Auf dem Weg lesen Sie sich weiterhin in alle Informationen ein, die Ihr Wissen darüber erweitern, was zur Heilung erforderlich ist. Es ist immer ein guter Anfang, eine Änderung in Ihre Ernährungsweise einzuführen oder ein Trainingsprogramm zu beginnen. Sie könnten damit anfangen, jeden Tag zu laufen oder einen Yoga-Kurs zu besuchen. Falls Sie keinen Yoga-Lehrer finden können, kaufen Sie sich Videokassetten mit Anleitungen zu Yoga- oder anderen Entspannungsübungen. Lesen Sie Bücher über alternative Methoden der Gesundheitsförderung, und probieren Sie einige davon sofort aus. Wenn Sie glauben, daß Ihnen die Unterstützung einer Gruppe guttun würde, informieren Sie sich in Gesundheitszentren, Reformhäusern oder Bioläden über Selbsthilfegruppen. Wenn Sie das Gefühl haben, daß ein Psychotherapeut hilfreich sein würde, suchen Sie sich einen. Sie können alle diese Veränderungen vornehmen, während Sie zusätzlichen medizinischen Rat einholen.

Vor allem sollten Sie sich so oft wie nötig daran erinnern, daß Sie sich die Denkweise »Ich fange morgen an« nicht leisten können. Im Heilungsprozeß gibt es nur ein Jetzt. Der Morgen kommt in Wirklichkeit nie, wie es heißt.

Üben Sie, zyklisch zu denken

Die Vorstellung, daß die Zeit und das Leben lineare Erfahrungen sind, behindert den Heilungsprozeß. Beispiele dafür sind: »Wenn diese Behandlung nicht innerhalb eines Monats anschlägt, funktioniert sie nicht und ich soll nicht gesund werden« oder: »Was können Sie in meinem Alter schon erwarten?« Sie sollten sich nicht auf die »Zeit« fixieren, sondern auf die Zyklen der Natur blicken, die sich in vielen anderen Prozessen widerspiegeln. In der natürlichen Welt folgen auf Phasen der Wärme, Sorglosigkeit und Produktivität zwangsläufig Perioden der Kälte, Mühe und Einschränkung, aber

auch diesen schweren Zeiten schließt sich erneut eine Wiederkehr von Wärme und Freude an.
Wenn Sie im Winter Ihrer Krankheit stecken, haben Sie vielleicht das Gefühl, als ob der Sommer nie mehr wiederkommen würde. Dann müssen Sie Ihr Denken disziplinieren. Nehmen Sie sich ein paar Minuten Zeit, um sich eine Phase in Ihrem Leben ins Gedächtnis zurückzurufen, in der Ihr Glück auf einem Tiefpunkt angelangt zu sein schien. Erinnern Sie sich an Ihre damaligen Gefühle, und achten Sie auf Ihre körperlichen Empfindungen, während Sie diese Gefühle der Hoffnungslosigkeit noch einmal erleben. Denken Sie dann an den Wendepunkt, und spüren Sie das wachsende Gefühl der Erleichterung und Zuversicht, als die Dinge sich wieder positiv entwickelten. Es muß kein größeres Ereignis sein; vielleicht waren Sie einfach nur in einem Spiel im Rückstand, das Sie schließlich doch noch gewannen, oder Sie erhielten einen Versöhnungsbrief von einem Freund, dessen Freundschaft Sie sich verscherzt zu haben glaubten. Das Resultat ist weniger wichtig als die Tatsache, daß sich der Gang der Ereignisse ändert. Vielleicht haben Sie das nächste Spiel verloren; vielleicht ist die Freundschaft am Ende doch in die Brüche gegangen. Und eines Tages werden Sie ausatmen und nicht wieder einatmen. Denken Sie daran, daß Heilung vor allem eine Lernerfahrung ist, und eine ihrer wichtigsten Lektionen handelt davon, daß das Leben durch Unbeständigkeit und fortwährende Bewegung charakterisiert ist. Wenn Sie lernen können, Veränderungen gleichmütig zu akzeptieren, werden Sie viel mehr gemeistert haben als nur eine Krankheit.
Zyklisches Denken ist außerdem eines der wirksamsten Mittel, um Vergebung zu lernen. Auch wenn es schwer fällt, sich von dem Bedürfnis nach persönlicher Gerechtigkeit und nach dem, was Sie vielleicht als angemessene Entschädigung oder Bestrafung empfinden, zu lösen, liegt es aus göttlicher Sicht

betrachtet ebensowenig an Ihnen, die Bestrafung anderer herbeizubeschwören wie sich selbst zu bestrafen. Auf einem meiner Workshops lernte ich einen sehr sanften und fürsorglichen Arzt kennen, der in einem Militärkrankenhaus arbeitete und kriegsverletzte Soldaten versorgte. Er glaubte, zu dieser Tätigkeit bestimmt zu sein, weil er von Kindheit an Träume gehabt hatte, in denen er als Soldat im Bürgerkrieg unbarmherzig tötete. Seine Arbeit wurde zu seinem Weg, um das Morden in seinem »vergangenen Leben« auszugleichen. Obwohl er hätte denken können, für seine fehlende Barmherzigkeit eine Strafe verdient zu haben, beschloß die göttliche Gerechtigkeit statt dessen, ihn in seinem gegenwärtigen Leben Barmherzigkeit entwickeln zu lassen.

Wenn Sie sich absolut unfähig fühlen, ein Ihnen zugefügtes Unrecht oder eine Verletzung zu vergeben, erinnern Sie sich an die uralten Lehren über karmische Gesetze, die sich auch in christlichen Lehren wiederfinden: Alles, was Sie tun, fällt irgendwann auf Sie zurück – in diesem Leben oder im nächsten. Es steht Ihnen nicht zu, die Art von Gerechtigkeit auf persönlicher Ebene zu bestimmen. Dies ist nur gut, denn die menschliche Gerechtigkeit ist oft viel härter und weniger wohlwollend als die göttliche Gerechtigkeit. Ihre Aufgabe besteht einzig und allein darin, Vergebung zu lernen – und die Energie zurückzurufen, die Sie für Ereignisse in der Vergangenheit verschwenden.

Wenn wir uns auf die Opferrolle fixiert haben, übersehen wir dabei oft, wie wir selbst das fortsetzen, was uns angetan wurde. Wenn Sie sich das nächste Mal in wütende Gedanken über eine vergangene Verletzung verstrickt finden, probieren Sie die folgende Übung in Vergebung aus: Betrachten Sie eingehend Ihre Handlungen im Laufe der vergangenen Woche, und finden Sie heraus, ob Sie die gleiche Art von Ungerechtigkeit oder Mißbrauch, den Sie erlebt haben, begehen. Es muß nichts

Dramatisches sein. Beispielsweise können Sie das Gefühl haben, daß Sie in Ihrer Kindheit von einer anderen Person zu Unrecht verurteilt wurden und daß dieser Umstand sich darauf auswirkt, wie Menschen heute über Sie denken. Schon der einfache Akt, in einem entscheidenden Moment von einem Elternteil oder Lehrer falsch verstanden worden zu sein, kann auf Ihnen lasten. Wenn Sie anfangen, diese Last zu spüren, prüfen Sie, ob Sie eine andere Person auf ähnliche Weise verurteilt haben. Vielleicht hat es zuerst den Anschein, als ob Ihr Urteil über eine andere Person irrelevant ist. Ihnen gefällt die Art nicht, wie sich ein Mann kleidet, so daß Sie ihn für einen Trottel halten. Und dann verbreiten Sie überall Ihr Urteil. Oder Sie äußern sich vielleicht darüber, wie eine bestimmte Frau es in ihrem Beruf zu etwas gebracht hat, und lassen dabei durchblicken, daß es ihr an ethischen Grundsätzen oder Ehrlichkeit fehlt. Auf diese Weise kann ein anscheinend harmloses oder unbedeutendes Urteil ernste Folgen haben. Sie müssen sich selbst dafür vergeben, daß Sie das Urteil gefällt haben, und zugleich der Person, die Sie vor all diesen Jahren ungerecht beurteilt hat. Es kann hilfreich sein, sich an die Worte des Vaterunsers zu erinnern: »Und vergib uns unsere Schuld, wie auch wir vergeben unsern Schuldigern.« In dem Maße, wie wir anderen vergeben, wird uns vergeben.

Setzen Sie sich realistische Ziele

Auch wenn sich alle irdischen Dinge ändern, geht diese Veränderung nicht unbedingt über Nacht vonstatten. Viele Menschen, die an meinen Workshops teilnehmen, erwarten, daß sie in einem Tag intuitive Fähigkeiten beherrschen werden, deren volle Ausbildung mich 15 Jahre gekostet hat. Natürlich ist spontane Hellsichtigkeit möglich, aber es ist wahrscheinlicher, daß Sie Ihre intuitiven Fähigkeiten entwickeln werden, indem Sie sorgfältig auf Energieprinzipien achten. Genauso ist es zwar möglich, daß Sie augenblicklich einen neuen Standpunkt einnehmen, neue Einsichten gewinnen oder sich heilen können, aber wahrscheinlicher ist, daß Sie lange Zeit bewußt mit ganzheitlichen Lehren arbeiten müssen. Niemand kann an einem Tag lernen, Marathonläufer zu sein, und so ist es auch für eine gesunde Lebensweise oder die Heilung von einer Krankheit erforderlich, daß Sie die Heilmaßnahmen regelmäßig praktizieren. Dabei ist es gleichgültig, wofür Sie sich entschieden haben, sei es eine medizinische Behandlung, eine Änderung in der Ernährung, ein sportliches Training, Visualisierung oder Meditation.

Wenn Sie eine schwere Krankheit bekommen, wenn Sie eine Tragödie oder einen anderen Rückschlag in Ihrem Leben erleben, treten viele neue Ängste auf. Sie müssen mit sich selbst geduldig sein. Wenn Sie sich niedergeschlagen oder ängstlich fühlen, versuchen Sie zurückzutreten und herauszufinden, wann und in welchem Zusammenhang sich diese Gefühle zeigen. Vielleicht spiegeln sie eine Ihrer negativen Stammesüberzeugungen wider. In diesem Fall versuchen Sie mit Hilfe der dreiteiligen Sicht, die größere Symbolik oder Botschaft hinter der Stimmung zu erkennen. Vielleicht möchten Sie auch die folgende Übung aus der Sufi-Tradition durchführen: »Eine Meile von Bagdad«.

Schließen Sie Ihre Augen, und stellen Sie sich vor, daß Sie eine einsame Wüstenstraße entlanggehen, die sich endlos zu erstrecken scheint – wie eine Autobahn irgendwo im Nahen Osten. Spüren Sie die Sonne herunterbrennen, den heißen Sand unter Ihren Füßen, einen überwältigenden Durst und Erschöpfung. Nehmen Sie die Trockenheit des Platzes ebenso wie Ihre Einsamkeit und Verzweiflung wahr. Wenn diese Gefühle anfangen deutlich zu werden, sehen Sie einen unauffälligen Felsen neben der Straße, dort richten Sie sich für die Nacht ein. Beobachten Sie den Sonnenuntergang, und spüren Sie, wie die kühle Nachtluft einsetzt. Während Sie sich von Ihrer Wanderung ausruhen, atmen Sie die erfrischende Luft ein und merken, wie Ihr Körper wieder in Schwung kommt.

Treten Sie nun hinter dem Felsen hervor, und schauen Sie sich um. Nicht weit entfernt können Sie einige aufblitzende Lichter sehen, denen bald andere folgen. Sie müssen auch schon vorher dagewesen sein, aber in der hellen Wüstensonne haben Sie sie nicht ausmachen können. Jetzt fangen Sie an, gedämpfte Klänge von Musik zu hören, und Ihnen wird klar, daß Sie sich ganz in der Nähe einer Stadt voller Menschen befinden. Sie haben geglaubt, sich inmitten der öden Wüste zu befinden, aber in Wirklichkeit sind Sie nur eine Meile von Bagdad entfernt. Lassen Sie die Erkenntnis einsikkern, daß Trost in Reichweite ist und Sie nur noch ein kurzes Stück zu laufen haben. Während Sie sich in diesem Wissen entspannen, sprechen Sie ein kurzes Dankgebet.

Wenn Ihnen im ersten Monat Ihrer Heilbemühungen keine Veränderung in Ihrem Körper auffallen, bedeutet das nicht, daß keine Veränderungen eintreten. Sie finden auf energetischer Ebene statt und werden schließlich positive geistige, seelische und sogar physische Veränderungen herbeiführen. Sie sind Ihrem Ziel viel näher, als es Ihnen möglicherweise bewußt ist.

Reden Sie während des Heilungsprozesses mit anderen, die die gleiche Krankheit durchgemacht haben. Sie können ihnen viele nützliche Informationen geben, aber vergleichen Sie Ihren Heilungsverlauf nicht mit ihrem. Vergegenwärtigen Sie sich stets, daß das, was bei einer Person im physischen Körper nicht funktioniert, vielleicht genau das ist, was Sie energetisch für Ihre Heilung benötigen. Bleiben Sie jederzeit offen für Möglichkeiten.

Der *Wunsch*, gesund zu werden, ist nicht dasselbe wie der *Wille*, gesund zu werden. Es gibt Menschen, die zwar gesund werden möchten, aber vielleicht nicht bereit sind, die Lebensveränderungen vorzunehmen, die für ihre Genesung erforderlich sind. Sie müssen Ihren Geist und Ihre Emotionen darin schulen, den von Ihnen hervorgebrachten positiven Befehlen zu folgen. Und diese positiven Gedanken müssen zu den tonangebenden Auffassungen werden, mit denen sich Ihr Geist und Ihre Emotionen verbinden. Eine halbstündige Visualisierung ein oder zweimal täglich durchzuführen und dann für den Rest des Tages zu angsterfüllten Gedanken zurückzukehren, hat wenig Effekt.

Es erfordert Disziplin, sich auf eine positive Richtung zu konzentrieren, und eine solche Disziplin braucht Übung. Denken Sie daran, wie leicht Sie bei dem Versuch, Ihren Geist und Ihre Emotionen auf einen einzigen Gedanken zu richten, abgelenkt werden. Sofern Sie keine Übung in Meditation haben, wird Ihr Geist innerhalb von Sekunden abschweifen. Ich führte einmal eine Gruppe von Studenten durch eine Übung, bei der ich sie anwies, einen Gedanken zu wählen und sich voll und ganz und ausschließlich auf ihn zu konzentrieren. Nach einem oder zwei Augenblicken richteten sich mehrere Studenten auf und beklagten sich, daß der »Lärm« draußen bei der Übung störe oder das Licht zu hell sei, um eine ernsthafte »innere Arbeit« zu verrichten. Doch genau das mußten sie lernen, nämlich sich von solchen Ablenkungen freizumachen.

Es ist schon eine Ablenkung, wenn Sie darauf bestehen, daß die äußere Umgebung bestimmte Bedingungen erfüllen muß, bevor Sie überhaupt imstande sind, Ihre Aufmerksamkeit nach innen zu richten. Es ist nicht notwendig, daß Sie ein Meditationsmeister werden, sondern es geht darum, daß Sie eine brauchbare Beziehung zu Ihren inneren Ressourcen aufbauen, um schnell einen negativen Gedanken durch einen positiven ersetzen und die daraus resultierende positive Energie spüren zu können. Die Anwendung eines Mantras – ein Ausdruck oder ein Wort, das Sie im Geiste oder auch murmelnd ständig wiederholen – ist sehr wirkungsvoll bei einer solchen Meditation. Es hilft dabei, seine Gedanken zu sammeln. Als Mantra können Sie das alte Sanskrit-Wort »Om« oder »Om Mani Padme Hum« aus der hinduistischen und buddhistischen Tradition verwenden. »Mutter Maria«, »Jesus«, eine Tugend wie »Liebe« oder »Mitgefühl« oder jedes andere Wort, das Ihnen Frieden, Stärke, Entspannung und ruhige Aufmerksamkeit bringt, sind ebenfalls geeignet. Sie können außerdem das Mantra mit einer tiefen, gleichmäßigen Atmung verbinden.

Üben Sie, langsam und gleichmäßig durch Ihre Nase und hinunter bis in den Bauch einzuatmen. Spüren Sie, wie sich beim Einatmen Ihr Magen allmählich ausdehnt – legen Sie anfangs Ihre offene Handfläche an Ihren Nabel, damit Sie die Ausdehnung wirklich fühlen können. Sobald Ihr Bauch mit Luft gefüllt ist, atmen Sie weiter ein, aber diesmal in Ihr Zwerchfell – der mittlere Bereich Ihrer Brust direkt über dem Magen. Wenn es Ihnen möglich ist, atmen Sie noch etwas mehr ein und füllen Sie Ihre Lungen und Ihre obere Brust mit Luft. Halten Sie den Atem ein paar Augenblicke lang an, und lassen Sie ihn dann behutsam durch Ihre Nase oder Ihren Mund ausströmen. Es erfordert ziemlich viel Übung, um die Fähigkeit – und die Lungenkapazität – zu entwickeln, auf diese dreistufige Weise einzuatmen, aber das daraus resultierende Gefühl von Ruhe und Gleichmut ist die Mühe wert. Wenn es Ihnen lieber ist, suchen Sie sich einen Entspannungs- oder Meditationslehrer, der Sie durch diese und andere einfache Übungen führt. In Büchern wie »Focusing. Selbsthilfe bei der Lösung persönlicher Probleme« von Eugene T. Gendlin und »Are You Getting Enlightened or Losing Your Mind?: A Spiritual Program for Mental Fitness« von dem Arzt Dennis Gersten werden andere inspirierende, einfache Übungen vorgestellt, mit denen man negative Gedanken durch positive Geistesenergie ersetzen kann. Wichtig ist, daß Sie die Übungen regelmäßig und diszipliniert durchführen. Neben ihrer psychischen Wirkung wird sich auch eine Reaktion Ihrer physischen Energie einstellen. Eine andere Möglichkeit, um die Beherrschung Ihres Geistes und Ihrer Emotionen zu erlernen, anstatt von ihnen beherrscht zu werden, besteht darin, sich die Ablenkungen in Ihrem Alltagsleben zunutze zu machen. Angenommen, Sie führen ein Gespräch mit jemandem, der eine Bemerkung macht, die Sie verärgert. Sie befehlen Ihrer Energie unverzüglich, nicht auf diese Bemerkung zu reagieren. Oder nehmen wir an, Sie ärgern sich darüber, im Verkehr zu warten, oder werden ungeduldig, weil es mit einer Aufgabe nicht so klappt, wie Sie geplant haben. Diese Situationen sind geradezu perfekt, um sich darin zu üben, Ihrer Energie zu befehlen, in Ihrem Körper zu bleiben, anstatt in Situationen zu entweichen, die im Grunde keine Bedeutung haben. Sie können auch Techniken wie Tiefenatmung oder die Wiederholung eines Mantras heranziehen, um in solchen Situationen zentriert zu bleiben. Halten Sie Ihre Aufmerksamkeit auf das größere Bild – Ihre Gesundheit – gerichtet, und erinnern Sie sich daran, daß im Vergleich zur Wiederherstellung Ihrer Gesundheit alles andere unerheblich ist.

Lernen Sie, in Geheimnissen zu leben

Das Leben ist voller Geheimnisse. Tatsächlich ist das Leben ein einziges Geheimnis – eine Reise voller Nebelschwaden, die wir nicht kommen sahen, eine Reise, die über Umwege in magische Gärten führt, von denen wir keine Ahnung hatten, daß sie für uns kultiviert wurden. Sich die Frage zu stellen, warum die schmerzlichen und wunderbaren Ereignisse unseres Lebens eintreten, wann und wie sie es tun, ist nutzlos und Energieverschwendung. Wir können niemals alles erfahren, was diese Augenblicke in unserem Leben verursacht hat. Im psychologischen – und göttlichen – Sprachgebrauch sind diese Ereignisse »überdeterminiert«: Es sind so viele Faktoren, Vorfälle, Kräfte und Energien in sie verwickelt, daß Sie niemals eine einzelne Ursache ermitteln können.

Krankheiten bleiben eines der wichtigsten Geheimnisse im Leben. Warum treten sie auf? »Warum ich? Habe ich etwas getan, daß ich sie verdiene? Werde ich sie durchstehen?« Vielleicht fragen Sie sich, ob diese Krankheit mit Ihrer traumatischen Ehe, Ihrer Kindheit oder Giften in der Umwelt zu tun hat. Lassen Sie die Fragen hinter sich. Konzentrieren Sie sich auf Ihre Heilung in der Gegenwart.

Auf Ihrer Suche nach einem Grund für Ihre Krankheit oder Tragödie wird sich keine Antwort finden. Wenden Sie sich dem Trost des Glaubens an göttliche Führung zu. Der Zweck der Geheimnisse unseres Lebens mag durchaus darin liegen, uns aus unserer Abhängigkeit vom menschlichen Denken und seiner begrenzten Erklärungsfähigkeit herauszuführen in die Erkenntnis, daß in Wahrheit die göttliche Intelligenz unser Leben unter sich hat. Göttliche Intelligenz wirkt auf eine Weise, die wir nicht verstehen können, doch zugleich können wir zu dem Verständnis gelangen, daß wir uns kaum auf etwas anderes vollkommen verlassen können. Rufen Sie sich immer ins Gedächtnis zurück, daß Sie ein Geheimnis leben und keines lösen. Leben Sie innerhalb der Fragen, die Sie haben, aber lassen Sie sie nicht die Macht über Ihr Leben, Ihre Gedanken oder Ihre Handlungen übernehmen.

Üben Sie sich darin, Ihre Fragen loszulassen und sie in die Hände des Göttlichen zu legen. Visualisieren Sie, daß Gott, der Buddha, Maria, Jesus oder das Tao die Fragen nehmen, sie in sich, in ihre grenzenlose Energie aufnehmen, sie Ihnen und Ihrer Energie abnehmen. Fühlen Sie sich von Sorgen und Zweifeln befreit und von einer heilsamen, sanften Glut erfüllt, die jeden Teil Ihres Körpers und Ihres Geistes durchströmt. Lernen Sie, daß Sie diese Energie und diese Glut jederzeit sehen und fühlen können, daß sie immer da und Ihnen zugänglich ist.

Es ist nicht immer einfach, seinem Glauben treu zu bleiben. Ein begnadeter und liebevoller Geistlicher erzählte mir einmal, daß es ihm viel leichter falle, den vielen Menschen, um die er sich kümmerte, Trost zu schenken, als den inneren Kampf mit seinem Glauben zu führen. Seine Lösung jedoch war, »zu einem Gott zu beten, an den zu glauben ich mir nicht einmal sicher bin, aber es bleibt mir nichts anderes übrig«. Er gab Gemeindemitgliedern, die ihn in ähnlichen Krisen aufsuchten, den gleichen Rat. Gott hört jedes Gebet, egal, ob wir in dem Augenblick, in dem wir beten, an Gott glauben. Der Gott oder die göttliche Kraft, nach dem oder nach der wir suchen, will, daß wir wissen, wie man sich in der Dunkelheit fühlt. Dann können wir, wenn wir es zum Licht geschafft haben, anderen von Herzen die wahre Bedeutung der Lehre »Fürchtet euch nicht, denn ich bin immer bei euch, sogar bis ans Ende aller Tage« vermitteln.

Kultivieren Sie Gnade

Die Lehren aller spirituellen Traditionen erwecken Hoffnung. Außerdem lassen sie uns einen Blick auf die Macht und das Mitgefühl Gottes und die Dimension von Wundern werfen. Universelle Wahrheiten können Ihnen helfen, das Leben als einen ewigen Strom und eine unbegrenzte Macht zu sehen.

Wenn wir versuchen, die Energie des Göttlichen zu berühren, steigen wir symbolisch auf den Gipfel eines Berges, wie Abraham Isaak auf den Berg Moriah führte, Moses auf den Berg Sinai oder Jesus bei seiner Verklärung auf den Berg Tabor stieg. Die symbolische Bedeutung des Bergsteigens besteht darin, eine Reise zu unternehmen, um eine Welt zu sehen, die viel größer ist als wir, und weiter zu sehen, als es uns zuvor je möglich gewesen ist. Auf dem Gipfel des Berges angelangt, fragen wir: »Kann ich das volle Ausmaß der Macht in mir erhalten? Kann ich an der Intensität meiner Konzentration und meiner Vision von Heilung festhalten, sobald ich den Berggipfel verlasse, auf dem ich die Landschaft der Seele und der Ewigkeit kurz zu sehen bekommen habe?«

Ebenso wie der Geist und der Körper braucht die Seele Nahrung, um zu heilen. Entwickeln Sie den Mut zu handeln, indem Sie sich von den Geschichten und der Weisheit derjenigen inspirieren lassen, die ihr Leben für immer dadurch verändert haben, daß sie handelten, die sich furchtlos auf die dunkle Nacht der Seele einließen. Kosten Sie von der Weisheit nicht vertrauter Traditionen: Lesen Sie die Geschichten von den Chassidim oder erforschen Sie die Kabbala; erbauen Sie sich an Sufi-Parabeln oder den Gedichten Rumis; studieren Sie die Predigten des Buddha oder die einfachen Lehren von Thich Nhat Hanh; untersuchen Sie die Schriften der Mystiker von den christlichen Wüstenvätern bis zu den Upanischaden. Die meisten dieser Bücher sind überraschenderweise leicht zugänglich.

Diese Geschichten ergeben nicht immer einen logischen Sinn – tatsächlich sind sie wahrscheinlich wirkungsvoller, wenn sie es nicht tun, weil sie eine Schönheit und eine innere Macht besitzen, die das rationale Denken transzendiert. Nach der buddhistischen Überlieferung hat Bodhidharma die Prinzipien des Zen-Buddhismus von Indien nach China gebracht.

Neun Jahre lang soll er meditierend vor einer Mauer gesessen und sich geweigert haben, sich zu rühren. »Ich drehe mich erst um, wenn jemand kommt, der wirklich lernen will, was ich zu lehren habe«, verkündete er. Eines Tages trat ein Gelehrter namens Hui-K'e an Bodhidharma heran. Er beklagte sich, daß er keinen Seelenfrieden habe, und fragte, wie man ihn erlangen könne. Der Meister hielt ihn hin und meinte, daß die Erreichung eines solchen Ziels ausdauernde Disziplin erfordere und nichts für die Zaghaften sei. Nachdem Hui-K'e stundenlang draußen im Schnee gestanden hatte, bat er Bodhidharma erneut inständig um Hilfe und wurde wieder abgewiesen. In seiner Verzweiflung schnitt sich der Gelehrte den linken Arm ab, warf ihn vor Bodhidharma hin und erklärte: »Wenn du dich nicht herumdrehst, werde ich mir den Kopf abschneiden.« Darauf erwiderte Bodhidharma: »Du bist derjenige, nach dem ich gesucht habe«, und nahm ihn als seinen Schüler auf.

Wenn Sie die Wahrheiten und Geschichten, die die Seele nähren, in sich aufnehmen, werden Sie spüren, wie eine Energie in Ihnen frei wird. Es ist eine Energie, die im Einklang mit der universalen Wahrheit schwingt und Sie in die Einheit mit Ihrer Welt führt. Diese Energie kann nur als »Gnade« bezeichnet werden. Sie ist eine schwingende Kraft von einer solchen Wucht, daß sie Sie für einen Augenblick aus Ihren unmittelbaren Verhältnissen emporheben kann. Sie kann Sie mit der Erkenntnis erfüllen, daß es nichts gibt, womit Sie nicht fertig werden können, und daß alles gut sein wird, ganz gleich, wie das Ergebnis sein wird. Der Yehudi, ein chassidischer Rabbi, der Anfang des 19. Jahrhunderts starb, erzählte die Geschichte von einem Mann, der sein ganzes Leben lang ein Dieb gewesen war. Aber im Alter war er nicht mehr imstande, sein Gewerbe zu betreiben, und litt Hunger. Ein reicher Mann hörte von seiner Not und schickte ihm Lebensmittel. Der reiche

Mann und der Dieb starben am selben Tag. Zuerst wurde vor dem himmlischen Gericht über den reichen Großgrundbesitzer verhandelt; er fiel durch und wurde zum Fegefeuer verurteilt. Doch als er sich dem Eingang zum Fegefeuer näherte, kam ein Engel herbeigeeilt, um ihn zurückzurufen. Er wurde in den Gerichtssaal zurückgebracht, wo er erfuhr, daß sein Urteil aufgehoben worden sei. Der Dieb, dem er auf Erden geholfen hatte, hatte die Liste mit seinen Schandtaten gestohlen.

Gnade ist tatsächlich nicht immer eine augenfällige Kraft. Sie erscheint in vielen Formen, manche subtil und weltlich, andere machtvoll und »umwerfend«. Manchmal manifestiert sich Gnade als Synchronizität – ihre Energie bringt Menschen oder Ereignisse auf wohltuende, hilfreiche oder dramatische Weise zusammen, wenn man es am meisten braucht und am wenigsten erwartet. Ein anderes Mal ist Gnade die Energie, die uns plötzlich erleuchtet und uns erkennen läßt, was zu begreifen wir zuvor nicht imstande waren. Gnade kann uns außerdem in einen veränderten Bewußtseinszustand versetzen, in dem wir uns von einer nicht vertrauten Energie durchdrungen fühlen – eine unbeschreibliche Kombination aus Liebe, Hoffnung und Furchtlosigkeit. Gnade kann auch ein Schild sein, der uns in Situationen umgibt, die auf irgendeine Weise bedrohlich sind: ein Autounfall, bei dem man eigentlich hätte sterben können; plötzlich von einem Gefühl übermannt zu werden, nach Hause zurückkehren zu müssen, nur um festzustellen, daß man den Herd angelassen hat; einem »Fremden« zu begegnen, der einem Hilfe anbietet, gerade wenn man sie am meisten nötig hat. Und Gnade funktioniert nicht nach den Gesetzen der linearen Zeit; aus diesem Grund kann eine Krankheit oder eine Lebenskrise, deren Heilung oder Lösung normalerweise Jahre dauern würde, in unvorstellbar kurzer Zeit geheilt werden.

Falls Sie denken, daß »normalen« Leuten keine Wunder widerfahren oder alle diese Geschichten übertrieben sind, lassen Sie mich Ihnen eine Geschichte erzählen, die mir passiert ist. Satya Sai Baba ist ein lebender Heiliger in Indien, der unter anderem fähig sein soll, wie aus dem Nichts Objekte zu manifestieren, von heiliger Asche bis hin zu Edelsteinen. Diese Fähigkeit ist unter dem Sanskrit-Begriff *vibhuti* bekannt, was »Offenbarung« oder »Macht« bedeutet. Vor einigen Jahren war ich in Findhorn und hatte ernste Gleichgewichtsstörungen. Was ich auch dagegen unternahm, der Zustand verschlimmerte sich zusehends, so daß ich als letzten Ausweg vor dem Einschlafen ein Gebet zu Sai Baba sprach: »Ich brauche etwas *vibhuti*, und ich brauche es jetzt. Ich habe große Probleme.« Am nächsten Morgen erhielt ich ein Päckchen von einer Bekannten in Kopenhagen, die ich fünf Jahre zuvor kennengelernt und von der ich seitdem nichts mehr gehört hatte. Das Päckchen enthielt ein mit Asche gefülltes Röhrchen, das die Aufschrift trug: »Für Caroline Myss von Satya Sai Baba.« Da die Post von Dänemark nach Schottland normalerweise mindestens einige Tage braucht, mußte die Antwort auf mein Gebet bereits unterwegs gewesen sein, noch bevor ich die Worte ausgesprochen hatte. Weil ich nicht wußte, was ich mit der Asche anfangen sollte, nahm ich etwas von ihr aus dem Röhrchen und rieb sie mir, einer Exkatholikin, auf die Stirn. Einige Stunden später, nachdem ich das *vibhuti* erhalten hatte, verschwanden meine Gleichgewichtsstörungen und traten danach auch nie wieder auf. Seitdem trage ich das Röhrchen mit *vibhuti* bei mir, wohin auch immer ich gehe.

Ich werde oft gefragt, ob ich daran glaube, daß Gnade wirklich das Leben eines Menschen retten kann. Natürlich gibt es keine Möglichkeit, das zu beweisen, aber aufgrund der unzähligen Berichte von Menschen, die das Eingreifen der göttlichen Energie in ihrem Leben bezeugen, ziehe ich es vor zu glauben, daß sie es vermag. Eine anschauliche Geschichte wurde mir von einem Mann namens Steven erzählt, der an einem schweren Fall von innerem und äußerem Nesselausschlag fast gestorben wäre. Dieser Ausschlag war durch die Einnahme eines neuen Medikaments verursacht worden, von dem er nicht wußte, daß er allergisch dagegen war. Der Ausschlag begann als kleine Reizung auf der Haut, die sich allmählich auf den ganzen Körper ausbreitete. Nach einigen Tagen dachte Steven, daß er allergisch gegen etwas sein müsse, aber ihm kam nicht der Gedanke, daß das Medikament die Ursache war. Statt dessen überprüfte er die Lebensmittel, die er aß, die Seife, die er benutzte, und die Stoffe der verschiedenen Kleidungsstücke, die er trug. Während sich der Ausschlag verschlimmerte, entwickelte Steven weitere Symptome. Jeden Abend bekam er Fieber, und er wurde von Tag zu Tag schwächer. In seinem Gewebe sammelte sich Flüssigkeit an, so daß sein Körper immer mehr anschwoll. Bald hatte er dauernd Fieber, und seine Schwäche wurde so gravierend, daß er nicht mehr laufen konnte. Seine Füße waren derart geschwollen, daß er seine Schuhe nicht mehr anziehen konnte.

Eines Morgens, als es Steven extrem schlecht ging, weckte eine Stimme ihn auf und sagte ihm, er solle in ein Krankenhaus gehen, weil er im Sterben läge. Dann wies ihn die Stimme an, langsam und tief zu atmen und den Atem ganz in seine Lungen einzuziehen. Ein Bild von einem Yoga-Meister, der ihn durch diese Übung führte, erschien vor seinem geistigen Auge. Steven war Christ, und auch wenn er von Yoga sicherlich gehört hatte, so hatte er es nie gelernt oder praktiziert. Dennoch rief er einen Freund an und sagte ihm, daß er sofort ins Krankenhaus müsse. Unterwegs atmete er weiter, wie er angewiesen worden war, und immer wenn er seine Augen schloß, sah er den Yoga-Meister.

Fast bewußtlos erreichte Steven das Krankenhaus. Er wurde schnell in die Notaufnahme gebracht, wo der diensthabende Arzt ihm sofort Steroide spritzte. Er teilte Steven mit, daß er einen beinahe unheilbaren Fall von innerem und äußerem Nesselausschlag entwickelt habe und alle Organe in seinem Körper zusammen mit seiner Haut entzündet seien. Und er sagte ihm auch, daß er wahrscheinlich gestorben wäre, wenn er nicht binnen weniger Stunden im Krankenhaus eingetroffen wäre.

»Ich habe mir nie ernsthafte Gedanken über Yoga oder irgendwelche Lehren oder Praktiken aus der hinduistischen Tradition gemacht«, erzählte Steven mir später. »Was mich anbetrifft, war Yoga nichts weiter als eine körperliche Übung, wohl kaum eine spirituelle Praxis. Und die Atmung war für mich lediglich etwas, das wir tun müssen, um am Leben zu bleiben. Heute praktiziere ich regelmäßig Yoga, allerdings sehe ich den Yoga-Meister nicht mehr, wenn ich meine Augen schließe. Ich habe einen ›normalen‹ und leibhaftigen Lehrer, aber ich frage mich noch immer jeden Tag, warum ein Yogi zu mir gekommen ist. Ich meine, ich glaubte überhaupt nicht an diese Tradition. Wie ist das geschehen? Ich kann nicht aufhören, über diese Erfahrung nachzudenken. Sie veränderte mein Leben – sie rettete sogar mein Leben.«

Ich bin mir darüber im klaren, daß viele Menschen Geschichten wie der von Steven skeptisch gegenüberstehen, und lange Zeit traf das auch auf mich zu. Jedoch sind mir persönlich so viele unerklärliche Ereignisse zugestoßen, daß es mir schwerfällt, meine skeptische Haltung beizubehalten. Einer der unerklärlichsten Vorfälle hatte mit einer Frau namens Jenny zu tun, mit der ich seit der High-School befreundet bin. Jenny hatte sich auf eine stürmische Beziehung mit Mark, einem bedrohlichen und paranoiden Mann, eingelassen, der oft schon beim geringfügigsten Anlaß zu brüllen anfing. Er war

Wärter in einem örtlichen Gefängnis. Zu Hause bewahrte er Waffen auf, und obwohl er Jenny nie direkt mit einer Pistole bedrohte, warf er jedesmal, wenn es zu einer Auseinandersetzung kam, einen schnellen Blick auf seine Waffen. Zu der Zeit, als Jenny anfing, darüber nachzudenken, sich von Mark zu trennen, fürchtete sie sich so sehr davor, was er ihr antun könnte, daß sie nicht in der Lage war, ihrem Instinkt zu folgen und von ihm loszukommen.

Als Jenny mich zu sich einlud, um Mark kennenzulernen, wußte ich nichts von alledem, sondern nur, daß er bei ihr wohnte. Fast von dem Augenblick an, als ich ankam, harmonierten Mark und ich absolut nicht miteinander. Zuerst fand ich das komisch, weil ich nie zuvor eine solche feindselige Reaktion von jemandem erlebt hatte. Eine andere enge Freundin von Jenny war auch zu Besuch da, eine Frau namens Barbara, die Polizeibeamtin war. Barbara und ich verstanden uns ganz gut, und aus irgendeinem Grund bat ich sie um ihre Telefonnummer und Adresse, obwohl ich nicht vorhatte, Kontakt zu ihr aufzunehmen. Als ich an diesem Abend aufbrach, umarmten Jenny und ich uns kurz, und ich flüsterte ihr zu: »Wir müssen beide beten, um dich von diesem Mann loszubekommen.«

Ich hatte ein solches intensives Gefühl, daß Mark psychotisch war, daß ich ein paar Tage später Jenny anrief, um ihr zu sagen, sie solle sich von ihm trennen. Ich sagte ihr auch, daß ich mein Versprechen, für sie zu beten, hielte und daß ich glaubte, ihr würde die »Gnade« zuteil werden, Mark ohne Probleme zu verlassen. Fünf Tage später, ich wollte gerade ins Bett gehen, sah ich auf einmal deutlich vor meinem geistigen Auge, daß Jenny in dieser Nacht erschossen wurde. Ich rief sie sofort an, und als sie ans Telefon ging, konnte ich Mark im Hintergrund toben hören, der verlangte, sie solle das Gespräch beenden. Jenny schaffte es gerade noch, die Worte »Hilf mir« von sich zu geben, bevor sie auflegte.

Ich suchte sofort Barbaras Telefonnummer heraus und rief sie an. Barbara informierte über Notruf ihre diensthabenden Kollegen, und zusammen trafen sie vor Jennys Haus ein. Als niemand die Tür öffnete, brachen sie die Haustür auf. Sie fanden Jenny auf dem Boden in einer Ecke, einen Stuhl als Schild vor sich haltend. Mark fuchtelte mit seiner Pistole herum und drohte, sie zu töten. Glücklicherweise konnten die Polizisten Mark überwältigen, und er wurde verhaftet und eingesperrt. Jenny packte unverzüglich ihre Habseligkeiten zusammen und zog vorübergehend zu mir. Inzwischen hat sie einen neuen Partner kennengelernt, mit dem sie ein liebevolle und unterstützende Beziehung hat.

Man könnte sagen, daß die Einzelheiten dieser Erfahrung – der Zeitpunkt meiner Begegnung mit Mark, meine Bitte um Barbaras Telefonnummer und das Versprechen, das Jenny und ich einander gaben, um die Gnade zu bitten, diese problematische Situation zu beenden – nicht viel mehr als Zufälle sind. Aber was läßt schließlich die Bestandteile eines Zufalls zusammenkommen? Ich persönlich glaube, daß die Energie der Gnade hinter dieser ganzen Situation stand; vor allem wegen der Art und Weise, wie mir das Bild von meiner Freundin, die erschossen wird, in jener Nacht in den Sinn kam. Ich wußte sofort, daß ich die Anweisung erhielt, Jenny zu retten, und ich kenne heute das Gefühl und die Macht der Energie von Gnade.

Man kann sich Gnade auch als die Energie vorstellen, die sich über Sie legt wie eine weiche Decke, wenn Sie Trost brauchen. Sie erfüllt Sie mit dem Gefühl, daß ungeachtet aller Begrenzungen der Weg frei sein wird, wenn der richtige Zeitpunkt gekommen ist. Gnade ist eine unvernünftige Kraft; sie beachtet nicht, was wir als Schwierigkeiten betrachten. Sie besitzt die Macht, Sie über Ihre Fähigkeiten hinaus emporzuheben und Unterstützung in Ihr Leben zu bringen, gerade wenn Sie sie brauchen. Jede Situation in Ihrem Leben wird mit der Energie der Gnade geschaffen. Beachten Sie die gewöhnlichen Momente ebenso wie die außergewöhnlichen, und erkennen Sie, daß hinter den Kulissen dieser Ereignisse die göttliche Energie waltet.

Verwenden Sie heilige Vorstellungen

Verschiedene Studenten haben mir gesagt, daß es bei weitem nicht so schwierig sei, zu lernen, die innere Struktur ihrer physischen Körper zu visualisieren, als zu lernen, die Visualisierung auf ihre energetischen Körper anzuwenden. Doch wenn Sie mit den heiligen Vorstellungen der Chakras, des Lebensbaumes und der sieben Sakramente arbeiten, können Ihre Visualisierungen der spirituellen Energie greifbarer und wirklicher sein. Weil dieser Prozeß, die Chakras zu visualisieren, so vielschichtig und zugleich so wertvoll ist, werde ich Kapitel 7 und 8 den Chakras und der Verbindung zwischen ihnen und den christlichen Sakramenten widmen.

Aber es gibt viele Möglichkeiten, um von heiligen Vorstellungen Gebrauch zu machen. Gary, ein trockener Alkoholiker, suchte mich auf und beklagte sich, daß er immer wieder rückfällig wurde und zum Alkohol griff. Er war Lastwagenfahrer, und die langen Stunden und Fahrten gaben ihm jede Menge Zeit und Gelegenheit, zu trinken. »Ich werde einfach immer gekreuzigt«, sagte er, als er erklärte, daß die Vorwürfe der Leute wegen seines Trinkens ihn dazu brachten, noch mehr zu trinken. Es kam mir in den Sinn, ihm vorzuschlagen, mit heiligen Vorstellungen zu arbeiten. Ich fragte ihn, ob er sich mit der Kreuzigung identifizieren würde, aber er beharrte darauf, daß das nur eine Redewendung sei. Ich erläuterte die archetypische Bedeutung der Kreuzigung als eine Form, für die Sünden anderer der Sündenbock zu sein, wie es mit ihm seiner Meinung nach zweifellos geschah. Dann forderte ich ihn auf, sich das Kreuz vorzustellen, an dessen vertikalem Schaft die Chakras von unten nach oben verlaufen, und erklärte ihm, daß er gegen den Alkoholismus angehen könnte, indem er sich vom Kreuz losmachte und statt dessen seinen Alkoholismus kreuzigen ließ.

Gary folgte meinen Empfehlungen. Er tat sogar noch mehr, als sich einfach nur das Kreuz mit den Chakras vorzustellen; er besorgte sich ein Kruzifix und versah es mit sieben Zeichen, welche die Chakras symbolisierten. Normalerweise trug er das Kruzifix unter seiner Kleidung, aber zuweilen holte er es hervor und berührte beispielsweise das erste Chakra am unteren Teil des Kreuzes und sagte: »Das ist die Energie des ersten Chakras. Ich will mein Leben erneuern. Ich will wiedergetauft werden und die Macht des Alkoholismus loslassen.« Wenn er das zweite Chakra-Zeichen berührte, stellte er sich vor, das Abendmahl mit Gott zu nehmen und Gottes Gnade zu akzeptieren, von diesem Kreuz loszukommen. Im Sinne des Lebensbaumes verstand er das Abendmahl so, daß es ihm die männliche Kraft und den Sinn für Männlichkeit zurückgab, die er durch seinen Alkoholismus verloren hatte.

Für Gary war es notwendig, einen physischen Gegenstand, in seinem Fall das Kruzifix, zu berühren; die Visualisierung allein hätte ihm nicht gereicht. Und immer wenn er merkte, daß er versucht war, rückfällig zu werden, holte er das Kruzifix hervor und betete, um sich neu auszurichten.

Ob Sie Ihre Vorstellungskraft oder tatsächliche Objekte anwenden – heilige Vorstellungen sind ein tiefgründiger Weg, um eine Verbindung mit dem Himmel zu fühlen. Die Geschichte der menschlichen Spiritualität ist reich an Bildern von dem Göttlichen und allen möglichen heiligen Wesen, Engeln und Geistern. So glauben viele Katholiken, daß der heilige Judas der Schutzpatron der »hoffnungslosen Fälle« ist, und beten zu ihm in schwierigen Situationen, wie beispielsweise bei einer anscheinend unheilbaren Krankheit. Wunder, die dem Glauben an eine bestimmte heilige Figur zugeschrieben werden, sind nicht bloß fromme Volksgeschichten – viele von ihnen wurden von den skeptischsten Ärzten bestätigt.

An heilige Vorstellungen sollte man als einen Weg denken, auf dem unsere fünf Sinne eine greifbare Verbindung zum Göttlichen herstellen können. Auf irgendeine Weise zu sehen oder zu visualisieren ist ein menschliches Grundbedürfnis, weil es uns schwerfällt, uns auf etwas zu beziehen, das wir nicht wahrnehmen können. Eine solche physische Verbindung ist nicht so sehr eine Sache des Glaubens, es ist vielmehr ein Mittel, um ein enges Band mit dem Göttlichen zu fühlen. Viele Buddhisten überall auf der Welt, die nicht an einen Allerhöchsten glauben, verehren dennoch Bilder nicht nur vom Buddha, sondern auch von Hunderten von verschiedenen himmlischen und irdischen Bodhisattvas und weiblichen Geistern, den sogenannten *Dakinis.* Juden und Moslems, deren Religion Gottesdarstellungen verbietet, nehmen die kalligraphische Darstellung von heiligen Silben und Texten in der hebräischen und arabischen Sprache zu Hilfe, um sich besser auf ihre Andachtsübungen konzentrieren zu können. In Anbetracht der unermeßlichen Größe des Universums können Sie großen Trost aus einer solchen persönlichen Verbindung zu Gott schöpfen, die Sie daran erinnert, daß jedes Gebet gehört und jeder Gedanke aufgezeichnet wird.

Wenn Sie ein Lieblingsbild von dem Göttlichen haben oder ein Bild von einem persönlichen Heiligen oder einem verehrten spirituellen Lehrer wie Ramana Maharshi, Pema Chodron oder den Dalai Lama, tragen Sie es bei sich. Das Bild erinnert Sie daran, daß Sie wirklich niemals allein sind. Wir brauchen dieses Maß an Trost und Zuversicht, nicht nur, um den Körper zu heilen, sondern auch, um zentriert zu bleiben, wann immer wir merken, daß wir in die Ängste und Sorgen abrutschen, die durch das alltägliche Leben hervorgerufen werden.

Lernen Sie jeden Tag etwas Neues

Es ist eine große Macht damit verbunden, jeden Tag etwas Neues zu lernen. Lernen aktiviert Leidenschaft, und Leidenschaft ist Macht – tatsächlich ist die Leidenschaft eine der stärksten Formen von Energie, die wir in unserem Körper erzeugen können. Leidenschaft ist eine Verbindung mit dem Leben selbst und bringt uns dazu, gespannt auf das Morgen zu sein.

Ein Freund von mir wurde ein leidenschaftlicher Koch, weil er eine besondere Diät einhalten mußte. Das Kochen lieferte ihm außerdem einen Grund, regelmäßig Freunde und Familie bei sich zu Hause einzuladen. Sie kamen, um ihn das Leben zelebrieren zu sehen, das er in seiner Küche schuf, und er verwendete die Zeit der »Schöpfung«, die er für seine Speisen aufbrachte, als eine heilsame Metapher für seinen Körper. Ich kenne eine Frau, die zu einer leidenschaftlichen Gärtnerin wurde. Sie zog Pflanzen, die besonders ausdauernd waren, und Blumen, die ihr Heim mit angenehmen Düften erfüllten.

Wie bei der Meditation ist das Entwickeln und Nachgehen einer Leidenschaft an sich die Belohnung, aber darüber hinaus kann sie auch noch viele wertvolle »Begleiterscheinungen« hervorrufen. Wir wissen nicht, wohin unsere Leidenschaften uns führen oder welcher Nutzen uns daraus erwächst, wenn wir unseren Herzen und unserem Glück folgen. In dem Buch »Journey« erzählen Robert und Suzanne Massie die dramatische Geschichte, wie sie ihren hämophilen

Sohn Bobby aufzogen. Als junges Paar mußten die Massies nicht nur sich und ihren Sohn mit der Krankheit vertraut machen, auch ihre Familie, die Lehrer ihres Kindes und sogar Angehörige der Heilberufe informierten sie über Hämophilie. Sie erzählen, wie sie sich von Ende der fünfziger bis Anfang der siebziger Jahre unentwegt abmühten, um ihrem Sohn die beste und auf den neuesten Erkenntnissen basierende Versorgung angedeihen zu lassen. Erst dann begann die moderne Medizin zu verstehen, wie man die schweren, schmerzhaften und lebensgefährlichen Blutungen in den Gelenken und Muskeln behandelt, die bei der Bluterkrankheit auftreten können. Als Bobby aufwuchs, durfte er aufgrund der Gefahr, sich schwere Verletzungen zuzuziehen, nicht toben und sich nicht an den üblichen Kinderspielen beteiligen. Als Folge starker Blutungen mußte er oft einen Gipsverband an seinen Gelenken tragen, wodurch es für ihn noch schwieriger war, eine unbeschwerte und normale Beziehung mit anderen Kindern zu unterhalten. Wegen seiner Blutungen fehlte er oft wochenlang in der Schule, und die Notwendigkeit seiner besonderen Pflege, die seine Eltern und Geschwister extrem forderte, führte dazu, daß die Familie sich auf problematische Weise isolierte.

Suzanne beschreibt den Schmerz, den sie dabei empfand, Bobbys unaufhörliches Martyrium mitanzusehen, als fast unerträglich. Das Ganze löste bei ihr eine spirituelle Krise aus. Sie berichtet ausführlich über diese schlimme Zeit, in der sie um Gottes Hilfe und Kraft betete, um mit Bobbys Leiden fertig werden zu können. Durch Gebete und ihre Entschlossenheit weiterzumachen, fühlte sie sich schließlich gestärkt und lernte so etwas wie Geduld angesichts des Schicksals, das ihr, Bobby und ihrer Familie auferlegt worden war. Ihre Geschichte handelt von enormem Mitgefühl, seltener Einsicht und großem spirituellem Wachstum.

Eines Tages schwoll Bobbys Knie aufgrund einer Blutung im Gelenk so stark an und wurde der Schmerz derart unerträglich, daß er ins Delirium fiel. Er konnte nicht einmal das Gewicht eines Lakens auf seinem Bein aushalten und es nicht ertragen, berührt zu werden. Suzanne wachte bei Bobby während seiner starken Blutung den ganzen ersten Tag und die ganze erste Nacht, den zweiten Tag und die zweite Nacht und schließlich den dritten Tag und die dritte Nacht. Mitten in jener dritten Nacht der unabwendbaren Qual ihres Sohnes und ihrer eigenen Ängste um ihn verspürte Suzanne auf einmal das Bedürfnis, etwas anderes zu tun, ein Bedürfnis, das ihr offensichtlich wegen ihrer Erschöpfung gekommen war. Sie beschloß, ihrem Instinkt zu folgen, und überzeugte Bobby davon, sich in eine Position zu bewegen, von der sie irgendwie wußte, daß sie seine schrecklichen Schmerzen lindern würde. Nachdem sie ihn in eine andere Lage gebracht hatte, legte sie Kissen um sein Bein herum und begann, ihn von seinen Schmerzen abzulenken, indem sie von dem kürzlich erfolgten Mondflug erzählte. Auf diese Weise durchbrachen Mutter und Sohn für einige Minuten die uneingeschränkte Macht, die der Schmerz über Bobby ausgeübt hatte.

Als Suzanne sich anstrengte, Bobby auf einen verzweifelt benötigten Schlaf vorzubereiten, betete sie heftig um Hilfe. Plötzlich hatte sie das Gefühl, als ob ihr befohlen worden wäre, ihre Hand auf Bobbys Knie zu legen. Sie zögerte, weil sie Angst hatte, ihrem Sohn Schaden und weiteren Schmerz zuzufügen. Aber wieder spürte sie deutlich, daß ihr befohlen wurde, ihre Hand auf sein Knie zu legen. Ganz langsam bewegte sie ihre Hand näher und näher, bis sie für einen kurzen Augenblick sachte sein Knie berührte. Bobby konnte sich sogleich entspannen und einschlafen, und ein tiefes Gefühl von Frieden kam über Suzanne. Sie war sich im Grunde ihres Herzens sicher, daß die schreckliche Episode vorüber war.

Um sich von der großen und ständigen Belastung abzulenken, suchte Suzanne etwas, das ihren Geist beschäftigte. Sie brauchte eine geistige Herausforderung und Disziplin, um ihren Gedanken eine andere Richtung zu geben. Sie schreibt, daß eine innere Stimme sie anwies, Russisch zu lernen, ihrer Leidenschaft für russische Musik und russischen Tanz zu folgen. Während sie diese neue Sprache lernte, beschäftigte sie sich außerdem mit der russischen Geschichte und las von den Romanows, der letzten königlichen Familie, die bis zur Revolution 1917 über Rußland herrschte. Von den fünf Kindern der Romanows war ein Sohn, Alexis, ebenfalls ein Bluter gewesen, dessen Leiden jedoch nicht so gravierend war wie Bobbys. Robert Massie, zu der Zeit Journalist, wurde auch von einer Faszination für die Romanows erfaßt und schrieb einen Artikel über Zarewitsch Alexis. Als sein Interesse für die russische Geschichte wuchs und seine Forschungen über die Romanows immer intensiver wurden, schlug Suzanne ihm vor, ein Buch zu diesem Thema zu schreiben.
Im Laufe der Jahre lernte Bobby, auf unabhängige und positive Weise mit seiner Krankheit fertig zu werden. In einem Abschnitt in dem Buch »Journey« schreibt er, daß er aufgrund seines Leidens viel über sich herausfand. Die Situation der Massies führte zu ihrer Leidenschaft für die russische Geschichte und Kultur, die wiederum zu Roberts umfangreichen Forschungen über die Familie Romanow und zum Verfassen des Bestsellers »Nikolaus und Alexandra: die letzten Romanows und das Ende des zaristischen Rußland« führte. Dabei war Suzanne ihm eine Mitarbeiterin von unschätzbarem Wert. Robert schreibt, daß er und Suzanne von einer starken Ahnung geführt wurden, daß sie als Eltern eines Bluters ein einzigartiges Buch schreiben würden. Der Erfolg ihres Werkes befreite die Familie von schwierigen finanziellen Umständen. Dadurch, daß sie sich der Herausforderung von Bobbys Ge-

sundheit stellten, fanden die Massies ihre Begabung als Autoren, die zu ihrem Geschenk für die Welt wurde.
Denken Sie daran, daß jede Leidenschaft geeignet ist. Finden Sie eine. Folgen Sie einer.

Schaffen Sie sich ein neues Vokabular

Ich habe bereits beschrieben, welche negativen Auswirkungen es haben kann, im Bewußtsein der Wundologie zu leben. Auch wenn es nicht schaden kann, einem anderen gegenüber den Schmerz und die Angst zum Ausdruck zu bringen, die eine Krankheit in Ihr Leben bringt, sollten Sie nicht in die Falle gehen, ständig die »Sprache des Schmerzes« zu sprechen.
Zu diesem Zweck sollten Sie sich ein neues Vokabular angewöhnen, das Ihren Zustand in optimistischen, heilsamen oder spirituellen Begriffen beschreibt. Beziehen Sie sich beispielsweise auf Ihre Krankheit als »eine spirituelle Reise in einen neuen Teil von mir«. Ich lernte einmal eine Frau kennen, die auf ihre Krankheit als »eine Freundin, die gekommen ist, um mich große Wahrheiten zu lehren« verwies. Ihre Krankheit als »Freundin« zu bezeichnen half ihr, die Angst vor ihrer Situation zu mindern, weil sie niemals eine Freundin hatte, vor der sie sich fürchtete. Sie assoziierte ihre Freundinnen mit Liebe, Freude und Vertrauen, und dadurch, daß sie an ihre Krankheit als eine Freundin dachte, hatte sie das Gefühl, daß sie mit ihr kommunizieren konnte. Sie glaubte, ihre Krankheit würde sie verlassen, wenn ihre gemeinsame Zeit abgelaufen wäre, und genau das passierte auch. Kaum war sie geheilt, hielt sie sogar ein Ritual ab, um sich von ihrer Freundin zu verabschieden – ein gutes Gegenmittel gegen anhaltende Wundologie, das viel mehr Leute ausprobieren sollten.

Der Zweck, sich einen positiven Wortschatz für Ihre Situation aufzubauen, besteht darin, Sie dabei zu unterstützen, »aus Ihrer Krankheit herauszuwachsen«. Sie müssen das Gefühl haben, größer und mächtiger zu sein als die Krankheit in Ihrem Körper. Sie sollten sich ständig daran erinnern, daß Ihr Körper zahlreiche gesunde Ressourcen hat, auf deren Hilfe Sie sich verlassen können. Sie haben Liebe, Sie haben Hoffnung, Sie haben Glauben. Das sind mächtige Verbündete.
Versuchen Sie, eine Geschichte über Ihr Leben als eine Reise mit dem Titel »Meine Biographie wird zu meiner Biologie« zu verfassen. Schreiben Sie über all die wunderbaren Erfahrungen, die Sie in Ihrem Leben gemacht haben. Suchen Sie nicht nur nach den traurigen Augenblicken, die zu Ihrer Krankheit oder Lebensherausforderung beigetragen haben. Die guten Zeiten tragen zu Ihrer Gesundheit bei – machen Sie von ihnen Gebrauch. Schreiben Sie über die liebevollen Beziehungen, die Sie jetzt haben und in der Vergangenheit hatten. Rufen Sie sich die schönen Ereignisse ins Gedächtnis. Füllen Sie sich mit Erinnerungen an Zeiten, in denen Sie Ihr Leben liebten und dankbar dafür waren, am Leben zu sein.
Bitten Sie die Freunde und geliebten Menschen, die Sie unterstützen, sich daran zu beteiligen, ein positives Vokabular für Ihre Erfahrungen zu schaffen. Ein Mann beschrieb seine tägliche Reise als »in die Heilquelle eintreten«. Beachten Sie, daß er dadurch Distanz herstellte, daß er sich auf *die* Quelle und nicht auf *meine* Quelle bezog. Für ihn enthielt dieser Ausdruck eine tiefe doppelte Bedeutung: Die Heilquelle stellte seine tägliche Bemühung dar, seine Emotionen zu reinigen, und sie erinnerte ihn außerdem daran, seine »Heilung« in den Mittelpunkt zu stellen.
Manche schreiben Gedichte, die sie mehrmals täglich wiederholen. Einige verfassen Verse zu ihrer Lieblingsmusik. Sie müssen die Wörter finden, die Ihnen helfen, sich von Ihrer

Krankheit zu distanzieren, und die Sie mit Macht erfüllen. Während Sie damit beschäftigt sind, vergessen Sie nicht, daß Sie selbst größer als Ihre Krankheit sind und daß Sie größer als die Krankheitserfahrung werden. Denken Sie an Ihre Krankheit in nicht mehr als ein oder zwei Worten und stellen Sie sich dann als »Herausgeber« Ihrer Krankheit vor, der diese Worte aus Ihrem Geist, Ihrem Herzen und Ihrer Seele neu formulieren und löschen kann.

Den Energiefluß überprüfen

Machen Sie es sich zur täglichen Gewohnheit, darauf zu achten, wo Sie Ihre Energie investiert haben. Achten Sie darauf, wann Energie Ihren Körper verläßt, und schätzen Sie ab, warum und wohin sie gegangen ist. Wenn Ihre Energie sich an ein Ziel bindet, das Ihnen Energie entzieht, sagen Sie sich, daß Sie sich davon »loslösen«. Lernen Sie zu spüren, wie die Energie in Ihren Körper hinein- und wieder hinausfließt – dazu ist lediglich bewußte Aufmerksamkeit erforderlich. Sie kennen bereits die Empfindung, daß Energie aus Ihrem Körper entweicht, wenn Sie wütend oder verängstigt sind – Sie fühlen sich sofort geschwächt. Einige Menschen entwickeln heftige Kopf- oder Rückenschmerzen. Interpretieren Sie jedes physische Symptom als ein Zeichen dafür, daß Sie Energie verlieren.

Als vorbeugende Maßnahme richten Sie täglich Ihre Energieschaltkreise auf positive Quellen, die Ihnen helfen können, sich mit Kraft und Licht erfüllt zu fühlen. Ich kenne einen Mann, der sich vorstellte, wie sich seine Schaltkreise mit den Statuen von Jesus und Maria verbinden, die in der Kirche standen, die er besuchte. Sich jeden Morgen und jeden Abend an diese Bilder »anzuschließen« vermittelte ihm das Gefühl, bewußt mit

der Energie Gottes verbunden zu sein. Andere Leute, die ich kenne, visualisieren, daß Ihre Energieschaltkreise an der Kraft der Sonne oder andere natürliche Systeme angeschlossen sind, die in ihrer Lebenskraft unendlich sind und die allgegenwärtige Unterstützung der Natur repräsentieren.
Ein anderer wirksamer Weg, um Ihre Schaltkreise zu verbinden oder zu trennen, ist Ihre Atmung. Beim Einatmen stellen Sie sich vor, daß Sie all Ihre durch Belastung verlorengegangene Energie wiedererlangen. Sie verbinden Ihre Energie, indem Sie Ihre eigene Energie und Kraft einatmen. Stellen Sie sich ein Symbol für Stärke und Kraft vor, während Sie sich auf das Ausatmen vorbereiten. Konzentrieren Sie sich auf Ihr Symbol, atmen Sie aus, und lassen Sie Ihre Energie mit den Worten frei: »Ich verbinde mich mit der Energie dieses Symbols der Stärke und Kraft. Ich bitte darum, daß seine Energie ständig in mein System hineinfließt.« Sobald Sie sich mit einem Symbol verbunden haben, das für Sie Kraft darstellt, fließt seine Energie fortwährend in Sie hinein.

Üben Sie sich in Dankbarkeit

Möglicherweise fühlen Sie sich von einer Flut von Empfehlungen für Ihre Heilung leicht verwirrt. Bis Sie alle Ihre Meditationsübungen, Ihre therapeutische Arbeit und Ihr tägliches Training erledigt haben, mag es den Anschein haben, daß Ihnen die Energie und das Tageslicht knapp werden. In Wahrheit muß es nicht so überwältigend sein, wie es aussieht.
Positive Einstellungen zusammen mit der dreiteiligen Sicht werden schließlich zu einer Gewohnheit und nicht zu einer Anstrengung. Wenn Sie nach einer geeigneten Diät leben, essen Sie weiterhin mehrmals täglich; der einzige Unterschied liegt in dem, *was* Sie essen. Es könnte für Sie ungewohnt sein,

Tagebuch zu führen; dann tun Sie es zunächst nur einmal die Woche, und wenn Sie wirklich Freude daran finden, machen Sie häufiger Eintragungen. Geben Sie vor allem Ihr Bestes dabei, Ihre Krankheit nicht zu fürchten, sondern Wege zu finden, um inspiriert zu bleiben.

Nur wenige Praktiken beruhigen unsere Seelen so sehr wie Dankbarkeit. Dankbar anzuerkennen, was das Leben uns geschenkt hat und uns weiterhin schenkt, läßt das Leben in unseren Systemen gedeihen. Machen Sie sich Dankbarkeit zur Gewohnheit. Suchen Sie nicht nur nach dem Großen und Offensichtlichen als einem Grund für Dankbarkeit. Lernen Sie, Ihr Leben wie durch ein Weitwinkelobjektiv zu sehen, das jede Einzelheit aufnimmt.

Beziehen Sie schließlich in Ihre Bemühung, für alles in Ihrem Leben dankbar zu sein, sich selbst ein. Verwöhnen Sie sich mit Zeit – Zeit, um sich selbst besser kennenzulernen, und Zeit, um diejenigen zu lieben und zu würdigen, die Teil Ihres Lebens sind. Oder geben Sie sich einfach offen auf eine Art und Weise hin, wie Sie es sich immer gewünscht, aber wozu Sie sich nie die Erlaubnis gegeben haben. Weichen Sie von Ihrem gewohnten Weg ab.

Zugegeben, Heilung ist eine einsame Reise. Nur wenige Hindernisse, denen wir jemals begegnen, sind lebensbedrohend, aber eine Krankheit ist es. Psychologisch und spirituell vernichtende Erfahrungen wie der Verlust eines Kindes oder eine schmerzliche Scheidung können genauso gefährlich sein; der Schmerz, den sie hervorrufen, kann zu einem schweren physischen Zusammenbruch oder gar zu Selbstmord führen. Bleiben Sie Ihrem Bestreben, geistige und körperliche Gesundheit wiederzuerlangen, verpflichtet. Lassen Sie die Beschränkungen, die Sie heute erfahren, nicht das beeinflussen, was Sie morgen erfahren können.

Alles ist möglich, und der Himmel hört immer zu.

Kapitel 7

Die Chakras visualisieren

Wie wir bereits gesehen haben, besitzt der physische Körper sieben Ebenen der inneren Macht. Jede Machtebene ist nicht nur einem physischen System innerhalb des Körpers zugeordnet, sondern bezieht sich auch auf äußere und innere Fragen, die Teil unseres Lebens sind. Diese Sicht des Körpers ist eigentlich sehr alt. Die Lehren und Schriften aus den buddhistischen, hinduistischen, hebräischen und christlichen spirituellen Traditionen spielen alle auf die sieben heiligen Ebenen der Macht an, welche die durch den Körper fließende Lebenskraft enthalten und regeln. Die Symbolik der Chakras, des Lebensbaums der jüdischen Kabbala und der sieben christlichen Sakramente stellen eine innere Straßenkarte dar, einen spirituellen Reifungsprozeß, der uns aus dem Unbewußten zum Bewußtsein und schließlich zum »Überbewußtsein« führen kann. Die sieben Ebenen unseres Energiekörpers zeichnen die winzigsten Einzelheiten unseres Lebens auf und wie wir unsere Lebenskraft verteilen. Diese gründliche Buchführung soll uns dabei unterstützen, unsere Energie bewußt einzusetzen, sie auf eine Weise zu verwenden, die den Geist nährt anstatt ihn zu schwächen. Wir entwickeln uns spirituell, wenn wir die mit jeder Machtebene verknüpften Lektionen lernen und immer subtilere Eigenschaften des Selbstverständnisses und der Einsicht entfalten.

Eine gute Methode, um mit diesen sieben Machtebenen vertraut zu werden, besteht darin, sich aktiv darin zu üben, die Energie eines jeden Chakras zu visualisieren. Die Visualisierungen in diesem Kapitel können Ihnen helfen, sich mit Ihren sieben Machtzentren zu verbinden und diese Energien für Sie realer und nutzbar zu machen. Diesen Übungen liegen nicht nur die östlichen Chakra-Vorstellungen zugrunde, sondern auch die vertrautere westliche Bildersprache der christlichen Sakramente sowie die Sephiroth des kabbalistischen Lebensbaums. Sie können sich vorstellen, wie die Chakras, Sakramente und Sephiroth zusammenarbeiten, um die Energie eines heilenden Feuers hervorzubringen.
In allen spirituellen Traditionen ist das Feuer eine Kraft, die den Körper zu reinigen vermag. Es verbrennt Krankheit, Verderbtheit und negative Einflüsse. Dadurch, daß Sie das Bild des heilenden Feuers und Ihr Vorstellungsvermögen einsetzen, können Sie die Heilung auf allen Ebenen Ihres Seins – physisch, emotional und spirituell – beschleunigen.
Wenn Sie die Vereinigung der Chakras, der Sakramente und des Lebensbaumes visualisieren, sind Sie möglicherweise nicht immer imstande, klare Bilder oder überhaupt irgendein Bild zu produzieren. Manchmal scheinen Ihre Visualisierungen verschwommen oder schwer bestimmbar zu sein. Das ist alles in Ordnung: Bei dieser Arbeit kommt es vor allem darauf an, daß Sie sie diszipliniert und vertrauensvoll durchführen. Versuchen Sie, dem Unsichtbaren Form zu verleihen, und vertrauen Sie darauf, daß die unsichtbare Welt mit der physischen zusammenarbeitet. Wenn Sie die Visualisierung zu einem festen Teil Ihres Bewußtseins machen, vermag das heilende Feuer in Ihrem Inneren zu wirken, auch wenn Sie nicht darüber nachdenken. Einmal entfacht, wird dieses Feuer Teil Ihres Unbewußten. Es zeigt sich in Ihren Träumen und Eingebungen und erfüllt Sie mit einer vitalen Kraft.

Sie können die Visualisierungen, die sich der Erörterung der einzelnen Chakras anschließen, auf Band aufnehmen. Wenn Sie sie abspielen, können Sie dem Text mit geschlossenen Augen folgen und sich voll auf Ihre inneren Energien konzentrieren.

Das erste Chakra

Das erste Chakra ist das Stammeszentrum unserer Körper. In der Hindu-Tradition wird es Muladhara genannt, ein Sanskrit-Begriff mit der Bedeutung »Wurzelkraft«. Im Buddhismus wird dieses Zentrum als Verbindungspunkt zur Erde verstanden. Durch dieses Chakra am unteren Ende der Wirbelsäule fließen die Wurzeln des kabbalistischen Lebensbaumes, die auf hebräisch als Shekinah bezeichnet werden. Und in der christlichen Tradition wird dieses Zentrum symbolisch als das Sakrament der Taufe dargestellt. Obgleich diese Traditionen mit unterschiedlichen Begriffen auf die Macht dieses Zentrums verweisen, beziehen sie sich doch alle auf dieselbe Qualität von Energie: Es ist eine weibliche Energie, die für die Erde steht. Wenn Sie sich alle die verschiedenen Möglichkeiten zur Beschreibung dieser Energie als eine vereinte Kraft vorstellen können, fangen Sie an, das Wesen der Macht des ersten Chakras zu erfassen.

Die Energie unseres ersten Chakras soll uns erden. Sie soll uns fühlen lassen, daß wir Teil des großartigen Universums des Lebens sind und zugleich untrennbar mit der physischen Dimension des Lebens verbunden. Weil diese Energie so unmittelbar im physischen Leben wurzelt, weil sie durch diese Verbindung nährt und genährt wird, gilt sie als eine weibliche Kraft. Diese Kraft kann man sich als unsere Verbindung zur eigentlichen Energie der Erde selbst vorstellen. Eine starke und positive Verbindung mit der Energie dieses Chakras ist für unsere Gesundheit unentbehrlich, weil wir energetische Wesen sind. Unser physischer Körper erzeugt elektrische Ströme, diese wiederum verbinden uns mit den physischen Lebensmustern der Erde.

Wenn wir diese Verbindung nicht anerkennen oder sie anderweitig verletzen, erfahren wir die Schattenseite des ersten Chakras. Wir werden unausgeglichen; es fällt uns schwer, uns in der physischen Welt zu offenbaren; wir können Dinge nicht so geschehen lassen, wie wir es gern hätten; unsere schöpferischen Bemühungen werden blockiert und vereitelt. Jede Lebensform muß bis zu einem gewissen Grad mit dem Magnetfeld der Erde verbunden sein. Wenn wir unsere vitale Verbindung ausschalten, fließt auch die Energie, die wir benötigen, um in der Welt Erfolg zu haben, nicht durch unsere Systeme.

Eine weitere Schattenseite des ersten Chakras ist die Unfähigkeit, einen Platz auf Erden zu finden, der »sich heimisch anfühlt«. Diejenigen, denen eine bewußte Verbindung mit dem ersten Chakra fehlt, finden viele Plätze schön, die sie besuchen, aber keiner scheint sie derart zu fesseln, daß sie dort wirklich leben möchten. Sie sehnen sich nach einem Ort, an dem sie wohnen können, und nach einer Gemeinschaft, der sie angehören können. Doch auch wenn sie sich schließlich irgendwo häuslich niederlassen, scheint etwas an ihrer Verbindung zu diesem Platz immer unvollkommen zu sein.

Auch eine Krankheit ruft oft die Empfindung hervor, daß wir den Kontakt zu unserer physischen Welt verlieren, daß wir uns von dem innersten Teil unseres persönlichen Lebens getrennt haben. Vom energiemedizinischen Standpunkt aus empfinden wir so die Abgetrenntheit der Energie von den Wurzeln des Lebens oder dem ersten Chakra.

Diese Abgetrenntheit läßt Sie mit einer vagen Wahrnehmung von der Welt um Sie herum zurück. Das Positive, das sich in

Ihrer physischen Umgebung befindet, läßt Sie kalt. Vielleicht fühlen Sie sich isoliert und verloren. Aber wenn Sie sich auf die Energie Ihres Wurzelchakras konzentrieren, können Sie sich mit Ihrer Lebensenergie wieder verbinden und sie in Ihr Leben zurückleiten.

Das Feuer im ersten Chakra entzünden

Konzentrieren Sie sich auf Shekinah – die weibliche schöpferische Kraft in Ihrem Leben – und Muladhara, die Wurzel Ihres Lebens. Visualisieren Sie, was diese Wurzeln sind; sehen Sie, was Sie belebt, worin Ihre eigenen Wurzeln aktiv verankert sind; was Ihnen selbst Nahrung und Pflege gibt. Stellen Sie sich vor, wie Ihre Energieschaltkreise zu allem, was für Sie in Ihrer physischen Umgebung bedeutsam und kostbar ist, Verbindung herstellen: zu Ihrem Zuhause, Ihrem Lebensgefährten, Ihren Freunden oder engen Familienmitgliedern; zu Ihrer Arbeit, Ihren Lieblingssachen oder -beschäftigungen. Nehmen Sie diese Verbindung mit allen Ihren Sinnen wahr; richten Sie Ihre Energie darauf, sich auszustrecken, um sich mit allem, was Sie in Ihrem Geist und Herzen hegen, zu verbinden und davon aufgeladen zu werden. Fühlen Sie sich mit der Kraft all dieser positiven Einflüsse, dieser energetischen Reichtümer erfüllt.

Jetzt richten Sie Ihre Aufmerksamkeit auf die symbolische Bedeutung des Sakraments der Taufe – erkennen Sie voller Dankbarkeit jeden Aspekt Ihres Lebens und all diejenigen, die Teil Ihres Lebens sind, an. Stellen Sie sich vor, daß Sie in Ihr eigenes Leben wiedergeboren sind und Ihre starke Lebenskraft zu Ihrem ganzen Leben beitragen. Fühlen Sie diese Lebenskraft zu Ihnen zurückkehren, während Sie wiederholen: »Ich verbinde mich mit allem, was in meinem Leben ist. Ich bin mit der Energie der Dankbarkeit erfüllt, und ich lasse diese Energie mit ihrer ganzen Kraft durch meinen physischen und spirituellen Körper fließen.«

Das zweite Chakra

Ihr zweites Chakra oder Energiezentrum ist in der Hindu-Tradition als Svadhishthana bekannt, was »schöpferischer weiblicher Wohnort« bedeutet, und in der hebräischen Tradition als Jesod. In der christlichen Tradition repräsentiert es das Sakrament des Abendmahls. In der kabbalistischen Überlieferung wird dieses Zentrum im allgemeinen als männlich betrachtet und versinnbildlicht die für die Schöpfung erforderliche aktive physische Energie. Aber es kann auch weiblich sein, weil es das Zentrum der Schöpfung des Lebens ist, und für die Zeugung des physischen Lebens sind sowohl männliche als auch weibliche Energien notwendig. Sie geben und empfangen greifbare Lebenskraft aus dem zweiten Chakra, die durch Ihre Sexualität kommt und geht. Das zweite Chakra befindet sich in der Geschlechtsregion des Körpers.

Wie das erste Chakra ist dieses Energiezentrum eine magnetische Festung. Anstatt uns jedoch in unseren Stämmen verwurzelt zu lassen, dient es dazu, daß wir andere anziehen und sie uns. Durch diese Energie finden wie Partner und Gefährten sowie Gegner. Das zweite Chakra ist der Kern unseres instinktiven Wesens. Es aktiviert unser sexuelles Verlangen, warnt uns vor Gefahren, die wir nicht sehen können, und versorgt uns nötigenfalls mit einem Maß an physischer Kraft, das über unsere normalen Bedürfnisse hinausgeht. Aus diesen Gründen kann man sich das zweite Chakra als unser Überlebenszentrum vorstellen. Es erzeugt physisches Leben und beschützt es.

Die Schattenseite des zweiten Chakras zeigt sich, wenn wir

uns in Gefühle der Aggression, Feindseligkeit, Rache oder Gier verstricken oder ständig bei Erinnerungen an Verrat, körperliche Gewalt oder sexuellen Mißbrauch verweilen. Dieser Geisteszustand kann verschiedene Störungen hervorrufen, einschließlich Impotenz – sowohl sexuelle Impotenz als auch die Unfähigkeit, Kreativität in Beziehungen zu erhalten. Wir können unfähig werden, mit denjenigen, mit denen wir eine persönliche Beziehung haben, über Schwingungen verbunden zu bleiben, weil unsere Energie schneller erschöpft wird, als daß sie ergänzt werden kann. Dies folgt aus unserer Besessenheit von negativen Gedanken.

Das Feuer im zweiten Chakra entzünden

Konzentrieren Sie sich zuerst auf die Energie von Jesod, auf Ihren Sinn für schöpferische Kraft. Bringen Sie in Ihren Geist, Ihr Herz und Ihre Seele Bilder von dem, was Sie in Ihrem Leben erschaffen haben, und stellen Sie sich dann bildlich vor, was Sie noch gern erschaffen würden. Visualisieren Sie Energieschaltkreise, die von Ihrem zweiten Chakra in die Bilder von allem, was Sie erschaffen möchten, fließen, sehen Sie Leben von Ihrem energetischen Körper ausströmen; dann konzentrieren Sie sich auf die Natur von Svadhishthana. Während dieser Visualisierung wiederholen Sie die Sätze: »Ich bin ein Gefäß der Schöpfung. Ich bin auf magnetische Weise lebendig, und ich vermag Leben zu erschaffen.«

Nun konzentrieren Sie sich auf das Sakrament des Abendmahls, das Ihre Verbindung zu den vielen Beziehungen in Ihrem Leben verkörpert. Das Abendmahl symbolisiert die Erkenntnis, daß jede Person in Ihrem Leben, ungeachtet der Qualität Ihrer Beziehung, eine göttlich angeordnete Rolle spielt. Richten Sie Ihre Aufmerksamkeit auch auf die Beziehungen, die Sie als negativ

betrachten, und stellen Sie sich vor, wie Sie Ihre Energieschaltkreise aus ihnen ausstöpseln. Lassen Sie sich nicht davon abschrecken, daß Sie nicht verstehen, wie die Person irgendeinen positiven Beitrag zu Ihrem Leben geleistet haben könnte; arbeiten Sie daran, wie schwer es Ihnen auch fallen mag, bis Sie es mühelos und mit aufrichtiger Dankbarkeit akzeptieren können. Sagen Sie jeder Person, daß Sie dankbar für die Rolle sind, die sie in Ihrem Leben spielt und die Sie in ihrem Leben spielen. Dann fühlen oder stellen Sie sich vor, daß Ihre Energieschaltkreise zu Ihrem System zurückkehren und Ihr zweites Chakra versiegeln, damit nicht mehr Energie verlorengeht.
Wenn Sie diesen Teil der Übung abgeschlossen haben, lenken Sie Ihre Aufmerksamkeit auf die liebevollen Beziehungen in Ihrem Leben, und lassen Sie diese Liebe Ihr zweites Chakra mit einem strahlendgelben Licht erfüllen. Richten Sie Ihre Energieschaltkreise auf diese Menschen, senden Sie ihnen Ihre Liebe, und stellen Sie sich eine Vereinigung mit ihnen vor. Wiederholen Sie wieder die Sätze: »Ich bin ein Gefäß der Schöpfung. Ich bin auf magnetische Weise lebendig, und ich vermag Leben zu erschaffen.« Das ist die tiefste symbolische Bedeutung des Abendmahls.

Das dritte Chakra

In der hebräischen Tradition umfaßt das dritte Energiezentrum zwei für unsere Seelen äußerst wichtige Kräfte – die Sephirah Hod verkörpert Integrität und Herrlichkeit, und Netzach steht für die Ausdauer. In der Hindu-Tradition wird diese Energie als Manipura bezeichnet, was die »Stadt des leuchtenden Juwels« bedeutet, und in der christlichen Tradition steht sie mit dem Sakrament der Konfirmation in Verbindung. Alle diese Beschreibungen beziehen sich auf dieselben wesentlichen spirituellen Kräfte: Selbstachtung, Selbstrespekt und Integrität.

Respekt vor uns selbst ist für die Heilung unerläßlich. Ein Mangel an Selbstrespekt oder ein unehrenhafter Charakter ist an sich eine Krankheit. Wenn wir nicht über die spirituellen Grundeigenschaften Ausdauer, Integrität, Ehre und Selbstachtung verfügen, wird die Heilung des physischen Körpers zu einer doppelten Herausforderung.

Sie spüren es leicht, wenn Sie die Schattenseite des dritten Chakras betreten: Sie manifestiert sich als Scham, Unzulänglichkeit, Befangenheit und Angst vor anderen. Negative Gefühle erschöpfen die Energie, die Sie zum Heilen brauchen. Denken Sie darüber nach, was Ihre Ausdauer und Integrität untergräbt, wo Ihre Energieverluste auftreten. Integrität ist nicht nur die Art und Weise, wie Sie sich anderen gegenüber verhalten. Es ist auch die Art und Weise, wie Sie mit sich selbst umgehen. Können Sie sich zu etwas verpflichten und sich dann an diese Verpflichtung halten? Können Sie sich versprechen, Ihre persönlichen Verhaltensmuster zu ändern (eine mit dem dritten Chakra assoziierte Disziplin), und dann dieses Versprechen halten? Können Sie sich, um Ausdauer zu entwickeln, auf eine Veränderung in Ihrem Lebensstil festlegen und dem Unbehagen, diesen neuen Weg zu beschreiten, widerstehen? Können Sie sich ansehen und Stolz auf Ihren Ehrenkodex empfinden?

Zwar spielen alle Chakras eine wichtige Rolle bei Ihrer Heilung, aber das dritte Chakra enthält die Energie der Ausdauer – die Kraft, die Reise durchzuhalten. Die Verpflichtung sich selbst gegenüber, durchzuhalten, kann als das Rückgrat Ihrer Herausforderung zur Heilung betrachtet werden.

Ihre Verpflichtung sich selbst gegenüber gibt Ihnen das Vermögen, durchzuhalten, was psychologisch, emotional und physisch über Ihre Grenzen hinauszugehen scheint. Als eine

Sache der spirituellen Ehre und des Selbstrespekts spiegelt Ihre Verpflichtung zur Heilung Ihre Achtung vor der Heiligkeit Ihres Lebens wider. Dieser Verpflichtung treu zu bleiben – Tag für Tag und Stunde für Stunde, aktiv und passiv, in Ihren Träumen und in Ihren Gedanken – bewirkt einen hohen Grad an Selbstachtung und Selbstbewußtheit.

Das Feuer im dritten Chakra entzünden

Denken Sie darüber nach, was Sie für Ihre physische, emotionale und spirituelle Heilung tun müssen. Richten Sie Ihre Aufmerksamkeit auf Ihr drittes Chakra. Nehmen Sie die Botschaften wahr, die es Ihnen übermittelt. Was müssen Sie loslassen? Was müssen Sie festhalten? Wie wird sich das Loslassen oder das Festhalten auf Ihre Heilung auswirken?
Schwören Sie sich, alles zu tun, was Sie für Ihren physischen, emotionalen und psychologischen Körper brauchen. Die bedeutsamsten Versprechen sind diejenigen, die Sie Ihrem Geist geben. Ihr Geist braucht Hoffnung, Inspiration, Gebet und die Energie der Vergebung. Versprechen Sie Ihrem Geist, daß Sie in der Gegenwart leben und folglich ihn und sich selbst nähren und stärken werden. Beten Sie jeden Tag. Rufen Sie während des Gebets Ihren Geist aus Ihrer Vergangenheit zurück. Lassen Sie Erinnerungen und Plätze hinter sich, die Sie vor langer Zeit hätten hinter sich lassen sollen, auch wenn sich »vor langer Zeit« auf Ereignisse bezieht, die erst heute eingetreten sind.
Bringen Sie Ihr Versprechen, sich zu heilen, sowohl in allgemeinen als auch in konkreten Begriffen zum Ausdruck, und notieren Sie es sich, um alles, was Sie für sich tun müssen, besser überblicken zu können: »Ich verspreche, jederzeit in der Gegenwart zu leben und zu sein. Das bedeutet, daß ich Probleme zwischen mir und meinem Partner oder zwischen mir und mei-

nen Kindern begraben werde. Ich werde aufhören, mir selbst zu hart zuzusetzen, und werde mir die Zeit für mein sportliches Training und mein neues Ernährungsprogramm nehmen. Ich werde zweimal täglich meditieren und rechte Rede und rechtes Handeln mir und anderen gegenüber praktizieren.« Denken Sie über alles nach, was Sie für Ihre Heilung tun wollen und tun müssen.

Beim Aufschreiben Ihres Versprechens finden Sie es vielleicht hilfreich, daran als an eine »Stadt des leuchtenden Juwels« zu denken, wie das dritte Chakra in der Hindu-Tradition bezeichnet wird. Stellen Sie sich vor, daß jedes Versprechen, das Sie sich geben, ein Juwel in einer Krone ist, und daß die Krone die Essenz der göttlichen Macht verkörpert und diese Lebenskraft direkt in Ihren Geist und Ihren Körper hineinzieht. Weil es so schwierig ist, eine Verpflichtung von diesem Ausmaß aufrechtzuerhalten, können Sie eine Kopie des schriftlich festgehaltenen Versprechens bei sich tragen – sei es nur, um sie zu berühren und sich daran zu erinnern, im Augenblick zu bleiben, wann immer Sie das Gefühl haben, abzurutschen. Zu solchen Anlässen können Sie auch die folgende Anrufung wiederholen: »Ich bin mit der Energie der Ausdauer und Ehre erfüllt. Meine Gedanken und Worte führen die Schöpfungskraft selbst mit sich.« Und denken Sie immer daran, daß Ihre Verpflichtung, sofern Sie sie wirklich aufrichtig eingegangen sind, fortwährend Macht auf Sie überträgt, auch wenn Sie sich dessen nicht bewußt sind.

Das vierte Chakra

Der hebräische Begriff für das vierte Energiezentrum lautet Tiphareth, das Symbol für die Energie der Harmonie und Schönheit. Im hinduistischen System wird es Anahata genannt, was »nicht festsitzend« (mit der reinen Schöpfungsenergie fließend) bedeutet. In der christlichen Tradition entspricht dieses Zentrum dem Sakrament der Ehe, das natürlich die Ehe mit einem anderen Menschen versinnbildlicht, aber gleichfalls eine innere Vereinigung von Körper, Geist und Seele im Individuum. Dieses Chakra ist das mittlere Energiezentrum und das Bindeglied zwischen den drei unteren und den drei oberen Chakras. Der Geist sollte die von ihm beaufsichtigten Handlungen durch das Herz lenken, während das Herz mit Mitgefühl und Einsicht die grundlegenden instinktiven Gefühle, Energien und Taten vermittelt, die von den eher physisch orientierten Chakras regiert werden. Überdies hebt uns die Energie des Herzzentrums von der physischen Welt empor und bringt uns mit unserer inneren Welt in Berührung, besonders mit verschiedenen Arten von Liebe.

Es ist fast unmöglich, die Energie von wahrer Liebe, unserer reinsten Verbindung zur Lebenskraft, zu verwechseln. Sie ist die machtvollste Kraft, die durch uns hindurchfließt. Wie spüren es deutlich, wenn wir nicht geliebt werden, sei es, daß wir einen geliebten Menschen verloren haben oder uns darüber klarwerden, daß uns eine Beziehung nicht erfüllt. Dieser Mangel verursacht eine unerträgliche Beanspruchung unseres Energiesystems.

Auch die selbstsüchtige und die besitzergreifende Liebe erschöpfen unsere Energie. Wenn wir jemanden oder etwas unter Vorbehalt lieben, behindern wir den freien Fluß dieses kostbaren Gefühls, das in der symbolischen Bedeutung von Anahata, »nicht festsitzend«, enthalten ist. Die Schattenseite der Liebe und ihrer Energie manifestiert sich als Verbitterung, Eifersucht und Mangel an Vergebung. Diese Schattenemotionen beeinträchtigen zudem unsere Fähigkeit, uns selbst zu lieben und zu respektieren. Sie hindern uns an einer symbolischen Ehe unserer inneren Energien und an dem Versprechen, unsere emotionale Energie zu lieben, zu ehren und zu beschützen.

Heilung erfordert die Energie der Liebe, besonders die Liebe und Sorge für sich selbst. Ferner zieht die Heilung Nutzen aus der Macht der Liebe zum Leben, zur Natur, zu Ihrer eigenen Kreativität und der Liebe zum Göttlichen. Zugegeben, Sie können sich nicht dazu zwingen, sich in jemanden oder in etwas zu verlieben; und Sie können auch nicht einfach eine Person in Ihrem Leben auftauchen lassen, weil Sie diese Energie brauchen. Aber Sie können um göttliche Liebe beten, um Hilfe, Ihr Herz anderen zu öffnen, und um das Mitgefühl, sich selbst freundlich zu behandeln.

Sie können auch ein persönliches Ritual entwickeln, in dem Sie sich selbst in Ihr Herz führen. Tun Sie jeden Tag etwas Schönes oder Anerkennendes für sich. Nehmen Sie Meditationskassetten, sanfte Musik, Yoga oder Massage zu Hilfe, um sich ruhig und gelassen zu fühlen, so daß ein Gefühl der Harmonie Ihren Geist und Ihren physischen Körper erfüllen kann. Falls Sie therapeutischen oder spirituellen Beistand benötigen, dann suchen Sie sich diesen.

Das Feuer im vierten Chakra entzünden

Es führt immer ein Weg zum Selbst. Bringen Sie sich auf den Weg, indem Sie etwas für sich tun, das Sie schon immer tun wollten, aber immer verschoben haben. Lesen Sie Gedichte, die Ihnen Kraft und Inspiration geben. Fangen Sie an zu zeichnen, zu malen, zu bildhauern, ein Musikinstrument zu spielen, zu schnitzen oder zu tanzen. Hören Sie sich Musik an, die Ihnen ein friedliches Gefühl gibt. Unternehmen Sie eine Reise an einen Ort, den zu besuchen Sie nie geschafft haben. Schaffen Sie sich das Haustier an, das Sie sich schon immer gewünscht haben, aber wofür Sie sich nie die Zeit genommen haben. Wenn Sie sich einen echten Wunsch erfüllen, gibt Ihnen das immer Energie und Liebe zurück.

Andere Menschen zu lieben gibt Ihnen heilsame Energie, also nehmen Sie sich die Zeit, um mit denen, die Sie lieben, die Tatsache zu feiern, daß Sie gemeinsam da sind. Lassen Sie sie wissen, wieviel sie Ihnen bedeuten. Seien Sie sich Ihrer Dankbarkeit für die Liebe in Ihrem Leben bewußt – es ist wahrhaftig ein Geschenk, das sowohl gegeben als auch empfangen wird.
Wenn Sie sich mit einer höheren Energie verbinden müssen, führen Sie die folgende Visualisierung durch:

Sehen oder fühlen Sie sich mit göttlicher Energie verbunden, und stellen Sie sich vor, daß Energie durch Ihre Verbindung in Ihr System zurückfließt. Lassen Sie Ihre Nöte und Ängste in diese Energie los. Sehen Sie diese Energie in den Himmel zurückkehren, einem Brief gleich, der abgeschickt und von einem Freund entgegengenommen wird. Sehen Sie Ihren Körper und Ihr Leben als eine spirituelle Einheit.
Jetzt visualisieren Sie Ihre Energieschaltkreise, die Botschaften der Liebe an alle Menschen, denen Sie in Ihrem Leben zugetan sind, übermitteln, und spüren Sie die Energie ihrer Liebe in Ihr System zurückkehren. Dann stellen Sie sich vor, wie Ihre Energie Botschaften der Liebe in die Welt um Sie herum trägt und sich mit der Energie der Natur und allen Lebens verbindet. Stellen Sie sich vor, daß Sie so groß wie die Galaxis und fähig sind, in Ihrem Herzen die göttliche Energie zu umfassen, die an der Wurzel der gesamten Schöpfung existiert. Fühlen Sie sich in Harmonie mit dieser Energie schwingen. Sehen und fühlen Sie sich mit dieser Energie eins werden, die die Lebenskraft selbst ist.
Die frei fließende, »nicht festsitzende« Lebensenergie von Anahata erinnert uns daran, daß die Liebe eine reinigende Kraft ist. Liebe verleiht uns die Macht, die Bürde vergangener Emotionen wegzuräumen. Sehen und fühlen Sie, wie diese vitale Kraft jeden Umweg Ihrer Lebensenergie in vergangene

Ereignisse aufhebt. Spüren Sie, wie die Last von Ihrem Geist und Ihrem Körper fällt. Visualisieren Sie, wie Ihre emotionalen Lasten aus Ihrem System treiben, wie Geröll in einem reißenden Strom. Mit Ihrer geläuterten Sicht können Sie jetzt alles, was in Ihrem Leben ist, sehen und würdigen, sogar Ihre Geschichte, die Sie zu diesem gegenwärtigen Augenblick gebracht hat. Fühlen Sie die beruhigende Wirkung dieser Reinigung. Betrachten Sie nun diese beruhigende Energie als Ihr Lieblingssymbol für Harmonie und innere Ruhe. Während dieser Visualisierung wiederholen Sie sich: »Ich bitte das Göttliche darum, meinen Körper und meinen Geist mit der Heilkraft der Liebe derart zu erfüllen, daß ich ihre Kraft zu fühlen vermag. Ich brauche diese Kraft, damit ich mich heilen und ein volles Leben leben kann.«

Das fünfte Chakra

In der Hindu-Tradition bezieht sich das fünfte Zentrum auf die Energie von Vishuddha, was »geläutert« bedeutet. Dieses fünfte Chakra vereinigt in sich physische und spirituelle Energien. Durch den reinen Gebrauch des Willens verhalten wir uns anderen gegenüber auf eine Weise, die unsere Geistesstärke übermittelt. Die christliche Entsprechung ist das Sakrament der Beichte, das unsere Fehler läutert, indem wir aufgefordert werden, diese offen zuzugeben. Im Buddhismus verkörpert das fünfte Chakra die »rechte Rede«, was sich auf unsere Fähigkeit bezieht, ehrlich zu reden. Dieses Chakra enthält die Energie der hebräischen Kräfte Chesed und Geburah. Chesed symbolisiert Größe und Liebe, unser Vermögen, mit anderen und über andere ehrlich zu sprechen, und unsere Achtung vor der Macht der Wahrheit. Geburah versinnbildlicht das rechte Urteil, und seine Energie gedeiht, wenn wir mitfühlend urteilen und unsere Macht, andere hart und ungerecht zu verurteilen, nicht mißbrauchen.

Rechte Rede und Ehrlichkeit beflügeln andere und stärken unsere Energiesysteme. Umgekehrt verlieren wir ein beträchtliches Maß an Macht, wenn wir unseren Willen unüberlegt einsetzen, besonders wenn wir im Sog von Fehleinschätzungen und ungerechten Urteilen handeln. Sie können die Auswirkung eines negativen und kostspieligen Urteils spüren, denn Sie merken augenblicklich, daß Sie einen Fehler gemacht haben: Ihre Energie fließt aus Ihrem System wie Flüssigkeit, die aus einem zerbrochenen Glas sickert. Dieser Abfluß tritt auch dann ein, wenn Sie negative Urteile über sich selbst und Ihr Verhalten fällen. Und jedes Beharren auf Ihre Fehlurteile über andere erhöht Ihren Energieverlust. Unehrlichkeit, ein Schattenaspekt des fünften Chakras, ruft noch mehr energetische Erschöpfung hervor, weil Sie »die Lüge beschützen« müssen, die Sie ins Leben gerufen haben. Solche negativen Geisteshaltungen lösen im physischen Körper eine Adrenalin-Reaktion aus und enden häufig mit chronischer Erschöpfung, Depression und geringer Selbstachtung.

Diese negativen Einstellungen und Urteile sind Akte der Unehre für Ihre Lebenskraft. Die Energie, die sie hervorbringen, kann nur durch ehrliche Wiedergutmachung ins Positive gewendet werden. Und genau hier kommt die Stärke des christlichen Sakraments der Beichte zum Tragen. Die Beichte ist das Mittel, durch das wir die Energie unserer Fehlurteile und Lügen zurückgewinnen. Es ist für Ihre Heilung unbedingt erforderlich, diese gedachten oder geäußerten Gedanken zu korrigieren, die Sie durch den Mißbrauch Ihrer Willenskraft hervorgerufen haben. Für eine Beichte können Sie sich an einen geistlichen Ratgeber wie einen Priester oder Rabbi wenden. Oder Sie haben jemanden, der für Sie einen höheren Grad an spiritueller Reife oder moralischer Autorität verkörpert und Ihnen als Zeuge dienen kann. Die Beichte abzulegen, so demütigend es auch am Anfang sein mag, wird Ihnen ein intensives Gefühl der Leichtigkeit geben. Suchen Sie sich die Gesellschaft einer vertrauenswürdigen Person, der Sie Ihr Herz ausschütten können.

Das Feuer im fünften Chakra entzünden

Beichten Sie sich selbst die Schwierigkeiten, die Sie sich und anderen bereitet haben. Seien Sie präzise. Indem Sie sich zu solchen Taten bekennen, leeren Sie sich von den Giften, die von der Schattenseite Ihrer Willenskraft erzeugt wurden. Streben Sie danach, Ihre Absichten und Ihren Willen zu reinigen. Das wird zur Folge haben, daß die Energie von allem, was Sie für Ihre Heilung tun, einschließlich Ihrer Visualisierungen, machtvoller sein wird. Ein vergifteter Wille trägt nur zu einer vergifteten Energie bei. Erinnern Sie sich an diese Wahrheit, während Sie die unten stehende Visualisierungsübung durchführen.

Vielleicht hilft es Ihnen beim Beichten, wenn Sie Ihre verwerflichen Taten und falschen Urteile auf ein Stück Papier schreiben und dieses dann verbrennen. Dieses Ritual birgt sehr viel Heilkraft in sich, aber es ist nicht ganz so wirkungsvoll oder läuternd wie die Beichte vor einer anderen Person, welche die Energie der Vergebung verkörpert. Wir alle müssen irgendein Beichtritual vollziehen, ob wir nun gegenwärtig mit einer Krankheit fertig werden müssen oder nicht. Die Energie, die Ihnen nach einem solchen Ritual zurückgegeben wird, ist stark und für Ihren Geist und Ihren physischen Körper augenblicklich greifbar.

Sich zu läutern ist ein heiliger Akt und keine Demütigung. Denken Sie jederzeit daran, daß die Beichte von einem heiligen Standpunkt aus betrachtet zu den ehrenhaftesten Akten zählt,

die ein Mensch vollziehen kann, gerade weil sie von der Last der Schande entbindet und so im Geist Platz für die Energie des reinen Urteils und der reinen Wahrheit schafft.
Machen Sie die folgende Visualisierungsübung.

Schließen Sie Ihre Augen, und stellen Sie sich die Menschen vor, mit denen Sie »unerledigte Angelegenheiten des fünften Chakras« haben. Wem müssen Sie etwas sagen, um Ihren Geist zurückzurufen? Wer verwirrt oder stört Sie weiterhin? Beziehungen *sind* Geheimnisse, angefangen davon, wie sie in unserem Leben auftauchen, bis dahin, warum sie überhaupt bestehen. Denken Sie symbolisch an sie. Inwiefern haben diese Menschen eine positive Rolle in Ihrem Leben gespielt?
Bitten Sie die Energien von Geburah (rechtes Urteil) und Chesed (die Macht der bedingungslosen Liebe und Dankbarkeit), in Ihnen lebendig zu werden. Sehen Sie diese Energien um sich und die Menschen herum, die Sie visualisieren.
Gestehen Sie sich ein, daß Sie keine Ahnung von den spirituellen Gründen haben, weshalb diese Menschen in Ihr Leben getreten sind; vielleicht sind oder waren sie ein perfekter Katalysator. Stellen Sie sich vor, daß Sie einen symbolischen Dialog mit ihnen führen. Danken Sie für die Rolle, die sie in Ihrem Leben spielen, und für Ihre Gelegenheit, eine Rolle in ihrem Leben zu spielen. Bei jeder Person, an die Sie denken, wiederholen Sie den Satz: »Ich empfinde Dankbarkeit dir gegenüber, und ich ziehe meine Energie aus allem zurück, was ich beurteilt habe.«
Anfangs scheint diese Übung recht schwierig zu sein. Doch erinnern Sie sich an die vielen Male, bei denen Sie von anderen falsch beurteilt wurden – das wird den Schmerz dieses Gefühls in Ihr System zurückrufen. Richten Sie dann Ihre Aufmerksamkeit auf die, die Sie falsch beurteilt haben, und empfinden Sie Mitgefühl für sie. Sehen Sie Ihre Wut auf sie als eine Wolke

abseits von Ihnen. Lassen Sie diese Wolke weit weg schweben. Nehmen Sie mit jedem Ihrer Atemzüge die Energie der Vergebung auf.

Das sechste Chakra

Die Symbolik des sechsten Chakras offenbart sich in dem Hindu-Begriff Ajna, Sanskrit für »Befehl«. Ajna verkörpert das Vermögen, klar und mitfühlend zu sehen, und wird außerdem durch ein drittes Auge symbolisiert. Die kabbalistische Entsprechung ist die Vereinigung von Binah, das die begrenzte Macht des menschlichen Denkens mit göttlicher Einsicht verschmilzt, und Chokmah, das unsere Fähigkeit symbolisiert, die Macht göttlicher Weisheit anzurufen, um unsere Sichtweisen zu leiten. Auf der symbolischen Ebene der Einsicht gibt uns das christliche Sakrament der Ordination, der Priesterweihe, zu verstehen, daß jeder von uns eine bedeutsame Rolle bei der Evolution des Lebens auf dieser Erde spielt, ungeachtet dessen, wie sich diese Rolle auf der physischen Ebene manifestiert. Wenn unsere berufliche Tätigkeit vom gesellschaftlichen Standpunkt aus unbedeutend zu sein scheint, können wir fälschlicherweise zu dem Schluß kommen, daß wir vom spirituellen Standpunkt aus auch unbedeutend sind. Jedoch ist jeder Teil unseres Lebens wertvoll sowohl für unser Leben als auch für das Universum als Ganzes gesehen. Symbolisch betrachtet sollte jeder von uns einem Ruf zu dienen Folge leisten. Wir müssen uns selbst weihen und akzeptieren, daß unser Leben bedeutungsvoll ist, auch wenn wir nie wissen können, was für einen Beitrag wir insgesamt leisten.

Die Schattenseite des sechsten Chakras umfaßt Selbstzweifel und die schädliche Gewohnheit, sich mit anderen zu vergleichen. Wenn wir unseren Selbstwert aus den Augen verlieren, werden wir unausgeglichen und betrachten andere mit Feindseligkeit, Neid und negativen Urteilen. Diese Emotionen gefährden unsere Gesundheit, und wir bekommen das Gefühl, »überhaupt nicht weiterzukommen«. Wir machen uns blind für alles, was wir zum Leben anderer beitragen können, und wir verlieren unsere symbolische Sicht. Die folgende Visualisierungsübung kann Ihnen helfen, Ihr Gleichgewicht und Ihre symbolische Sicht zurückzugewinnen.

Das Feuer im sechsten Chakra entzünden

Visualisieren Sie die Energien von Binah und Chokmah als göttliche Erkenntnis und göttliches Denken. Stellen Sie sich vor, daß Sie über die begrenzte Sicht Ihres Lebens emporgehoben werden und Ihr ganzes Leben durch eine göttliche Linse sehen können. Verwenden Sie diese größere Sicht, um die symbolische Bedeutung des Sakraments der Ordination einzubeziehen: daß Ihr Leben einen Sinn und eine Bedeutung hat, die weit über das hinausgehen, was Sie zu begreifen vermögen. Bitten Sie aus diesem Blickwinkel die Macht des göttlichen Denkens in Ihr System hinein. Erwarten Sie keine verbale Antwort auf Ihre Bitte; erwarten Sie eine energetische Antwort, ein Gefühl von Klarheit und Führung. Wiederholen Sie das Mantra: »Ich begrüße die Energie der göttlichen Weisheit und des göttlichen Denkens in meinem Geist und lasse die Urteile los, die ich über den Wert meines Lebens und des Lebens anderer Menschen gefällt habe. Ich akzeptiere die Heiligkeit meines Lebens, und ich glaube, daß mein Leben diesem Universum von Nutzen ist.«
Verbinden Sie sich mit der Energie von Ajna mit der Anrufung: »Ich akzeptiere, daß göttliches Denken den Vorrang vor allen Ansichten hat, die ich in meinem Geist erschaffen könnte.« Lassen Sie Ihre Ansichten und Werte los, und lassen Sie die unbe-

kannte Weisheit des Göttlichen – die sich wie ein leerer Raum anfühlt – in Ihr Bewußtsein eintreten. Stellen Sie sich einen leeren Raum vor; stellen Sie sich einen Sonnenuntergang vor; stellen Sie sich einen Vollmond vor; stellen Sie sich das unendliche Meer vor; stellen Sie sich einen mit Sternen übersäten Nachthimmel vor – irgendein Bild, das die profanen Gedanken aus Ihrem Bewußtsein vertreibt, um Raum für etwas Inspirierenderes zu schaffen. Fühlen Sie, wie Sie sich zu der Größe dieses Raums ausdehnen, und atmen Sie diese »Größe« in Ihr System, während Sie wiederholen: »Ich lasse die Begrenzungen des menschlichen Denkens anderen und mir gegenüber los. Ich lebe in Vertrauen und habe keine weiteren Fragen.« Seien Sie sich dessen bewußt, daß Sie jegliche Urteile, die Ihren Geist schwächen, aufgelöst haben.

Das siebte Chakra

Die Energie des siebten Chakras ist unsere reinste Verbindung zur Göttlichkeit. Sie spiegelt sich im hinduistischen Symbol Sahasrara wider, das »tausendblättriger Lotos« der Erleuchtung oder das Göttliche in allem bedeutet. In der buddhistischen Lehre besagt das siebte Chakra, daß das Göttliche ewig und immer mitfühlend und präsent ist. Diese Energie korrespondiert mit dem hebräischen Symbol Kether, der unbeschreiblichen Natur Gottes. Sie entspricht ferner dem christlichen Sakrament der Letzten Ölung, die das Loslassen von allem, was in unserem Leben »aus und vorbei« ist, versinnbildlicht. Zusammen können diese Kräfte transformierend sein und uns helfen, eine Stufe der Wahrnehmung zu erreichen, die uns bewußt das Göttliche und die Energie der Gnade erfahren läßt.

Wenn Sie bei Ihren meditativen Visualisierungen der sieben

Chakras diesen Punkt der Macht erreichen, können Sie die Wahrheit in der Lehre »Es gibt sonst nichts – nur das« erfassen. Nehmen Sie sich eine Minute Zeit, um über die Klarheit nachzudenken, zu der Sie gelangt sind, nachdem Sie den spirituellen und physischen Schutt Ihres Lebens losgelassen haben. Sie müssen nicht das Gefühl haben, daß Sie die Meditationsübungen für alle anderen Chakras »abgeschlossen« haben, um diese Energie anzuzapfen. Die Energie dieses Chakras fließt in Ihr Sein, ob Sie ihrer gewahr sind oder nicht, aber wenn Sie darum beten, sie zu erfahren, können Sie sie lenken, um Ihr Leben zu verändern. Die Energie des siebten Chakras löst Angst auf, öffnet völlig Ihr Herz, hebt die Beschränkungen Ihres Verstandes auf und hilft Ihnen, Ihr ganzes Leben zu segnen. Sie unterstützt Sie darin, sich mit der Energie Gottes zu verbinden und mit ihr zu kommunizieren.

Die Schattenseite der Energie dieses Chakras ist fehlender Glaube an und fehlendes Vertrauen auf das Göttliche und Angst vor jedem Aspekt unseres Lebens – von der Angst davor, was morgen aus uns wird, bis zu der Angst vor dem Ende unseres Lebens auf dieser Erde. Nichts fühlt sich für uns sicher an, weil unser Sicherheitsgefühl in Äußerlichkeiten und der physischen Welt wurzelt. Wir halten an unserer Vergangenheit fest, die weiterhin unser Leben nachteilig beeinflußt. Weil wir zurückblicken, sind wir uns nicht der Gnade und Führung bewußt, die jeden Augenblick in unser Leben fließen, und wir können nicht die Fülle eines jeden Augenblicks erkennen. Indem wir uns von unserer Vergangenheit befreien und die kostbare Heilkraft in uns aufnehmen, die das »Hier und Jetzt« begleitet, öffnen wir uns für diese Energie, die die reinste Manifestation der Lebenskraft darstellt.

Von allen Chakras kann dieses das geringste Maß an »bewußter« Bemühung erfordern, um es zu aktivieren. Jedes beliebige Gebet öffnet unser siebtes Chakra. Wie das buddhistische

Bild vom Lotos, der aus dem schmutzigen Sumpf plötzlich in prächtiger Blüte zum Vorschein kommt, entfaltet es sich von sich aus zur vollen Blüte.

Das Feuer im siebten Chakra entzünden

Treten Sie in die Energie des siebten Chakras ein, indem Sie sich vorstellen, wie Sie den Stöpsel Ihrer Schaltkreise aus allem ziehen, was Sie nicht länger mitführen müssen. Lassen Sie die Emotionen und die psychologische Last Ihrer Geschichte los. Lassen Sie die Sorgen und Belastungen los, die Sie für andere mit sich herumtragen. Visualisieren Sie in den Raum, der von diesen Sorgen zurückgelassen wurde, die strahlende Energie der Vereinigung mit dem Göttlichen in Ihrem Körper und Geist. Fühlen und sehen Sie sich gesund werden.
Richten Sie Ihre Aufmerksamkeit auf die Energien von Kether und Sahasrara, die das enge Band zwischen Ihnen und Gott symbolisieren. Wiederholen Sie sich: »Ich konzentriere mich auf keinen bestimmten Punkt, ich habe keine Fragen. Ich leere mich von allen Lasten und Sorgen. Ich bin Harmonie.« Lassen Sie Ihren denkenden Geist schlafen gehen, während Sie sich in einen Zustand der Geistlosigkeit und des Einsseins begeben.
Fühlen Sie die Energie, die von Ihrem Scheitel in Ihre Körpermitte bis zu Ihrem Wurzelchakra fließt und wieder zurück nach oben. Sie durchdringt Sie mit einer unerklärbaren, unbeschreiblichen spirituellen Kraft. Sie ist Ihr Recht. Bitten Sie einfach um sie. Sie ist Ihre Lebenskraft, der Teil von Ihnen, der Sie mit dem formlosen, unpersönlichen Absoluten verbindet. Die Energie des siebten Chakras ist der Teil von Ihnen, der Sie wissen läßt, daß Sie größer sind als Ihr individuelles Leben. Spüren Sie, wie selbst ein ganz kurzer Kontakt mit dieser Energie die Art und Weise, wie Sie Ihr persönliches Leben handhaben, völlig umgestalten kann.

Das achte Chakra

Das achte Chakra ist für mich mit Abstand das interessanteste von allen. Es unterscheidet sich von den anderen sieben Chakras, weil es unsere nächste Evolutionsstufe repräsentiert. Als solches beeinflußt es unsere physischen Körper und unser persönliches, emotionales und psychologisches Wesen nicht genauso direkt. Das achte Chakra enthält unsere archetypischen Muster, die universell anerkannten Themen oder Bilder, die eine unpersönliche, symbolische Sicht unserer menschlichen Erfahrungen ermöglichen. Diese Bewußtseinsdimension verbindet uns mit anderen in einer unpersönlichen Erfahrung der menschlichen Evolution.

Sie stellt ein Lagerhaus für ein allumfassendes Wissen und Bewußtsein dar, zu dem wir Zutritt erhalten, wenn wir in das Wassermann-Zeitalter eintreten. Dieses Chakra ist das Bindeglied oder die Brücke zwischen unserem persönlichen Bewußtsein und dem unpersönlichen, größeren Bewußtsein der archetypischen Dimension. Es hat keine Entsprechung in unseren Körpern wie die anderen sieben Chakras. Es ist oberhalb des Energiefeldes lokalisiert, das den Körper umgibt und durchdringt, und es ist fast unmittelbar mit dem siebten Chakra der Einsicht verbunden.

Sobald wir uns in das Wassermann-Zeitalter bewegen, werden die Archetypen in uns sichtbarer und für uns leichter zugänglich sein. Im Zuge dieser Entwicklung wird dem achten Chakra eine noch größere Bedeutung zukommen. Dieses Chakra war schon immer vorhanden, aber erst seit kurzem können wir Zutritt zu ihm erhalten. Ebenso wie wir jetzt ultraviolettes Licht mit Hilfe elektronischer Geräte sehen können, entwickeln wir die meditative, bewußte Fähigkeit, über die sichtbare Welt hinaus zu sehen und die Energiedimension unseres Lebens wahrzunehmen. Im Laufe der Entwicklung

des menschlichen Bewußtseins werden wir sensibler für ein immer subtileres Schwingungsfeld.
1990 nahm ich zum ersten Mal die Energie des achten Chakras wahr, als ich bei einer Frau mit chronischem Müdigkeitssyndrom eine Energiediagnose durchführte. Anders als alle vorhergehenden Diagnosen, die ich vorgenommen hatte, brachte diese ein neues Element zum Schwingen. Weil ich keinen Bezugspunkt für diese Energie hatte, nahm ich an, daß es sich um die Energie einer Krankheit handelte, der ich zuvor noch nie begegnet war. Gleichzeitig fiel mir auf, daß ich, während ich das Wesen ihrer psychologischen Belastung beschrieb, sie ständig darauf hinwies, daß ihr »inneres Kind« nie voll herangereift sei. Ich hatte niemals zuvor die archetypische Sprache verwendet, aber als ich später über diese Diagnose nachdachte, erkannte ich, daß meine Erwähnung des Archetypus des inneren Kindes mehr zu ihrem Verständnis für ihr eigenes Wesen beitrug als alles andere, was ich ihr hätte sagen können.
Nach dieser Erfahrung begrüßte ich diese neue Energie in meinem Wahrnehmungsfeld. Bei jeder weiteren Energiediagnose, die ich danach vornahm, sickerten immer mehr Eindrücke von Archetypen in die Informationen ein. Ich war ergriffen, wie viel tiefer ich durch dieses Material das Muster der bewußten und unbewußten Natur einer Person erkannte. Natürlich hatte ich einiges gelesen, was über Archetypen im allgemeinen geschrieben worden war, wie beispielsweise das Werk von C. G. Jung, aber persönlich war ich dieser Dimension nie begegnet.
Ich bin seitdem zu der Überzeugung gekommen, daß jeder von uns mit der gesamten Sphäre der archetypischen Dimension und zugleich mit einer persönlichen Anordnung von zwölf Archetypen verbunden ist, die eine intimere Rolle bei der Entwicklung und Reifung unserer Seelen spielen. Mittler-

weile bezeichne ich das als unseren »heiligen Vertrag«, mit dem ich unsere Übereinkünfte mit dem Göttlichen meine, die fortwährend unsere bewußten Wachstumsmuster beeinflussen. Ich vermute, daß wir diesen Verträgen vor unserer Geburt auf irgendeine Weise zustimmten, nicht mit unseren Persönlichkeiten, sondern durch unsere Seelen. Aus diesem Grund können wir diese Verträge mit der begrenzten Sicht unserer Persönlichkeiten nicht voll und ganz verstehen; vielmehr müssen wir die Fähigkeit entwickeln, unser physisches Leben durch seine symbolische Bedeutung zu interpretieren. Innerhalb dieser Sicht sind die physischen Elemente in unserem Leben Requisiten auf der Bühne und dienen als Katalysatoren, um eine Reaktion aus unserem Unterbewußtsein zu initiieren.

Wenn wir in das Zeitalter des Wassermanns eintreten, kommt unser Unterbewußtsein aus den Tiefen der verborgenen Aspekte unseres Seins zum Vorschein und tritt mit unserem Bewußtsein immer mehr in unmittelbaren Kontakt. Diese Bewußtseinsverlagerung stellt nur eine der vielen Veränderungen dar, die von der Wassermann-Energie verursacht werden. Offenbar sind wir dazu bestimmt, weiterhin mehr über uns zu erfahren, und die Zeit ist gekommen, einen direkten Dialog mit dem Teil von uns zu beginnen, der unser Unbewußtes genannt wird.

Wie die anderen Chakras hat auch das achte seine Schattenseiten. Der Schatten des »inneren Kindes« beispielsweise zeigt sich als das »Waisenkind«. Erwachsene mit diesem archetypischen Muster glauben, daß ihnen als Kinder nicht die angemessene elterliche Fürsorge zuteil wurde und sie folglich als Erwachsene unvollständig sind. Die Schattenseite des »Propheten« kann sich im Wahnsinn einer Person als unangebrachte Führung und düstere Warnungen anderen gegenüber manifestieren. Ein Beispiel dafür ist Jim Jones, der seine Anhänger davon überzeugte, aufgrund seiner schrecklichen Vision von dem, was angeblich kommen sollte, Selbstmord zu begehen. Die Schattenseite des Archetypus der »Mutter« ist die Mißbrauch treibende oder gleichgültige Mutter – eine Frau, die unfähig ist, die allgemein akzeptierte Rolle der liebevollen, fürsorglichen Mutter zu erfüllen. Die Schattenseite des Archetypus des »Helden« ist ein chronischer Arbeitssüchtiger oder Befreier.

Archetypische Muster sind äußerst machtvolle Kräfte, die sich in den Inhalten unserer Träume sowie in den Dramen unseres realen Lebens zeigen. Wenn ich die archetypischen Muster anwende, um die Lebensereignisse der Menschen, mit denen ich arbeite, zu deuten, dann kann ich ihnen nicht nur helfen, ihr Selbstbewußtsein drastisch zu heben, sondern auch eine unpersönliche Atmosphäre schaffen, die es ihnen gestattet, sich objektiver wahrzunehmen. Die Menschen, die sie verletzt und denen sie irgendwie Schaden zugefügt haben, werden somit auf die Ebene von Seelen emporgehoben, die einander überaus unterstützende Rollen in ihrem Leben gespielt haben. Von diesem erhöhten Aussichtspunkt aus wird Vergebung zu einer außerordentlich einfachen Aufgabe.

Das Feuer im achten Chakra entzünden

Das achte Chakra verbindet Sie mit einer universalen symbolischen Dimension des Lebens. Um sich mit dieser Energie zu verschmelzen, müssen Sie sich bewußt Zeit dafür nehmen, um Ereignisse und Beziehungen in Ihrem Leben archetypisch zu interpretieren. Damit meine ich nicht, daß Sie in negativen Erinnerungen schmoren und dabei verweilen sollen, warum etwas nicht so geklappt hat, wie Sie es sich gewünscht haben. Üben Sie sich darin, von Ihrer symbolischen Sicht Gebrauch zu machen, um Ihre Emotionen von einer gegebenen Situation, sei sie positiv oder negativ, zu lösen und die Einzelheiten zu betrachten, so daß Sie die in ihnen enthaltene Lektion oder Führung erkennen können. Im folgenden gebe ich einige Hinweise, wie Sie die symbolische Sicht anwenden können.

Zwar ist die symbolische Sicht keine Kunst, die leicht zu beherrschen ist, aber als Starthilfe können Sie darauf achten, wie Sie über eine Situation nachdenken. Denken Sie an diese Situation nicht in der ersten Person, sondern schildern Sie sich die Umstände als neutraler Sprecher. Statt: »Ich hatte eine Auseinandersetzung mit meinem Chef« sagen Sie: »Zwischen zwei Personen kam es zu einer Auseinandersetzung. Der Anlaß dazu war ein Machtspiel darüber, wie eine Aufgabe durchzuführen ist. Während sich die eine Person verstockt verhielt, benahm sich die andere wie ein Zuchtmeister.« Eine Person symbolisierte einen Felsblock, die andere einen Erdrutsch. Diese Art der Distanziertheit läßt Sie betrachten, was *hinter* der physischen und emotionalen Umgebung des Ereignisses stattfindet. Wenn es Ihnen zur Gewohnheit wird, Situationen auf diese Weise zu sehen, wird es Ihnen viel leichter fallen, die dahinterstehenden Lektionen zu erkennen und eine angemessene Handlungsweise zu wählen. Die symbolische Sicht, bewußt und gegenwärtig praktiziert, wird dann einen starken Einfluß auf Ihr Leben und Ihre Heilung ausüben.

Die Anwendung der symbolischen Sicht auf vergangene Ereignisse in Ihrem Leben kann Ihnen ebenfalls helfen, den Diamanten in diesen Erfahrungen zu finden. Nehmen Sie sich jetzt ein wenig Zeit, um ein störendes Ereignis aus Ihrer Vergangenheit zu wählen, und formen Sie es in dieser objektiven Sprache um. Anstatt zu sagen: »Mein Vater hat mich immer herabgesetzt, wenn ich etwas tat, was ihm nicht gefiel«, formulieren Sie: »Ein Erwachsener, der über sein eigenes Leben enttäuscht war, be-

schloß, diese Enttäuschung auszugleichen, indem er die Menschen um sich herum herabwürdigte.« Dann untersuchen Sie Ihr Leben und Ihre Taten und finden Sie heraus, ob Sie eventuell das gleiche Verhalten an den Tag legen, das Sie in der Vergangenheit so schmerzlich fanden.
Wenn Sie diese Übung abgeschlossen haben, ob mit einer aktuellen oder weit zurückliegenden Erfahrung, ist nicht wichtig, können Sie sich mit der Macht des achten Chakras mit der folgenden Anrufung verbinden: »Ich lasse alle meine Illusionen los und akzeptiere voll und ganz den Willen des Göttlichen als die führende Kraft in meinem Leben.«

Meditation zur Reinigung der Chakras

Diese Meditation stammt von einem in Amerika geborenen Anhänger und langjährigen Schüler Satya Sai Babas. Er lebt und lehrt inzwischen in Indien. Suchen Sie sich einen ruhigen Platz, an dem Sie für mindestens zwanzig Minuten ungestört sind.

- Setzen Sie sich aufrecht auf einen Stuhl oder auf den Boden, schließen Sie Ihre Augen und werden Sie sich der sieben Chakras durch Visualisierung, Wahrnehmung oder Intuition bewußt. Visualisieren, spüren oder erfassen Sie intuitiv, daß die Chakras sich wie Kameraobjektive öffnen.
- Stellen Sie sich vor, wie eine goldene Lichtkugel in der Größe eines Fußballs etwa einen Meter über Ihrem Kopf schwebt. Seien Sie sich bewußt, daß ein gelbbrauner Strahl oder eine gelbbraune Schnur aus Licht von Ihrem ersten oder Wurzelchakra bis ins Zentrum der Erde reicht; dieser Strahl oder diese Schnur wird als die Erdungsschnur bezeichnet.

- Beim Einatmen spüren Sie kosmische Energie von der goldenen Lichtkugel über Ihrem Kopf durch das siebte Chakra eintreten und Ihre Wirbelsäule entlang in das Wurzelchakra strömen. Gleichzeitig fühlen Sie Erdenergie durch Ihre Füße und Ihre Beine hinauf in das Wurzelchakra fließen. Lassen Sie die beiden Energien sich dort begegnen, vermischen und verschmelzen.
- Halten Sie den Atem so lange an, wie es angenehm ist, und spüren Sie dabei, wie diese Energiemischung das Wurzelchakra reinigt.
- Atmen Sie aus, und lassen Sie die schlechte Energie die Erdungsschnur hinunter in das Zentrum der Erde abfließen. Das hat keine negative Wirkung auf Mutter Erde. Sie verbrennt sie in ihrem überhitzten, geschmolzenen Kern.
- Wiederholen Sie den Vorgang mit so vielen Atemzügen wie erforderlich sind, um das Chakra völlig zu reinigen. Visualisieren oder nehmen Sie das Chakra aus jeder Sicht wahr – von oben, unten, rechts, links, vorn, hinten, innen und außen –, um sicherzustellen, daß es wirklich sauber ist.
- Wenn Sie meinen, daß das Wurzelchakra gereinigt ist, nehmen Sie das darüberliegende Chakra in Angriff. Doch beim ersten Einatmen vereinigen Sie die zwei Energien zunächst *im Wurzelchakra*. Während Sie den Atem anhalten, lenken Sie die vermischten Energien in das zu reinigende Chakra und arbeiten mit ihm dort bei den nachfolgenden Atemzügen weiter. Die schlechte Energie sollte bei jedem Ausatmen die Erdungsschnur hinuntergespült werden.
- Möglicherweise haben Sie das Gefühl, daß die Energien eines Chakras von einer anderen Person in Ihrem Leben, gleichgültig, ob diese lebt oder tot ist, beeinflußt werden. Um es vor diesem Einfluß zu schützen, der sich in Form von Gedanken über sich selbst zeigen kann, umgeben Sie das Chakra mit weißem Licht.

- Durch die hohe Konzentration kann sich eine Energie im oberen Körper ansammeln, die Sie möglicherweise als Spannung wahrnehmen. Beugen Sie sich nach der Reinigung aller sieben Chakras so weit wie möglich nach vorn, um diese Spannung abzubauen. Wenn Sie können, berühren Sie mit der Stirn den Boden und legen Ihre Hände mit den Innenflächen auf den Boden. (Wenn Sie auf einem Stuhl sitzen, berühren Sie einfach mit den Handflächen den Boden.) Fühlen Sie, wie die Spannungsenergie durch den Scheitel, die Stirn, die Schultern und Hände in den Boden hineinfließt. So geben Sie Ihren inneren Ballast an die Erde ab. Holen Sie mehrmals tief Luft, und entspannen Sie sich, bis Sie merken, daß die Spannung vollständig abgebaut ist. Dann setzen Sie sich wieder aufrecht und ruhen sich mit geschlossenen Augen aus.
- Definieren Sie jetzt Ihren Raum. Beginnen Sie damit, daß Sie ein Gefühl für Ihre Aura bekommen. Die Aura ist ein energetisches Feld, das den Körper in einem Abstand von etwa zehn bis dreißig Zentimetern umhüllt.
- Als nächstes spüren Sie mit Hilfe Ihrer mentalen Energie, wie Sie Ihre Aura nach außen schieben, bis sie etwa einen Meter Abstand zum Körper hat. Dann lassen Sie sie in ihre natürliche Position zurückschnellen, einem gespannten Gummiband gleich, das zurückfedert, wenn man es losläßt.
- Jetzt ziehen Sie Ihre Aura direkt bis an Ihre Haut. Dann lassen Sie sie wieder in ihre natürliche Position zurückschnellen.
- Füllen Sie Ihre Aura mit einem blendenden, hellen, goldweißen Licht. Wenn Sie möchten, können Sie in diesem Licht die Präsenz der Gottheit wahrnehmen, der Sie sich am engsten verbunden fühlen.
- Hüllen Sie abschließend Ihre Aura in türkisblaues Licht, damit die Energie nicht entweicht.

- Geben Sie Ihren inneren Ballast an die Erde ab. Setzen Sie sich dann aufrecht mit geschlossenen Augen hin.
- Nehmen Sie sich nach der Reinigung der Chakras etwas Zeit, um sich eine Situation oder einen Augenblick ins Gedächtnis zurückzurufen, in der Sie ein Gefühl der Transzendenz erfahren haben, ein Gefühl, mit allem gleichzeitig vereinigt zu sein. Das muß keine besonders spirituelle Gebets- oder Meditationserfahrung sein, sondern es kann sich auch um ein Gefühl des Einsseins mit der natürlichen Welt handeln oder um eine flüchtige Empfindung, Zeit und Raum zu überschreiten, während Sie in ein Kunstwerk oder ein Musikstück versunken sind, während der sexuellen Vereinigung oder gar eines Sporterlebnisses. Holen Sie sich jetzt diesen Moment ins Bewußtsein, und lassen Sie die Energie von diesem Gefühl der Transzendenz Ihr Sein durchdringen. Spüren Sie, wie es ist, auf der tiefsten Ebene mit Gott oder einer unendlichen Weite verbunden zu sein. Fühlen Sie, und sei es auch nur für eine halbe Sekunde, wie es ist, mit allem eins zu werden.
- Bringen Sie das, was Sie aus dieser Erfahrung gewonnen haben, in jedem Chakra unter, und zwar in der Reihenfolge von unten nach oben.
- Geben Sie Ihren inneren Ballast an die Erde ab. Zum Schluß setzen Sie sich aufrecht hin und öffnen die Augen.

KAPITEL 8

Die Chakras und die Sakramente für die Heilung anwenden

Auf der energetischen Ebene existiert eine überaus reale und machtvolle Verbindung zwischen dem in Indien entwickelten Chakrasystem und den sieben Sakramenten im christlichen Glauben. Beide Systeme können uns dabei anleiten, eine innere spirituelle Autorität und ein Bewußtsein von Heilung und göttlicher Macht zu entfalten.

Die Verbindung zwischen dem Chakrasystem und anderen spirituellen Traditionen kam mir in den Sinn, als ich über das Wesen der Wahrheit als eine universale Kraft nachdachte. Mir fiel beispielsweise auf, daß in allen spirituellen Traditionen gelehrt wird, daß Mord und Diebstahl unrecht sind. Andererseits sind Lehren über gewisse Ernährungsgewohnheiten auf ganz bestimmte Religionen beschränkt und können nicht als universelle Wahrheiten betrachtet werden.

Als ich mittlerweile von der spirituellen Authentizität der Chakras überzeugt war, ging mir die Frage nicht aus dem Kopf, warum beispielsweise die christliche Religion keine ähnliche Lehre enthielt. Eines Tages, ich hielt einen Workshop zum Thema intuitive Entwicklung, betrachtete ich das Chakrasystem, das ich an die Tafel gemalt hatte, und irgendein Teil von mir projizierte die sieben christlichen Sakramente auf diese Tafel. Fasziniert und verwirrt zugleich stellte ich nach dem Workshop die Sakramente ne-

ben den Chakras in eine Linie, und zwar so, wie man sie empfängt.
Nach und nach erkannte ich, daß beide Systeme die Macht desselben dynamischen Energieflusses darstellen, der dem menschlichen Körper Leben gibt. Später stellte ich eine ähnliche Verbindung mit dem Lebensbaum aus der kabbalistischen Tradition des Judaismus her. Ich sah immer deutlicher Beziehungen zwischen allen drei spirituellen Traditionen und verstand immer besser ihre Bedeutung für unsere Gesundheit.
Um die Richtigkeit meiner Ideen zu überprüfen, bereitete ich einen Workshop zu diesem Thema vor. Ich beschloß, mich auf die Sakramente zu konzentrieren, weil den meisten Amerikanern das Chakrasystem nach wie vor ziemlich undurchsichtig ist, ebenso wie der Lebensbaum. Zuerst überlegte ich mir, einfach die symbolische Bedeutung der Sakramente und der Chakras zu lehren, aber dann fiel mir ein, daß in der christlichen Tradition die Sakramente »empfangen« werden sollten, damit ihre Heiligkeit im menschlichen Geist erwachen kann.
Das war riskant für mich, weil ich keine Geistliche und folglich nicht berechtigt bin, die Rituale zu vollziehen, die mit dem Empfangen eines jeden Sakraments einhergehen. Überdies, so dachte ich, könnte schon der Gedanke daran, die Sakramente zu empfangen, für einige Workshop-Teilnehmer äußerst unangenehm sein, wenn sie beispielsweise spirituellen Wegen folgen möchten, die mit der christlichen Tradition in keinerlei Verbindung stehen, oder wenn sie abtrünnige Christen sind, die nicht den Wunsch verspüren, zu ihren Wurzeln zurückzukehren!
Also bat ich eine gute Freundin und Pfarrerin der Episkopalkirche, Rev. Suzanne Fageol, um Unterstützung und erklärte ihr, daß ich die Sakramente nicht in ihrem traditionellen, sondern vielmehr in ihrem *symbolischen* Kontext vorstellen woll-

te. Sie erklärte sich bereit, mitzumachen. Der Workshop fand in Mexiko statt und dauerte insgesamt sieben Tage. Er begann mit meiner Erläuterung der Verbindung zwischen dem Chakra-System und den Sakramenten. Die täglichen Vorträge konzentrierten sich auf jeweils ein Chakra, das korrespondierende Sakrament und die Beziehung dieser beiden Kräfte zu unserer Gesundheit und Heilung. Jeden Abend ergänzte Suzanne meine Vorträge mit ihren Einsichten über das Sakrament, das ich behandelt hatte. Dann bereitete sie die Gruppe darauf vor, das Sakrament zu empfangen, sofern die Teilnehmer es wünschten. Zu unserer großen Überraschung nahmen fast alle Gruppenmitglieder an fast allen dieser heiligen Rituale teil.

Mehrtägige Workshops haben meistens eine ganz besondere Gruppendynamik. Doch in keinem anderen Workshop meiner Laufbahn habe ich erlebt, was hier geschah. Suzanne und ich hatten gehofft, daß die Teilnehmer unsere Ausführungen interessant finden würden, aber keine von uns war auf den tiefgreifenden spirituellen Einfluß gefaßt, den sie auf sie ausübten, oder auf die langfristigen Folgen, von denen wir später hören sollten. Innerhalb der sieben Tage heilten einige ihre emotionalen und psychologischen Verletzungen, und in den darauffolgenden Monaten erhielten wir Berichte von anderen, denen es anschließend gelungen war, von ihren physischen Krankheiten zu genesen.

Ich war besonders von einer Frau namens Sara beeindruckt, die bei ihrem Eintreffen in dem Workshop ein Nervenbündel gewesen war. Mit ihren 47 Jahren sah sie ausgelaugt aus, benahm sich ziemlich neurotisch und schien die ganze Woche hindurch zu weinen. Sie erzählte uns, daß sie jahrelang an ihrem Leben gearbeitet habe, daß ihr nichts geholfen habe und sie sich jetzt müde und einsam fühle und dringend einen Ehemann brauche. Offen gestanden, sie schien am Rande eines Zusammenbruchs zu stehen, und obwohl sie keine einzige schwerwiegende Beschwerde hatte, stimmte ihr Zustand mit dem Profil des chronischen Müdigkeitssyndroms überein. Sara war zwar Jüdin, interessierte sich aber sehr für unsere Betrachtungsweise der Sakramente und nahm jedes einzelne mit großem Respekt auf. Jeden Abend – zwischen unverhüllten Weinanfällen – teilte sie einige recht bemerkenswerte Einsichten mit, die sie tagsüber gewonnen hatte. Sie war so traurig, daß es den Anschein hatte, als ob sie etwas viel Tiefergehendes als ihre aktuellen Beschwerden loslassen würde. Ich glaube nicht, daß ich sie in dieser Woche einmal ohne Taschentuch in der Hand gesehen habe.

Zum Ende des Workshops jedoch war Sara wie ausgewechselt. Später erfuhr ich, daß sie drei Wochen danach einen Mann kennenlernte, sich noch in derselben Woche verlobte und ihn heiratete. Sara und ihr Mann sind überzeugt davon, daß sie ihre Heirat diesem Workshop zu verdanken haben. Mehrere andere Heilungen, vielleicht weniger dramatisch, aber nicht weniger bedeutsam, trugen sich ebenfalls zu.

Suzanne und ich veranstalteten noch mehrere einwöchige Workshops, auf denen wir die Chakras und die Sakramente miteinander verbanden, und sie riefen weiterhin eine heilsame Energie wach, die uns beeindruckte und rührte. Ich fand es notwendig, Suzanne als ordinierte Pfarrerin dabeizuhaben, um die Sakramente während dieser Workshops formal auszuteilen. Doch ich glaube, daß jeder solche symbolische Rituale, die ihn mit der Energie dieser Sakramente erfüllen, auch ohne Hilfe allein zu Hause durchführen kann. Wenn man die richtigen Vorbereitungen trifft und die rechte Absicht hegt, können die Rituale die Energie nur verstärken.

Äußerst hilfreich ist hierbei ein Hausaltar oder ein Schrein, den Sie irgendwo in Ihrem Haus oder Ihrer Wohnung errichten. Ein solcher Altar muß nicht viel mehr als ein Klapptisch sein oder einfach nur ein flaches Stück Holz auf zwei Ziegelsteinen in einer ruhigen Ecke. Stellen Sie auf Ihren Altar eine oder zwei Votivkerzen, ein Bild, das für Sie von Bedeutung ist – sei es von Mutter Maria, dem Buddha, Kuan-yin, Jesus oder einem Elternteil oder spirituellen Lehrer, den Sie lieben und bewundern –, und vielleicht eine Hartglas- oder Steingutschale, um darin Papier zu verbrennen. Schon sind Sie startklar.

Obgleich die folgenden Rituale einfach klingen mögen, sind sie tatsächlich überaus wirkungsvoll, wenn sie mit einer respektvollen Haltung vollzogen werden. Vielleicht möchten Sie sogar einen eigenen »privaten Workshop« ins Leben rufen, in dem Sie jede Woche eines der Sakramente behandeln.

Das erste Chakra – Taufe

Das erste Sakrament ist die Taufe, die die Einführung eines neuen Lebens in eine Familie verkörpert. Durch dieses Sakrament akzeptiert die Familie die Verantwortung für die physische Fürsorge des Kindes und verspricht vor Gott, ihm ein Heim, Nahrung und Kleidung zu geben. Durch die Taufe verpflichtet sie sich außerdem dazu, dieses neue Kind in seine physische Welt einzuweisen, wie sie durch die Religion, soziale Einstellungen und das ethnische Erbe der Familie interpretiert wird. Die Taufe versinnbildlicht also die Informationen, die das Kind mit seinem Platz auf Erden verankern. Dieses Sakrament ist nicht nur mit dem Christentum verbunden – es ist ein archetypisches Zelebrieren des Geschenks des Lebens selbst. Seine Bedeutung und seine Beziehung zum ersten Chakra, das unsere Verbindung mit dem physischen Leben und dem Verankertsein mit der Energie der Erde symbo-

lisiert, sind mit denen der Taufrituale in anderen Kulturen identisch.
Wenn Sie die Energie des ersten Chakras auf das Taufritual ausrichten – was Sie sich als eine Verschmelzung von symbolischen Kräften vorstellen können –, können Sie anfangen, Ihr Leben und Ihre Familie als die Umgebung zu betrachten, in der Sie spirituell gesehen aufwachsen sollten. Wie schwer es vielen Menschen auch fallen mag, mit dieser Vorstellung umzugehen, sie zu akzeptieren stellt einen wichtigen ersten Schritt dar, um die Wut und den Groll loszulassen, die aus von der Familie beigebrachten Wunden resultieren. Kindheitswunden sind oft am schwierigsten zu heilen, weil zu der Zeit, in der wir bereit sind, uns ihnen zu stellen, viele Menschen, mit denen wir gern etwas bereinigen würden, gestorben sind. So bleiben uns nur unsere Erinnerungen, mit denen wir arbeiten können. Und dennoch kann selbst die unangenehmste familiäre Umgebung schließlich als der Ausgangspunkt von Stärke verstanden werden.
Viele Menschen akzeptieren heute, daß sie irgendwie das Leben mit ausgewählt haben, in das sie hineingeboren wurden, und daß alles an diesem Leben eine spirituelle Lernerfahrung sein sollte. Trotzdem verlieren sie diese Erkenntnis angesichts schmerzlicher Kindheitserinnerungen leicht aus den Augen. Die Verletzung, die Sie vielleicht spüren, weil Ihre Familie Ihnen nicht die emotionale und physische Unterstützung zuteil werden ließ, die Sie brauchten, ist eine tiefe Wunde, weil sie mehr ist als eine persönliche Wunde – sie ist zugleich eine archetypische Wunde.
Das Menschengeschlecht weiß generell, daß Erwachsene für ihre Jungen verantwortlich sind. Das ist mehr als eine gesellschaftliche Verantwortung; es ist ein Gebot der Natur selbst, um die Kontinuität des Lebens sicherzustellen. Wenn dieses »Gebot« nicht befolgt wird, wird ein Lebensstrom in dem In-

dividuum zerstört. Für die Heilung von Verletzungen dieses Gebotes können Anstrengungen durchaus bis in das Erwachsenenleben hinein erforderlich sein, weil der Kodex der Verantwortung der Familie für ihre Jungen bis in den Fluß der Lebenskraft selbst reicht.

Archetypisch gesehen existiert irgendeine Form der Taufe in fast allen Gesellschaften. Auf der symbolischen Ebene bietet die Taufe heute, wenn sie von Erwachsenen neu erfahren wird, eine Perspektive, die die Heilung von Kindheitswunden enorm unterstützen kann. Die symbolische Bedeutung der Taufe verändert unsere Auffassung über die Geburt als einem zufälligen Eintritt in eine Familie. Sie wird zu einem Eintritt in die spirituelle Erfahrung des Lebens durch den Weg dieser Familie. Diese archetypische Sicht befreit uns von der Illusion, daß unser Leben hoffnungslos von der Qualität unserer Kindheit bestimmt wird. Und sie hilft uns außerdem zu erkennen, daß die größere Bedeutung der Taufe weniger darin liegt, daß unsere Familien uns akzeptieren, sondern vielmehr darin, daß wir unser ganzes Leben, so wie es ist, und das Geschenk des Lebens selbst akzeptieren. Sobald wir zu der Einsicht gelangen, was es bedeutet, ein bewußtes Individuum zu sein, liegt es an uns, unser Leben aus Dankbarkeit heraus zu taufen, anstatt darauf zu warten, von anderen getauft zu werden.

In meinem ersten Vortrag auf dem Workshop in Mexiko erklärte ich den Teilnehmern, daß sie dadurch, daß sie das Sakrament der Taufe empfangen, ein symbolisches Mittel wählen, um über die Hindernisse ihrer Jugend hinauszugehen und ihre Familien und ihr Leben bereitwillig anzunehmen. Von dieser göttlichen Sicht aus betrachtet schienen alle Personen in ihrer Vergangenheit transformiert zu sein; sie könnten diese Menschen nun als ihre Inspiration dazu sehen, den Weg zu beschreiten, den sie heute gehen.

Im Anschluß an diese Erläuterung boten Suzanne und ich den Workshop-Teilnehmern die Taufe als einen Akt an, die Verantwortung für das eigene Leben zu zelebrieren und zu akzeptieren. Da der Workshop in einem Badekurort mit einer heißen Mineralquelle am Rio Caliente, Mexiko, stattfand, konnten wir das Ritual in einem kleinen Schwimmbecken mit dem heißen Quellwasser durchführen. Einige Teilnehmer gingen ganz ins Wasser, anstatt es sich über den Kopf gießen zu lassen. Aber alle sprachen ein Dankgebet für das Geschenk des Lebens, wenn sie mit dem Wasser in Berührung kamen. Mehrere Teilnehmer erzählten später, daß sie insgeheim in ihren Herzen ihren Familien vergaben und sie dafür segneten, sie auf die Welt gebracht zu haben. Schmerz wurde zusammen mit Dankbarkeit geteilt. Am Ende sprachen sie über ihre Erfahrungen und äußerten die tiefe Überzeugung, daß dieses Ritual die Macht habe, ihr Leben dauerhaft zu ändern.

Eine Frau, die ins Wasser eintauchte – und zwar wirklich eintauchte –, sagte: »Ich wollte diese Erinnerungen ganz und gar aus meinem Körper, Geist und Herzen jagen, und bei Gott, ich glaube, das ist mir auch gelungen.«

Ein Mann meinte, daß er um Gnade gebetet habe, die in ihn hineinfließen möge, weil er mehr sehen wollte als nur sein Leben. Er wollte die ganze Schönheit im Leben sehen und bewußt in Dankbarkeit dafür, am Leben zu sein, leben.

Eine andere Frau schrieb mir später, daß sie nach ihrer Heimkehr ihrer Familie ihr Anliegen erklärt habe, daß sie die Bedeutung des Lebens als ein Geschenk verstehen sollten und nicht als das Ergebnis des Geschlechtsverkehrs von zwei Menschen. Ihr Sohn fand diese Vorstellung offenbar lächerlich, aber ihre Tochter und ihr Mann erkannten die Schönheit darin, und gemeinsam gingen sie zu ihrem Pfarrer und baten ihn, die Worte des Sakraments laut zu sprechen, während er es ihnen spendete. Der Pfarrer betonte immer wieder, daß dieses Ritual gewöhnlich nicht auf diese Weise durchgeführt wird. »Na ja«, entgegnete die Frau, »wir sind eben alle auch nicht so gewöhnlich.«

Ein Mann, der seine Familie für seinen Kampf mit dem Alkoholismus und die Art und Weise, wie dieser Kampf sein Leben »ruinierte«, verantwortlich gemacht hatte, betete nun beim Empfangen des Sakraments darum, daß ihm die Gnade zuteil werde, seine Familie bereitwillig anzunehmen und sich von seinem Alkoholproblem zu befreien. Später schrieb er mir, daß er seitdem keinen Tropfen mehr angerührt habe.

Eine Frau schilderte den Schmerz, den sie empfand, weil ihre Tochter ihr gesagt habe, sie wolle keinen Kontakt mehr zu ihr haben. Im Anschluß an diesen Workshop schrieb sie ihrer Tochter einen Brief, in dem sie ihr die symbolische Bedeutung der Taufe darlegte und die Hoffnung zum Ausdruck brachte, daß ihre Tochter das Geschenk ihres Lebens aus einer Perspektive sehen könnte, die umfassender ist als die Verbindung, die sie als Mutter und Tochter hatten. Sie fügte hinzu, daß, auch falls sie sich niemals wiedersehen sollten, sie dem Leben selbst immer dankbar sein würde, daß es ihr eine Tochter geschenkt hatte. Binnen sechs Monaten standen sie wieder in Verbindung und waren dabei, ihre Beziehung zu heilen.

Eine Frau berichtete, daß sie während des Sakraments der Taufe fühlte, wie die Energie des Lebens ihren Beckenbereich, der von einer Infektion entzündet war, buchstäblich erleuchtete. Sie spürte Licht und Wärme in ihren Körper eintreten, und bis zum Ende der Woche war sie von den Schmerzen der Entzündung kuriert.

Schließlich erzählte mir ein Mann, daß das Empfangen dieses Sakraments ihn dazu befähigt habe, die Wut auf seine Familie loszulassen, die er so viele Jahre mit sich herumgetragen hatte. Er hatte lange Zeit geglaubt, daß diese Wut niemals geheilt werden könnte, weil niemand aus seiner Familie noch am Leben war und er sie folglich nicht mit seinen Gefühlen konfrontieren konnte. Während des Rituals erkannte er, daß er sie eigentlich nicht konfrontieren wollte; er wollte sie als die Menschen akzeptieren, die sie waren. Er hatte das Gefühl, ihnen diese Botschaft durch die Macht der Taufe übermittelt zu haben.

Das Ritual der Taufe

Bei der Taufe wird herkömmlicherweise der physische Körper entweder mit Wasser begossen oder ins Wasser eingetaucht. Wenn Sie jedoch Ihre eigene Taufe initiieren, sollte es Ihre Absicht sein, Ihr inneres Selbst zu reinigen. Dazu empfehle ich, daß Sie Wasser trinken, das Sie auf irgendeine Weise heilig gemacht haben: Legen Sie einige Kristalle in einen Behälter mit Wasser, den Sie in der Sonne stehenlassen, oder fügen Sie Kräuter hinzu, die mit innerer Reinigung assoziiert werden, und lassen Sie sie ziehen. Trinken Sie dieses Wasser mit der Absicht, die Giftigkeit freizulassen, die Sie mit Ihrer biologischen Familie (oder irgendeiner »Familie«, der Sie jetzt angehören, einschließlich einer Arbeitsfamilie) in Verbindung bringen. Seien Sie sich dessen bewußt, daß Sie tatsächlich Ihr Leben in seiner Gesamtheit so akzeptieren und segnen, wie es sich in der physischen Welt entfaltet.

Das zweite Chakra – Kommunion

Das zweite Sakrament ist die Kommunion, die symbolisch mit der Bedeutung des zweiten Chakras übereinstimmt. Die Kommunion ist das Sakrament, das eigentlich das Letzte Abendmahl verkörpert, als Jesus zu seinen Jüngern sprach: »Das tut zu meinem Gedächtnis« (Lukas 22,19). Folglich symbolisiert die Kommunion heute das Miteinander-Teilen von Liebe und Brüderschaft. Überdies stellt sie die Vereinigung mit dem Göttlichen dar.

Die allen religiösen Traditionen innewohnende Lehre, daß jeder von uns den göttlichen Geist in sich trägt, leuchtet aus der symbolischen Sicht durch dieses Sakrament hindurch. Jede Person, mit der wir in Beziehung stehen, sei sie positiv oder negativ, enthält eine göttliche Verbindung. Wenn das gemeinsame Brotbrechen der physische Akt der Kommunion ist, stellt das symbolische Abendmahl das Teilen von energetischem »Brot« mit ihnen dar. Wenn wir einander aus dieser Perspektive betrachten, könnten wir uns durchaus sowohl vor dem Verlust unserer Energie in Konfrontationen mit anderen als auch vor der Verunreinigung durch negative Energie, die in unsere Richtung gesendet wird, schützen. Wir wären eher darauf vorbereitet, auf andere mit freundlichen Gedanken anstatt mit negativen zu reagieren, mit der Bewußtheit, daß alle unsere Beziehungen einen Grad an spiritueller Absicht enthalten. Das erfordert ein beachtliches Maß an spiritueller Disziplin, aber darum geht es schließlich bei der Bewußtwerdung.

Das zweite Chakra energetisiert unsere Beziehungen und überwacht die Qualität der Energie, die wir mit anderen Menschen austauschen. Es protokolliert unser Bewußtsein über Geld, Macht und Sex – Lebensbereiche, die Beziehungen mit anderen Menschen einschließen.

Wenn das zweite Chakra mit dem Sakrament der Kommunion auf positive Weise verbunden wird, wird sein Brennpunkt darauf gerichtet, gesunde, reine, und nicht bedrohliche Beziehungen zu Geld, Macht und Sex zu entwickeln. Es ist stets ein Sicherheitsgefühl präsent, das einem vermittelt, daß immer ein Ausweg gefunden werden kann, gleichgültig, welche Probleme im physischen Leben auftreten.

Auf dem mexikanischen Workshop stellte ich das Sakrament der Kommunion nicht nur als eine Methode vor, um Macht zurückzugewinnen, sondern auch als einen Weg, um Machtverlust in zukünftigen Beziehungen zu verhindern. Wenn wir das Abendmahl mit anderen teilen, erkennen wir symbolisch gesehen an, daß wir alle Teil derselben spirituellen Familie oder Quelle sind. Beziehen wir das Konzept der Taufe mit ein, bestätigen wir darüber hinaus, daß jede Person in unserem Leben zu einem spirituellen Zweck da ist, auch wenn wir vielleicht nicht imstande sind, diesen klar zu erkennen. Es kann uns fast unmöglich sein, die spirituelle Bedeutung einer »negativen« Beziehung zu sehen. Trotzdem ist es ein wirksamer Weg, um die Energie zurückzugewinnen, die Sie in eine negative Beziehung investiert haben, wenn Sie lernen zu akzeptieren, daß die Menschen, die Sie auf die unangenehmste Weise provozieren, zu einem bestimmten Zweck da sind. Wenn mir jemand erzählt, daß er seinen »Seelengefährten« gefunden habe und alles so wunderbar sei, erwidere ich: »Nein, haben Sie nicht! Ihr wahrer Seelengefährte ist derjenige, den Ihr Körper nicht ertragen kann.« Carlos Castaneda sagte einmal, daß wir den »kleinen Tyrannen« in unserem Leben dankbar sein sollen, weil sie uns mehr als irgendein anderer dazu zwingen, zu wachsen und zu lernen.

Ich forderte die Workshop-Teilnehmer auf, sich den Akt, mit einer anderen Person das Brot zu brechen, aus symbolischer Sicht vorzustellen, wobei sie dem anderen ein Stück Brot, das die Gedankenform: »Ich segne dich und unsere Interaktion, und ich erbitte dafür das gleiche« enthält, übergeben. Um die gleiche energetische Reaktion zu bitten ist angemessen, weil die Kommunion ein Akt des Teilens ist. Als Teil der Visualisierung wies ich die Teilnehmer an, sich auf ihre Energie zu konzentrieren, die ihr zweites Chakra verläßt und Kontakt mit dem zweiten Chakra der anderen Person aufnimmt. Denn dieses Energiezentrum leitet unser Bewußtsein in Hinblick auf unsere Beziehungen zu anderen an.

Wir können anderen aus der Ferne symbolische Stücke Brot mit Segnungen senden. Wir können und sollten sie wahrscheinlich am häufigsten unseren negativen Beziehungen schicken, die heilende Aufmerksamkeit benötigen. Wenn Sie dafür um die gleiche Segnung bitten, visualisieren Sie die negative Energie, die Sie in diese Beziehung investiert haben, als geheilt und daß sie zu Ihrem energetischen System zurückkehrt. Wir können außerdem Menschen Abendmahlssegnungen zukommen lassen, die wir treffen sollen (auch wenn wir sie bereits kennengelernt haben), um so diese Begegnung mit spiritueller Energie zu umgeben.

Auf dem mexikanischen Workshop erläuterte ich die symbolische Bedeutung der Kommunion. Ich sagte den Teilnehmern, daß sie dadurch, daß sie dieses Sakrament empfangen, eigentlich ein Gelübde ablegen: Sie versuchen zu sehen, daß jede Person zu einem spirituellen Zweck in ihr Leben geschickt wird, so wie sie selbst in das Leben anderer geschickt werden. Ich bat sie, sich ein wenig Zeit zu nehmen, um zu entscheiden, ob sie wirklich innerhalb der Parameter dieses Gelübdes leben wollen. Als es an der Zeit war, das Sakrament zu empfangen, waren alle dazu bereit. Und im Anschluß an dieses Ritual tauschten sie wieder ihre Reaktionen miteinander aus.

Ein Mann schrieb, daß seine Beziehung zu seinem Chef schon immer sehr schwierig gewesen sei. Sie kämpften ständig um Ansehen im Büro und darum, sich Erfolge als Verdienst anzurechnen. Er visualisierte seinen Vorgesetzten als spirituellen Gefährten und wie er ihm ein symbolisches Stück Brot reichte. Später sagte er, er sei sich zwar nicht sicher, welchen Einfluß dieses Ritual auf seinen Chef haben würde, aber er fand, daß es sehr viel von der Spannung abgebaut habe, die er spürte, wann immer er sich in der Nähe seines Chefs aufhielt. Er war sich ziemlich sicher, daß sich seine Beziehung zu seinem Chef auf die Dauer ändern würde, und er war überzeugt, daß sein Streßpegel nie mehr so hoch sein würde.

Ein anderer Mann schrieb, daß er die Bedeutung dieses Sakraments mit seiner wöchentlichen Gebetsgruppe geteilt habe. Zusammen beschlossen sie, die Kommunion als einen Weg anzuwenden, um alle diejenigen zu heilen, die um ihre Gebete baten. Beim Gebet stellten sie sich symbolisches Brot vor, das den erkrankten Körper einer Person nährte und ihr ganzes Gewebe mit einer Botschaft versorgte. Dem gesunden Gewebe wurde mitgeteilt, stärker zu werden, und das kranke Gewebe wurde angewiesen, »von diesem Brot zu essen und gesund zu werden«. Er berichtete von erstaunlichen Resultaten, unter anderem der Heilung von Krebs bei Kindern und Erwachsenen.

Während des Workshops sagte eine Frau, daß sie ihre Aufmerksamkeit darauf gerichtet habe, allen Mitgliedern ihrer Familie die Kommunion anzubieten als einen Weg, um ihre Liebe und Kraft mit ihnen zu teilen. Dieser Energieaustausch mit Hilfe eines Sakraments gab ihr das Gefühl, als ob Gott ihrer Familie einen besonderen Segen erteilen würde.

Ein Mann beeindruckte mich besonders: Er erzählte, daß er beim Empfangen des Sakraments des Abendmahls Gott visualisiert habe, der es ihm direkt spendete. Er habe nun vor, dieses Ritual in sein tägliches Leben zu integrieren. Das Sakrament zu empfangen brachte ihn dem Göttlichen näher als alles, was er jemals in seiner spirituellen Praxis getan hatte.

Das Ritual der Kommunion

Schreiben Sie auf ein Stück Papier die Namen der Menschen, mit denen Sie positive Energie teilen möchten oder zu denen Sie eine negative Beziehung haben. Vielleicht möchten Sie außerdem Leute einbeziehen, um deren Sicherheit Sie beten möchten. Sprechen Sie ein Gebet der Absicht: »Ich lege diesen Namen auf den Altar, weil ich um ... bitte.« Auch wenn Sie dieses Ritual allein vollziehen, können Sie dennoch das Brot brechen und damit Ihren Wunsch symbolisieren, mit Menschen positive Energie zu teilen, um ihnen auf diese Weise Gnade zukommen zu lassen. Sie können auch sagen: »Es ist meine Absicht, daß die Gnade, die ich sende, diese Beziehung nährt oder heilt. Ich segne aufrichtig die Macht dieses Sakraments, das zu leisten.« Schließen Sie Ihr Kommunionsritual ab, indem Sie etwas von dem Brot essen und ein kurzes Dankgebet sprechen.

Das dritte Chakra – Firmung

Die Firmung ist ein universales Ritual und bedeutet, daß man die volle Verantwortung für seine Handlungen übernimmt und nach einem Ehrenkodex lebt. Im jüdischen Glauben hat die Bar-Mizwa dieselbe Bedeutung; in indianischen Kulturen ist die Visionssuche – bei der ein junger Mann sich verpflichtet, allein in der Wildnis Kontakt mit seinem Tiergeist aufzunehmen – ein Ritual von der gleichen Art. Jede Gesellschaft weiß, daß die Zeit kommt, in der ihre jüngeren Mitglieder verkünden müssen, daß sie imstande sind, in dieser Welt allein dazustehen.

Wir im Westen scheinen heute in einer Ehrenkrise zu stecken. Wir haben die Fähigkeit verloren, uns selbst und einander zu ehren. In der Politik und im öffentlichen Leben, bei Akademikern, in der Wirtschaft und sogar in den Künsten herrschen Lügen und Betrug vor. Folglich haben unsere Kinder praktisch keine Vorbilder, an denen sie sich zur Entwicklung ihres eigenen Ehrgefühls orientieren können. Das völlige Fehlen von Initiationsriten hat die Probleme für unsere Jugend nur noch verschlimmert.

Symbolisch gesehen stellt die Firmung eine Reise dar, auf der man die wahre Bedeutung von Selbstachtung und Integrität entdeckt. Man lernt, die Herausforderungen des physischen Lebens durchzuhalten und einem persönlichen Ehrenkodex gemäß zu leben. Ehre ist für die Heilung wichtig, wichtiger, als es uns wahrscheinlich bewußt ist. Ehre ist Ehrlichkeit. Es ist vor allem das Versprechen uns selbst gegenüber, keinen unwürdigen Handel um materiellen Gewinn zu treiben. Dieser Ehrenkodex bedeutet, daß man sein Wort hält, nicht lügt und die Verantwortung für seine Handlungen übernimmt. Wenn die symbolische Bedeutung dieses Sakraments mit dem dritten Chakra, das persönliche Ermächtigung und Selbstrespekt verkörpert, kombiniert wird, entsteht eine natürliche Vereinigung spiritueller Kräfte.

Ich bin noch keinem Menschen begegnet, der mit einem starken Gefühl von Selbstachtung geboren wurde; diese Form der Macht muß erworben werden. Der Mangel an Selbstachtung macht Sie anfällig für negative Meinungen und Bemerkungen und abhängig von anderen; er läßt Sie ständig an Ihrer Fähigkeit, eigene Entscheidungen zu treffen, zweifeln. Überdies ist Selbstachtung die Wurzel der intuitiven Fähigkeit. Intuition rührt nicht davon her, daß man sich vegetarisch ernährt oder täglich drei Meilen läuft und dabei Entspannungsmusik mit seinem Walkman hört. Sie entsteht aus Selbstrespekt und daher, den Mut zu haben, auf seine Gedanken und Gefühle zu reagieren. Das Problem liegt darin, daß viele Menschen irgendwie glauben, Intuition sei die Fähigkeit, die Zukunft zu sehen. Sie denken, daß finanzielle Sicherheit und romantische Liebe auf sie warten werden, wenn sie ihre intuitiven Fähigkeiten entwickeln und ihr Leben entsprechend ändern. Aber Intuition ist nicht die Fähigkeit, zu sehen, was vor uns liegt. Es ist die Fähigkeit, zu erkennen, daß die Störungen, die in unserem Geist und Körper auftreten, Signale sind, die uns sagen, daß unsere gegenwärtige Situation geändert werden muß – daß es beispielsweise an der Zeit ist, seinen Job zu kündigen und sich weiterzubewegen. Die Tür, die wir suchen, wird sich erst öffnen, wenn wir die ersten Schritte gemacht haben, um sie selbst zu öffnen.

Ich glaube nicht, daß wir Selbstachtung, ganz zu schweigen von persönlicher Ermächtigung, gewinnen, indem wir Bücher lesen und uns Vorträge anhören. Das ist ein Bereich des Wachstums, der von Ihnen verlangt, Risiken auf sich zu nehmen, damit Sie lernen können, auf sich zu vertrauen. Nur wenn wir Risiken eingehen, können wir Macht in unserem Inneren sammeln, die Art von Macht, die erst zu Intuition und dann zu Mut führt. Und Mut ist die Energie, die wir brauchen, um fähig zu sein, intuitiv die Signale der Führung zu erkennen, die uns sagen, wie wir mit unserem Leben weitermachen sollen. Wenn wir auf diese Signale nicht hören, werden wir unsere Macht, Selbstachtung und schließlich unsere Gesundheit verlieren.

Sowohl die östlichen als auch die westlichen mystischen Traditionen lehren uns, daß persönliche Ehre und Integrität durch unsere Augen leuchten, wenn wir uns selbst respektieren. Sie müssen nicht jedem erzählen, daß Sie sich respektieren – das werden Sie ausstrahlen. Die Fähigkeit, Härten zu ertragen, ist eine Sache der spirituellen Ehre und läßt Sie die Energie von Respekt empfangen, die von anderen in Ihr System hineinfließt. Ihr Wort zu geben und es zu halten, nicht nur anderen,

sondern auch Ihnen selbst gegenüber, ist lediglich eine Erweiterung dieser Energie.
Als ich in Mexiko die Gruppenmitglieder darauf vorbereitete, dieses Sakrament zu empfangen, wies ich sie an, ihren eigenen Ehrenkodex niederzuschreiben. Das war ein privater Akt, und sie sollten ihren Kodex mit keinem anderen teilen. Als sie dann das Sakrament der Konfirmation empfingen, verpflichteten sie sich dazu, ein Leben der Ehre, der Integrität und der Standhaftigkeit zu führen, das auf dem Glauben an einen Gott basiert, der Stärke respektiert.
Nach diesem Sakrament erzählte mir eine Frau im Vertrauen, daß sie sich vor dem Ehrenkodex gefürchtet habe, weil so vieles, was sie in ihrem Leben erreicht hatte, von unehrenhaften Taten herrührte. Sie hatte zwar nie gestohlen, sich aber auf Manipulation, Übertreibung und Lügen eingelassen. Es hatte sie sehr viel Mut gekostet, dieses Sakrament zu empfangen, weil es bedeutete, daß sie nach Verhaltensmaßstäben leben sollte, die ihr völlig fremd waren. Trotzdem war sie bereit, es auszuprobieren.
Ein Mann lachte und erzählte, er habe sich beim Schreiben seines Ehrenkodex gefühlt, als ob er ein Ritter der Tafelrunde wäre – und dieses Gefühl habe ihm gefallen. Nun glaubte er auch, die richtige Maid für sich finden zu können!
Ein anderer Mann schrieb, daß »es schwierig ist, ein ehrenhaftes Leben zu führen, weil es die eigenen Wahlmöglichkeiten einschränkt«. Sein Brief war für mich besonders wertvoll, weil dieser Mann ein Zuhälter gewesen und durch den Verkauf gestohlener Waren reich geworden war. Aber nach dem Workshop verletzte er nie seinen Ehrenkodex, egal, wie massiv er von seinen früheren »Geschäftspartnern« unter Druck gesetzt wurde. Seitdem hat er sich ein Leben aufgebaut, in dem er stolz auf sich selbst ist.
Von all den vielen Briefen, die ich erhielt, hat mich das Schrei-

ben einer Frau am tiefsten bewegt, die an diversen gesundheitlichen Problemen litt und sich kurz zuvor einer Hysterektomie (operative Entfernung der Gebärmutter) unterzogen hatte. Sie sagte, daß die Sakramente der Taufe und der Kommunion ihr wirklich nichts bedeutet haben, aber als von der Firmung die Rede war, habe sie aufgehorcht. Sie hatte immer ein ehrenhaftes Leben geführt, außer, wenn es sie selbst betraf. Sie erkannte, daß sie sich immer Versprechen gegeben hatte, die sie nicht hielt, besonders Versprechen, ihrem Körper zuliebe Veränderungen vorzunehmen. Sie hatte sich auch versprochen, ihre Ausbildung abzuschließen und vielleicht dem Friedenskorps beizutreten. Jedesmal, wenn sie bei einer dieser Bemühungen versagte, belog sie sich selbst, indem sie sich sagte, die Zeit sei noch nicht reif oder sie könne ihre gegenwärtige Situation einfach nicht hinter sich lassen. Als sie das Sakrament der Firmung empfing, gab sie sich schließlich ein Versprechen, das sie wirklich halten wollte: Sie versprach sich, jeder Entscheidung nachzugehen, die sie von dem Tag an treffen würde. Humorvoll fügte sie hinzu, daß sie sich dazu nur verpflichten konnte, indem sie in ihrem Selbstgespräch nicht das Wort *Versprechen* verwendete.

Das Ritual der Firmung

Besorgen Sie sich ein Tagebuch, und schreiben Sie darin Ihren persönlichen Ehrenkodex nieder. Dadurch wird Ihnen deutlicher vor Augen geführt, was für einen Kodex Sie eigentlich haben, ihm wird die Aura eines formalen Vertrages mit Ihnen verliehen, und er wird die Macht eines Gelübdes in sich bergen. Und das Tagebuch wird zu einem fortlaufenden Text; Sie können es regelmäßig führen und die Handlungen und Krisen Ihres Lebens aufzeichnen und sich durch sie hindurcharbeiten. Als Starthilfe notieren Sie ein Problem, das über das Potential verfügt, Ihre Ehre zu gefährden, oder ein Ereignis, in dem Sie Ihre Ehre bereits gefährdet haben. Schreiben Sie dann: »Ich brauche Führung bei diesem Problem.« Schließen Sie nun dieses heilige Buch, und legen Sie es auf Ihren Altar. Gehen Sie davon aus, daß Sie Führung erhalten werden, entweder durch einen Traum oder ein Gespräch, oder dadurch, daß Sie das richtige Buch in die Hand nehmen. Aber seien Sie sich dessen bewußt, daß Führung in Ihr Leben eintreten wird.

Das vierte Chakra – Ehe

Wir alle wissen, was das Sakrament der Ehe bedeutet. Auf der symbolischen Ebene jedoch ist dieses Sakrament nicht damit verbunden, eine liebevolle Verpflichtung zu einer anderen Person einzugehen, sondern zu sich selbst. Indem Sie lernen, sich selbst zu lieben, zu ehren und zu respektieren, in Krankheit und in Gesundheit, bis Ihr Geist Ihren Körper verläßt, verlagert sich der Brennpunkt des Sakraments völlig. Wie wir alle gehört haben, können wir erst eine gesunde und unterstützende Beziehung zu einer anderen Person herstellen, wenn wir uns selbst lieben können.

Beim Lernen, was es bedeutet, sich selbst zu lieben, machen die meisten von uns eine Phase des Narzismus durch und befreien sich von den herkömmlichen Bräuchen und Regeln der Gesellschaft. Wir alle müssen diese Phase durchlaufen, weil wir die Bedeutung einer spirituellen Wahrheit in unserem physischen Leben ergründen müssen. Aber irgendwann erreichen wir einen Punkt, an dem die Definition von Selbstliebe durch Rebellion und physische Maßlosigkeit uns keine Befriedigung mehr bringt. Dann fangen wir – fast automatisch – an, uns selbst zu lieben und zu akzeptieren, so wie wir sind, wir können uns nun dem stellen, was wir unter Liebe verstehen und wie gut wir andere zu lieben vermögen. Jetzt entwickeln wir die Kraft, zu glauben, daß die Sorge für uns selbst kein selbstsüchtiger Akt ist, sondern eine notwendige spirituelle Aufgabe.

Sich selbst zu lieben bedeutet, auf die Botschaften seines Herzens zu hören. Anders als die Intuition des dritten Chakras, die uns auf der physischen Ebene anleitet, vermittelt uns die Führung, die vom Herzen kommt, wie wichtig es ist, nur diejenigen Dinge zu tun, in die wir »unser Herz legen« können. Ohne die Unterstützung der Herzensenergie stehen wir innerlich in Konflikt und versuchen ständig, unser inneres Drängen zum Schweigen zu bringen.

Wenn wir unserem Herzen folgen, beschreiten wir einen Weg, der zur höchsten Erfüllung führt. Dennoch kann die Stimme des Herzens beunruhigend sein, weil sie oft die angenehm rationalen Entscheidungen bedroht, die wir mit unserem Kopf treffen. Beispielsweise haben viele Frauen in meinen Workshops zugegeben, daß ihre Wahl des Ehepartners eher auf der äußeren Sicherheit basierte, die der Partner ihnen anbot, als auf einer überwältigenden gefühlsmäßigen oder körperlichen Anziehung. Und ihre Entscheidung, bei dem Partner zu bleiben, lange nachdem sich jegliche Gefühle der Liebe verflüchtigt hatten, beruhte ebenfalls auf der Sorge um ihre Sicherheit. Ähnlich haben viele Männer zugegeben, daß sie wegen des Verantwortungsgefühls, das sie ihren Kindern gegenüber empfinden, in ihrer Ehe bleiben.

Die Entscheidung, unter diesen äußerst problematischen Umständen »seinem Herzen zu folgen«, zählt natürlich zu den schwierigsten Wahlen, vor denen man stehen kann. Doch aus einer wahrhaftig spirituellen Sicht – das heißt von einem Ort der tiefen Kontemplation aus – kann eine Person zu der Erkenntnis gelangen, daß es nicht zur Liebe zu anderen beiträgt, sondern zu einem traurigen und leeren Herzen, wenn man in solchen Situationen verweilt. Wenn das der Fall ist, muß sich der einzelne der Entscheidung stellen, ob er wirklich bleiben will oder doch lieber geht.

Die Folge eines Mangels an Selbstliebe ist fortwährende emotionale Disharmonie. Wenn Sie niemals mit sich in Frieden sind, bleibt innere Ruhe unerreichbar.

Wir brauchen keine Anleitungen dazu, wie wir erkennen sollen, was unser Herz sagt. Was wir jedoch brauchen, das ist Führung dabei, wie man den Mut aufbringt, diesen Gefühlen zu folgen, da sie uns auf jeden Fall dazu zwingen werden, unser Leben zu ändern. Aber denken Sie darüber nach, welche Folgen es hat, wenn Sie nicht auf die Führung des Herzens hören: Depression, Verwirrung und das miserable Gefühl, daß wir nicht auf unserem wahren Lebensweg sind, sondern ihn aus der Ferne betrachten.

Manchmal kann es sich als schwierig erweisen, Selbstliebe zu lernen, weil viele Menschen sich schuldig fühlen, wenn sie sich um sich selbst kümmern, bevor sie sich anderen zuwenden. Niemand hört gern, daß er plötzlich nicht mehr an erster Stelle steht, und darum müssen wir stark genug sein, um unserem neugewählten Grundsatz treu zu bleiben. Aber sowohl die östlichen als auch die westlichen Traditionen lehren, daß die Liebe zu sich selbst im Grunde ein Geschenk für andere ist. Die Liebe, die durch Ihr Herz fließt, reinigt nicht nur Ihren Geist, sondern auch die Liebe, die Sie mit anderen teilen. Bedingungslose Liebe wird zu einer echten Heilkraft, die bei anderen wie auch bei Ihnen wirkt. Vergebung wird leicht, weil Probleme, die im Umgang mit anderen schnell entstehen können, Sie nicht mehr in die Knie zwingen. Sie können eine andere Person mit Mitgefühl betrachten, gleichgültig, wie groß die Schwierigkeiten zwischen Ihnen auch sein mögen. Selbstachtung übermittelt das Geschenk der inneren Ruhe. Das ist die Lehre des vierten Chakras, die mit der symbolischen Bedeutung der Ehe vollkommen harmoniert.

Das Zusammenbringen dieses Sakraments mit der Lehre des vierten Chakras, uns selbst zu ehren, läßt Leidenschaft in uns erwachen – keine sexuelle Leidenschaft, sondern die Leidenschaft, unsere Begabungen freizusetzen oder uns ein anderes Leben aufzubauen. Diese Leidenschaft läßt uns zugeben, was über uns wahr ist, und erkennen, daß wir vielleicht unglücklich sind, so wie wir im Augenblick leben. Leidenschaft kann nicht durch die logischen Tricks des Verstandes betäubt werden, weil sie Logik und Ordnung meidet und statt dessen das Risiko als ihren Gefährten sucht. Eine Leidenschaft für unser Leben zu haben ist die wahre Bedeutung von Befreiung und Selbstliebe.

Für die Teilnehmer meines mexikanischen Workshops bedeutete das Empfangen des Sakraments der Ehe das Versprechen, auf ihr Herz zu hören und ihre Leidenschaft zu wecken. Es hört sich zwar phantastisch an, aber sobald die Energie der inneren Leidenschaft lebendig ist und in Ihnen wirkt, müssen Sie darauf vorbereitet sein, auf sie hin zu handeln. Sie können nicht einfach die Leidenschaft in Ihr Herz und Ihr Leben einladen und dann erwarten, daß sie sich wie ein höflicher Gast benimmt. Die Leidenschaft kann Teile von Ihnen sichtbar machen, die Ihnen vorher unvorstellbar waren. Und sobald Sie anfangen, sich als die Person vorzustellen, zu der Sie werden könnten, können Sie den Wunsch, zu dieser Person zu werden, nicht mehr zum Schweigen bringen.

Wie bei allen Sakramenten sollten die Teilnehmer in Mexiko darüber nachdenken, ob sie dieses Sakrament wirklich empfangen wollten, ob sie sich wohl dabei fühlten, zu geloben, die Stimme ihres Herzens »zu lieben, zu ehren und zu respektieren« und dieser Stimme gemäß zu leben. Dieses Gelübde abzulegen ist das gleiche wie das Göttliche dazu einzuladen, Ihnen neue Anweisungen zu erteilen, wie Sie leben sollen.

Es machte den Workshop-Teilnehmern großen Spaß, sich über das Sakrament der Ehe auszutauschen, weil es sich für so viele Witze darüber eignete, wie ihre Ehepartner darauf reagieren würden, wenn sie, zurück zu Hause, verkündeten, daß sie »wieder geheiratet« hätten. Inmitten dieser unbeschwerten Haltung sah ich sie ihre eigene Befreiung zelebrieren. Natürlich würde die Hochstimmung, die sie empfanden, nachlassen, sobald sie sich wieder auf vertrautem Terrain bewegten, aber es war, und wenn nur für diesen Abend, einfach phantastisch.

»Mir gefällt dieser Gedanke, mich selbst zu lieben«, sagte eine Frau. »Ich arbeite viel zu Hause und bekomme immer Faxe. Jetzt werde ich mit einer Nachricht antworten, die lautet: ›Fax ist ausgeschaltet. Ich bin in den Flitterwochen.‹«

»Selbstliebe fühlt sich für mich an wie ein neuer Wind«, äußerte sich eine Frau weit in den Siebzigern. »Es fühlt sich an, als ob mir die Erlaubnis erteilt wurde, alles andere hinter mir zu lassen, und jetzt sind nur noch Gott und ich da.«

Ein Mann meinte, es sei kompliziert, Selbstliebe zu lernen. Als Pfarrer gehörte es zu seinen Aufgaben, sich um andere zu kümmern, und er hatte Angst davor, daß die Liebe zu sich selbst ihn dazu bringen würde, den Halt zu verlieren, weil so viel von seinem religiösen Einfluß in die entgegengesetzte Richtung zielte. Er fragte mich, ob ich irgendwelche Anregungen hätte, und ich erwiderte lachend, er solle einfach die Religion wechseln. Aber dann wurde ich ernst und erklärte ihm, daß diese Bewußtseinsveränderung für jeden schwierig sei, aber vielleicht fiele es ihm leichter, wenn er die Botschaft mit seiner Kirchengemeinde teilen würde. Dadurch würde er an seiner eigenen Verpflichtung zu diesem Sakrament wachsen.

Ein Energiebündel von einer Frau erzählte, daß ihr ganzes Leben lang Menschen von ihr erwartet hätten, daß sie sich um sie kümmere. Sie hatte acht Kinder und war glücklich gewesen, sie bis ins Erwachsenenalter aufzuziehen, aber jetzt war ihre Zeit gekommen. Was ihre Entscheidung um so dringlicher machte, war die Tatsache, daß sie gemerkt hatte, daß ihre Gesundheit schwand, ohne genau zu wissen, was das Problem war. Aber als sie dieses Sakrament empfing, spürte sie, daß sie durch ihr Gelübde das Mittel in der Hand hatte, das Ausbrechen einer Krankheit zu vermeiden.

Das Ritual der Ehe

Die Ehe ist traditionell das Sakrament, bei dem zwei Menschen geloben, sich zu lieben und für den Rest ihres Lebens zusammenzubleiben. Wenn dieses Sakrament von einer einzelnen Person empfangen wird, muß sich seine Bedeutung auf die symbolische Ebene verlagern, und zwar als ein Gelübde, das oft erneuert werden kann, so wie man einen Jahrestag feiert.

Für dieses Ritual müssen Sie Vorbereitungen treffen. Kreieren, kaufen oder wählen Sie aus Ihrer Garderobe ein Kleidungsstück oder Accessoire, das Sie besonders gern mögen, eines, das Schönheit und Liebe verkörpert und Sie an alles, was am Leben und an Ihnen gut ist, erinnert. Auch frische Blumen oder ein Geschenk von jemandem, den Sie für seine Selbstschätzung achten, dienen dem Zweck. Was auch immer Sie wählen, es wird für Ihr Gelübde stehen, sich selbst zu schätzen, sich um sich selbst zu kümmern, sich in diesem Leben selbst zu lieben und zu ehren. Legen Sie den Gegenstand auf Ihren Altar, und sprechen Sie aus, daß er eine Erinnerung an Ihren eigenen Wert sein soll.

Wann immer Sie das Bedürfnis spüren, sich zu stärken, treten Sie an Ihren Altar, und berühren Sie diesen Gegenstand. Rufen Sie sich ins Gedächtnis zurück, daß Sie sich selbst genauso wie einem anderen ein liebevoller Partner sein müssen. Dieses Ritual genügt für das Sakrament der Ehe, weil es vor allem eine Erinnerung daran sein soll, daß die Sorge für sich selbst eine Ihrer Prioritäten sein muß.

Das fünfte Chakra – Beichte

Wie die Ehe ist die Beichte oder das Bußsakrament in allen Kulturen zu finden, weil es allgemein anerkannt wird, daß der Geist seine Bürden und Fehler nicht mit sich herumtragen kann, ohne sich zu zerstören. Wir müssen alles Dunkle in uns loslassen, damit unsere psychologischen und emotionalen Dämonen uns nicht verzehren und uns dazu bringen, alle anderen als unehrlich, schlecht, schrecklich und negativer Handlungen schuldig zu betrachten. Wenn diese Dämonen die Macht innehaben, sind wir von Paranoia erfüllt und unfähig, anderen voll und ganz zu vertrauen.

Heute sprechen alternative Heiler oft über die Notwendigkeit, »unseren Geist in unsere Körper zurückzurufen«, und oft präsentieren sie diese Wahrheit, als wäre sie eine neue Idee. Doch neu daran ist nur die Sprache, mit der wir sie beschreiben. Diese Sprache ist natürlich hilfreich, weil das Sakrament der Beichte weit mehr bedeutet, als sich vor einem anderen zu demütigen, während man zugibt, all die Dinge getan zu haben, die man nicht hätte tun dürfen.

Bei der Beichte geht es nicht bloß darum, über seine Fehltritte zu grübeln, sondern es wird von Ihnen verlangt, daß Sie bewußt die Energie Ihres Geistes zurückrufen und sie in Ihr Wesen lenken. Viele spirituelle Traditionen zusammen mit dem Christentum erkennen die Wichtigkeit, einer im Sterben liegenden Person die Möglichkeit der Beichte anzubieten, damit der Geist dieser Person vollständig aus dem physischen Leben freigegeben werden kann, ohne daß Bruchstücke zurückbleiben. Die Beichte erfordert den höchsten Akt der Willenskraft, weil sie bedeutet, daß Sie dazu bereit sind, sich Ihrem Schatten zu stellen und Wiedergutmachung zu leisten. Sie führt dazu, daß Gerechtigkeit in Ihr Leben tritt, und auch wenn Sie die Gerechtigkeit vielleicht nicht physisch erfahren, erkennen Sie dennoch, daß die Entscheidungen, die Sie in jedem Augenblick Ihres Lebens treffen, wirklich Konsequenzen haben. Auch unsere negativen Entscheidungen, die auf uns selbst gerichtet sind, lassen uns schließlich den Schaden erkennen, den wir uns selbst zugefügt haben.

Wenn wir uns unserer Energie bewußt sind, können wir sofort erkennen, wann sie als Folge einer negativen Handlung unseren Körper verläßt. Denn ein Teil von uns schaltet sich unverzüglich ein und fragt, ob wir uns wirklich in einer solchen negativen Weise verhalten wollen. In diesem Augenblick können wir wählen, unsere Energie zurückzugewinnen. Aber wenn wir das nicht tun, wird der Körper mit einer Empfindung reagieren, die uns zu verstehen gibt, daß wir soeben unser physisches Sein geschwächt haben. Das kann ein plötzliches Schuldgefühl sein, ein Stechen im Solarplexus (drittes Chakra) oder eine Regung in unserem Gewissen, die uns erst in Ruhe lassen wird, wenn wir die Energie zurückgewinnen, indem wir die negative Handlung wiedergutmachen. Alle diese Reaktionen weisen darauf hin, daß wir die Energie unseres Geistes mißbrauchen, indem wir sie mit einer negativen Mission beauftragen.

Wenn wir unser Bewußtsein um die gesamte Qualität unserer Urteile erweitern und verstehen, wie wichtig es ist, weise Entscheidungen zu treffen, wird ein helles spirituelles Licht auf die potentielle Heilkraft des fünften Chakras geworfen. Die Ruhe, die wir empfinden, nachdem wir das Sakrament der Beichte empfangen haben, das Gefühl, daß wir uns von der Dunkelheit befreit haben, ist das Signal dafür, daß der Geist heimgekehrt ist.

Es überraschte nicht, daß keiner aus meiner Gruppe in Mexiko sich überlegen mußte, ob er dieses Sakrament empfangen wollte. Obwohl es nicht leicht ist, die Beichte öffentlich miteinander zu teilen, war der Zusammenhalt der Gruppe inzwischen derart eng, daß ihr Bedürfnis nach Privatsphäre aufgehoben war. Sie wollten sich auch über das innere Gefühl der Energie austauschen, als diese in ihre Körper zurückkehrte. »Ich hoffe, daß ich mir nichts vormache«, sagte eine Frau hinterher, »aber ich fühle mich leichter als vorher, bevor ich dieses Sakrament empfing. Vielleicht könnte das meine neue Diät sein«, scherzte sie.

Ein Mann berichtete, daß sein Körper nach der Beichte vor Energie gezittert habe, so als wäre er vom Blitz getroffen worden. »Als ich dieses Sakrament empfing, betete ich darum, daß ich nie wieder andere belügen würde. Ich schäme mich dafür, daß ich es in der Vergangenheit getan habe, aber ich habe wirklich das Gefühl, daß mir vergeben wurde.«

»Ich leide seit Jahren an Depressionen«, erzählte ein anderer Mann. »Ich habe Medikamente genommen, um sie zu bekämpfen, und zahlreiche Therapeuten aufgesucht. Ich wurde als manisch-depressiv diagnostiziert. Irgendwann gelangte ich zu der Überzeugung, daß Depressionen der einzige Gemütszustand sind, in dem ich mich jemals befinden werde. Während Ihres Vortrages über die Beichte fand ich nicht, daß ich mich Sünden wie Lügen schuldig gemacht habe, aber mir wurde klar, daß ich immer neidisch auf Leute war, deren Leben glücklicher zu sein schien als das meine. Ich glaube zwar nicht, daß ich dieses Gefühl über Nacht ändern kann, aber nun, da ich zumindest weiß, was es ist, habe ich die Möglichkeit, es loszulassen.«

»Seit meiner Kindheit habe ich gewußt, daß mein Geist nicht ganz in meinem Körper ist«, sagte eine Frau. »Als Erwachsene verstand ich das immer besser, denn ich habe mich daran erinnert, daß ich als Kind mißbraucht wurde. Seitdem ich mich an diese Erlebnisse erinnere, habe ich nur noch die Männer gehaßt, die mir das angetan haben. Ich betete darum, daß sie genauso leiden sollen, wie sie mich leiden ließen. Während dieses Sakraments sendete ich ihnen die Botschaft, daß sie nicht länger die Leitung über meinen Geist innehaben – sondern ich. Und als ich das tat, rief ich meinen Geist zurück. Ich hoffe, daß mein Gefühl, endlich meine Kindheit loslassen zu können, mein Signal dafür ist, daß ich es schaffen werde.«

Das Ritual der Beichte

Dinge, die man äußerlich verbrennt, verbrennen nicht innen. Nehmen Sie sich soviel Zeit, wie Sie brauchen – einmal die Woche, vielleicht am Sonntag –, um auf ein Blatt Papier niederzuschreiben, welche von den Entscheidungen, die Sie getroffen haben, negativ sind und Sie Energie kosten. Diese Entscheidungen verbessern weder Ihr Leben noch das irgendeiner anderen Person. Dann verbrennen Sie das Blatt in der Schale auf Ihrem Altar, und wenn der Rauch in den Himmel emporsteigt, sprechen Sie Ihr Gebet, in dem Sie um ein größeres Bewußtsein bitten, damit Sie diese negativen Entscheidungen nicht wiederholen. Falls Sie es vorziehen, können Sie eine Kerze anzünden, anstatt das Papier zu verbrennen; aber visualisieren Sie dabei immer, daß diese negativen Entscheidungen verschwinden und die Energie zurückbringen, die sie Ihnen geraubt haben.

Das sechste Chakra – Ordination

Auf der symbolischen Ebene ist die Ordination von allen Sakramenten möglicherweise am schwierigsten zu verstehen. Wie ich meinen Workshop-Teilnehmern in Mexiko erklärte, sind wir es nicht gewöhnt, an uns selbst in positiven Begriffen zu denken, und wir messen das, was von Bedeutung im Leben ist, an seiner Größe und an seinem Bekanntheitsgrad. Es ist enorm schwierig, die Macht zu durchbrechen, die diese Vorstellungen über unser Denken haben. Auch wenn Menschen die symbolische Bedeutung der Ordination verstandesmäßig erfassen können, dringt sie nicht ohne weiteres in ihre Herzen ein, um die Leidenschaft zu erzeugen, die zur Veränderung notwendig ist.
Der Weg zu unserer eigenen Ordination ist eine persönliche und spirituelle Entwicklung. Wir können die Bedeutung von Mitgefühl, Liebe und Nächstenliebe bis in alle Ewigkeit studieren, ohne daß wir sie tatsächlich ausüben. Die vorhergehenden Sakramente führen uns zu einem tieferen Verständnis dessen, warum wir die spirituelle Entwicklung zur Priorität erheben müssen. Die Ordination stellt nun ein gereiftes Sich-Öffnen auf das Göttliche hin dar, um uns als Vehikel dafür zu verwenden, diese Energie anderen zu bringen.
Die ursprüngliche Bedeutung der Ordination (eigentlich: Priesterweihe) umfaßt Akte der Liebe und des Dienstes für andere, die spontan durch die Kraft des eigenen Geistes geschehen. Aber wenn solche Akte von Schwäche motiviert sind und sich als das Bedürfnis nach Anerkennung manifestieren, sind sie vergiftet und können sogar eher zu einer Form der Verführung

als des Beitrages werden. Menschen nehmen gern jede sogenannte Hilfe an, besonders wenn sie sie dringend brauchen. Dies ist der Grund dafür, weswegen gewissenlose Gurus ihre Anhänger so leicht ausnutzen können.

Wahre Ordination kann man sich als das Erreichen eines überaus realen Grades an spiritueller Reife vorstellen, wobei die Attribute des Geistes so deutlich hervorleuchten, daß wir ihr Vorhandensein nicht erwähnen müssen – andere können sie sehen. Unsere einzige Aufgabe besteht darin, diese Eigenschaften mit Integrität zu bewahren, was erfordert, daß wir anerkennen, daß sie in uns lebendig sind.

Bei meinen Ausführungen vor der Gruppe in Mexiko wies ich darauf hin, daß dieses Sakrament ein Paradox umfaßt: Es betont die Notwendigkeit, auf eine beinahe unpersönliche Weise andere zu lieben und ihnen zu dienen. Das heißt, wir brauchen uns unserer Eigenschaften, die so viel Macht enthalten, nicht voll und ganz bewußt zu sein. Es liegt bei anderen, sie in uns zu erkennen, und durch dieses Erkennen spenden sie eigentlich das Sakrament der Ordination. Gleichzeitig müssen wir die Schätze erkennen, die wir in uns tragen. Wie, so fragen Sie sich vielleicht, können wir unbewußt und zugleich bewußt sein?

Das Paradox ist eine der Sprachen des Göttlichen. Uns unserer Schätze nicht bewußt zu sein, bedeutet nicht, daß wir sie nicht sehen. Es bedeutet, daß wir unser Ego in Schach halten, in dem Sinn, den Jesus meinte, als er sprach: »Wenn du aber Almosen gibst, so laß deine linke Hand nicht wissen, was die rechte tut« (Matthäus 6,3). Damit ist nicht gemeint, daß wir unser Ego ganz aus unserer Psyche verbannen, sondern vielmehr, daß wir ein reines Ego bewahren, eines, das zuläßt, »in der Welt, aber nicht von der Welt« zu sein. Es steht uns frei, an der Fülle der Welt teilzuhaben, aber wir dürfen unsere Geschenke nicht dazu verwenden, diese Fülle zu manipulie-

ren. Wir können es uns erlauben, leidenschaftlich geliebt zu werden, aber wir dürfen andere niemals durch die Art und Weise schwächen, wie wir sie lieben.
Diese Haltung wird von der Energie des sechsten Chakras unterstützt, das ein weises Urteil und die wahre Bedeutung von Mitgefühl verkörpert. Weise zu urteilen ist paradoxerweise die Fähigkeit, kein Urteil über andere zu fällen, sondern ein mitfühlendes Verständnis dafür anzustreben, warum jemand negativ oder toxisch geworden ist. Der Gebrauch von Weisheit zieht große Heilkraft nach sich, weil sie Führung ohne Scham oder Kritik anbietet.
Dadurch, daß die dem Sakrament der Ordination innewohnende Energie mit der Energie des sechsten Chakras kombiniert wird, das außerdem die Befreiung von dem Einfluß der Illusionen des Lebens repräsentiert, vermögen Sie zu erkennen, daß Ihre größten Beiträge für andere oft diejenigen sind, die keine physische Verpackung haben: Liebe, Verständnis, Mitgefühl, Freude, Optimismus, Mut, ohne Urteil zu sein, und noch viele mehr. Jeder von uns hat das Potential, diese wunderbaren Eigenschaften des menschlichen Geistes zu entwikkeln, und wenn wir eine solche Reise unternehmen, wird die heilende Energie, die wir dabei in unser Leben bringen, sich auch heilsam auf unseren Geist auswirken.
Weil die Ordination auf den Eigenschaften beruht, die andere in uns sehen, wies ich die Workshop-Teilnehmer an, die Eigenschaften zu wählen, die sie gerne innerlich entwickeln würden. Als sie dieses Sakrament empfingen, gelobten sie, diese Eigenschaften als spirituelle Praxis zu pflegen. Sie wollten darauf achtgeben, wie sie mit anderen umgehen, und sich Fragen wie die folgenden stellen: Fälle ich ein Urteil über sie? Will ich sie beeindrucken? Suche ich Anerkennung bei ihnen? Was motiviert mich wirklich, mich in den Dienst für sie zu stellen?

Diese Fragen können nicht über Nacht beantwortet werden. Folglich nahm die Ordination für die Gruppenmitglieder mehr Zeit in Anspruch als alle anderen Sakramente. Und wegen ihrer Assoziation mit der Priesterschaft wiesen wir die Teilnehmer an, den ganzen Nachmittag schweigsam zu verbringen und sich zu überlegen, ob sie es überhaupt empfangen wollten. In der Tat war die Ordination das einzige Sakrament, das nicht alle empfangen wollten. Nach dem Ritual berichteten alle Teilnehmer, die Abstand davon genommen hatten, und diejenigen, die es empfangen hatten. Alle, die an dem Sakrament nicht teilgenommen hatten, brachten auf irgendeine Weise zum Ausdruck, daß sie nicht darauf vorbereitet waren, die persönlichen Opfer auf sich zu nehmen, die mit einer solchen Verpflichtung einhergehen. Eine sehr ehrliche Frau meinte, daß sie sich vielleicht gar nicht wirklich in den Dienst für andere stellen wolle, weil sie sich wohler dabei fühle, Hilfe anzunehmen, anstatt anzubieten. Eine andere Frau sagte: »Ich wollte dieses Sakrament nicht empfangen, weil ich nicht darauf vorbereitet bin, wie es mein Leben verändern könnte. Ich bin nicht bereit, bewußt mein Leben Gott zu unterwerfen, denn so fühlt sich dieses Sakrament für mich an. Und obwohl mir verstandesmäßig klar ist, daß ich wirklich nicht soviel Autorität über mein Leben habe, muß ich noch in dieser Illusion leben.«

Aber bei den Teilnehmern, die dieses Sakrament empfangen hatten, war das Gefühl, eine enge Verbindung mit Gott eingegangen zu sein, ganz deutlich. Sie gelobten bewußt, sich in den Dienst zu stellen, auf welche Weise Gott sie auch immer dienen lassen würde. Am wichtigsten war, daß sie gelobten, ihren eigenen Lebensweg nicht als unbedeutend zu verurteilen, weil er vielleicht nicht das Gewand physischer Macht trägt. So wirkungsvoll war dieses Gelübde, daß einige Gruppenmitglieder die Worte nicht wiederholen konnten, ohne zu weinen, als Suzanne ihnen die Stirn salbte. Es wurde Suzanne und mir klar, daß, während jede Person der Reihe nach in Glauben und Vertrauen und ohne Angst vor Gott niederkniete, die unsichtbare Macht der Gnade in sie hineinfloß.

»Ich wollte dieses Sakrament empfangen«, sagte ein Mann, »weil ich einen Fixpunkt für meine spirituelle Praxis brauche. Ich brauche einen Weg zu Gott, der nicht davon zeugt, zu verleugnen, wer ich bin, sondern Freude daran zu haben, wer ich bin. Wenn diese Freude zum Vorschein kommt und zu etwas wird, das andere inspirieren kann, ist das großartig. Wenn es nur mich inspiriert, genügt das auch.«

Ein anderer Mann schrieb mir später, daß das Sakrament der Ordination für ihn das machtvollste sei. »Dieses Sakrament gibt mir einen Rahmen, in dem ich leben kann, und stellt das in den Mittelpunkt, was im Leben wirklich von Bedeutung ist. Mir gefällt der Gedanke, daß die Eigenschaften, die wir in uns tragen, wichtig sind und nicht die materiellen Güter, mit denen wir uns umgeben. Diese Vorstellung hat mir sehr viel Zufriedenheit verschafft.«

Und eine Frau, die während des Workshops mit Brustkrebs zu kämpfen hatte, schrieb mir später: »Ich entschied mich für innere Kraft als die Eigenschaft, auf die ich mich während meiner schweren Prüfung mit dieser Krankheit konzentrieren wollte. Anstatt dabei zu verweilen, ob ich gesund werden würde, beschloß ich, an der Überzeugung festzuhalten, daß ich jedem Ergebnis – ob positiv oder negativ – mit Kraft und Glauben gegenübertreten würde. Zu meiner großen Überraschung wachte ich nach meiner Operation, bei der der Tumor entfernt wurde, in meinem Bett im Krankenhaus auf und wußte, daß nicht nur der Krebs vollständig aus meinem Körper entfernt worden war, sondern daß man mir auch viele weitere Jahre zum Leben geschenkt hatte.«

Das Ritual der Ordination

Dieses Ritual kann entweder auf Ihre tägliche Arbeit angewendet werden oder auf eine bestimmte Aufgabe, die Ihnen übergeben wurde oder die zu übernehmen Sie sich einverstanden erklärt haben. Indem Sie Ihre Arbeit ordinieren, erkennen Sie an, daß es eine heilige Arbeit ist, ob Sie nun Kunst machen, Bettpfannen leeren, einen Haushalt führen oder eine Firma betreiben. Wenn Sie Ihre Arbeit als heilig betrachten, ist es wahrscheinlicher, daß Sie Ihr Bestes tun und unechte Bemühungen vermeiden. Sie können jede Aufgabe ordinieren und sie heilig machen, so daß sie die ursprüngliche Bedeutung der Ordination verkörpert, die darin besteht, zu erkennen, daß Sie für diese Aufgabe besonders geeignet sind.
Sie können wieder Wasser auf besondere Weise vorbereiten, indem Sie einige Kristalle hineinlegen oder Öle aus der Aromatherapie hinzufügen, um es zu energetisieren, so wie ein Priester heiliges Wasser segnet. Schreiben Sie den Namen Ihrer Arbeit auf ein Stück Papier, und legen Sie es auf Ihren Hausaltar. Oder wenn es Ihnen lieber ist, salben Sie Ihren Schreibtisch, die Werkzeuge, die Sie für Ihren Beruf benötigen, Ihren Computer oder irgendeinen anderen Gegenstand, der Ihren Wunsch symbolisiert, auf ehrenhafte Weise das zu tun, was zu tun Sie ordiniert sind. Hegen Sie während der Salbung die Absicht, Ihre Arbeit heilig zu machen.

Das siebte Chakra – Letzte Ölung

Das Sakrament der Letzten Ölung oder die Sterbesakramente werden traditionell einer im Sterben liegenden Person gespendet. Seine Bedeutung liegt darin, daß der Kranke bereit

ist, die Besitztümer seines Lebens, sowohl physische als auch emotionale, hinter sich zu lassen.
Normalerweise wird die Letzte Ölung nur einmal gespendet, aber im Reich unserer Gedanken und Gefühle kann sie – aus symbolischer Sicht – täglich gespendet werden, weil sie unseren Wunsch repräsentiert, uns von dem unnötigen Gepäck zu befreien, das wir mit uns herumtragen. Sie steht für das Loslassen von allem, was in unserem Leben tot ist, und für unsere bewußte Wahl, unsere Lebenskraft nicht zu verwenden, um das, was von uns gegangen ist, lebendig zu erhalten. Dieses Sakrament bietet uns mehr als die anderen eine Disziplin an, durch die wir im gegenwärtigen Augenblick leben können.
Auch wenn es einem zunächst unangenehm vorkommen kann, an die Vergangenheit als »tot« zu denken, ist das dennoch eine zutreffende Beschreibung des Platzes, den wir als »gestern« bezeichnen. Unsere Lebenskraft dafür zu verwenden, um die Vergangenheit am Leben zu erhalten, ist so, als würden wir wählen, in einem Mausoleum zu leben. Es ist kalt und dunkel, und die Toten sprechen nicht mit uns.
Es ist uns nicht bestimmt, die Vergangenheit in uns herumzutragen, als ob sie noch immer lebendig wäre. Was vorbei ist, ist vorbei, und unsere Energie dafür einzusetzen, lang zurückliegende Ereignisse oder Beziehungen anzuheizen, ist so, als würden wir in der Hoffnung auf Auferstehung Leben in einen Leichnam einhauchen. Der Preis eines solchen Handelns ist für den Körper sowie für den Geist enorm hoch. Als ich der Gruppe in Mexiko die symbolische Bedeutung der Letzten Ölung erklärte, stellte ich sie als ein Mittel vor, um regelmäßig bewußt alles loszulassen, was man in seiner Energie nicht länger mit sich herumtragen will. Anders als das Sakrament der Beichte, das von der Negativität befreit, die wir mit uns führen, zielt die Letzte Ölung auf die Anerkennung dessen ab, daß Phasen unseres Lebens der Vergangenheit angehören.

Das Ende Ihrer Jugend, der Tod Ihrer Ehe, die Beendigung einer Beziehung, das Eintreten in den Ruhestand, die Aufgabe des Hauses, in dem Sie einst lebten – das alles sind Beispiele für Lebensphasen, die sich fortwährend ändern und schließlich nicht länger ein Teil von dem sind, wer und was Sie heute sind.

Menschen klammern sich an diese Lebensphasen auf vielerlei Weisen – sogar mit Operationen, die die Jahre aus ihren Gesichtern und Körpern zu tilgen versuchen. Wir müssen uns fragen, ob unser Wunsch, zu sein, wer und was wir einst waren, und zu haben, was wir einst hatten, zu unserer Gesundheit beiträgt oder sie gefährdet. Die Antwort darauf sollte so klar sein, daß ich sie nicht anführen muß. Ballast aus der Vergangenheit erhält das Gewebe in unserem Körper nicht am Leben – wie könnte er das auch? Wir verfügen über genug Energie, um unser Leben in Gang halten zu können, aber nicht mehr. Wenn wir diese Energie dafür aufwenden, unsere Vergangenheit mehr als unsere Gegenwart in Gang zu halten, verursacht das energetische Schulden. Die Ressourcen, mit denen wir diese Schulden bezahlen, stammen dann von der Energie in unserem Zellgewebe, wodurch unser Körper so weit geschwächt wird, daß sich Krankheiten herausbilden können.

Die der Letzten Ölung innewohnende Energie zusammen mit der Energie des siebten Chakras, das für unsere Verbindung zur Ewigkeit und zum Göttlichen steht, zelebriert die Wahrheit, daß alles, was gut an unserer Vergangenheit war, in uns und um uns herum lebendig bleibt, und das, was tot ist, tot sein muß. Wir können nicht voll und ganz die Gnade spüren, die uns unserer Unsterblichkeit versichert, wenn wir weiterhin das Vorübergehen der Jahre fürchten und bekämpfen. Das ist ein Paradox unserer eigenen Schöpfung und keines, das der Himmel vorgesehen hat.

Unsere Verbindung zur ewigen Kraft des Göttlichen durch dieses Sakrament umfaßt alles, was wir waren, alles, was wir sind, und alles, was wir werden sollten. Diese Verbindung ist eine Aussicht darauf, daß unsere Lebenskraft unendlich ist und wir jedes Hindernis überschreiten können. Das Loslassen der Vergangenheit durch ein umfassenderes Verständnis unserer göttlichen Natur ist der Weg, um uns über alles zu erheben, was uns auf der physischen Ebene widerfährt. Dabei greifen wir nach der spirituellen Wahrheit, daß physische Ereignisse nichts weiter sind als Illusionen und die physische Art und Weise, wie sie sich in unserem Leben manifestiert haben, bedeutungslos ist.

Heilung kann man sich als einen Weg vorstellen, der uns lehrt, im Hier und Jetzt zu leben. Auch wenn es dem Christentum anzulasten ist, dem Leben nach dem Tod zuviel Bedeutung beizumessen, ist im Evangelium selbst die Rede davon, die Vergangenheit loszulassen und ein Leben im gegenwärtigen Augenblick anzustreben. Jesus sagte zu dem Jünger, der heimkehren wollte, um seinen Vater zu begraben: »Laß die Toten ihre Toten begraben« (Matthäus 8, 22). Desgleichen lehren uns die östlichen Traditionen, daß die physische Welt nichts weiter ist als eine Illusion und es nur darauf ankommt, im gegenwärtigen Augenblick zu leben.

Nur wenige Gruppenmitglieder brauchten Bedenkzeit, ob sie an dem Ritual der Letzten Ölung teilnehmen wollten. Sie schienen geradezu den Inhalt ihrer emotionalen Koffer auf den Boden auskippen zu wollen, als ein symbolisches Loslassen von allem, was sie nicht länger mit sich herumtragen wollten. »Ich bin eigentlich seit langem dazu bereit, so viele Dinge loszulassen«, bemerkte eine Frau, »aber gleichzeitig hatte ich auch immer Schuldgefühle deswegen. Und jetzt merke ich, daß es das ist, was Gott im Auge hatte, und das fühlt sich für mich so gut an.«

Ein Mann äußerte: »Ich war immer der Meinung, daß mein familiärer Hintergrund meine Identität ist. Jetzt erkenne ich, wie töricht das ist, und werde daran arbeiten, diesen Teil von mir loszulassen.«
Später erhielt ich einen Brief von einer Frau, die mir schrieb: »Ich wollte immer das Haus verkaufen, in dem ich meine Kindheit verbracht und das ich von meinen Eltern geerbt hatte. Sie sagten mir, ich solle mich darum kümmern, weil es alles wäre, was sie hätten. Also hielt ich an diesem Platz fest, obwohl es für mich eine emotionale und finanzielle Belastung war. Jetzt freue ich mich, sagen zu können, daß dieses Haus zum Verkauf steht.«
Und ein Mann rief mich an und erzählte mir: »Ich werde seit langem von verschiedenen Leiden geplagt. Ich habe chronische Schmerzen, Schmerzen im unteren Rückenbereich – alles mögliche tut mir weh. Seitdem ich diese Visualisierung mit dem Loslassen praktiziere, ist mir der Gedanke gekommen, daß ich alles auf meinem Rücken trage. Inzwischen glaube ich, daß ich schließlich doch noch von diesen Schmerzen loskomme, und ich glaube, das ist auf meine ständige Praxis dieses Sakraments zurückzuführen.«

Das Ritual der Letzten Ölung

Fragen Sie sich zunächst: »Wieviel Energie fließt von mir ab? Wieviel von dem, was tot ist, trage ich in meinem täglichen Leben mit mir?« Schreiben Sie auf ein Stück Papier nieder, welche tote Last aus der Vergangenheit Sie Ihrer Meinung nach mit sich herumschleppen. Legen Sie das Papier in eine Hartglas- oder Steingutschale auf Ihrem Altar, und zünden Sie es mit einem Streichholz an. Während es in Flammen aufgeht, visualisieren Sie, daß Sie die Bande lösen, die Sie an den Vorfall oder die Vorfälle gefesselt haben, und lassen Sie Ihre Energie zu Ihnen zurückkehren. Wenn es Ihnen lieber ist, suchen Sie sich einen kleinen Gegenstand, der das Ereignis versinnbildlicht – für einen Autounfall genügt beispielsweise ein kleines Spielzeugauto –, und salben Sie ihn mit dem vorbereiteten heiligen Wasser. Sprechen Sie ein Gebet, in dem Sie Ihre Energie von dem Ereignis, das durch diesen Gegenstand dargestellt wird, loslassen. Es können so einfache Worte wie die folgenden sein: »Ich will das nicht mehr in meinem Leben haben.«

Wenn Sie Ihre Energie zurückkehren fühlen, sprechen Sie ein kurzes Dankgebet.

Nachwort
Schneewittchen und die sieben Chakras

In den vergangenen Jahren haben verschiedene begabte Lehrer und jungianische Analytiker, vor allem Clarissa Pinkola Estés, nach dem Vorbild von C. G. Jung und Joseph Campbell einige bekannte Mythen und Märchen neu interpretiert. Ihr Werk hatte mich zwar schon immer beeindruckt, aber es war mir nie in den Sinn gekommen, diese Technik auch selbst anzuwenden, bis ich eines Tages zufällig Walt Disneys Version von »Schneewittchen und die sieben Zwerge« im Fernsehen sah. Normalerweise würde ich nicht erwarten, daß Walt Disney der Vermittler der symbolischen Wahrheit ist, so daß ich bei dem Film vor Überraschung eine Gänsehaut bekam, was natürlich von der Macht des ursprünglichen Märchens zeugt. Es ist eine elementare Geschichte über Heilung und spirituelles Erwachen.

Die Königin steht vor dem Spiegel – der in der Disney-Version zufällig von den Tierkreiszeichen umgeben ist und archetypisch gesehen das Selbst kennzeichnet. Sie fragt: »Spieglein, Spieglein an der Wand, wer ist die Schönste im ganzen Land?« Und der Spiegel antwortet: »Schneewittchen.«

Vielleicht ist Schneewittchen das Symbol für das höhere Selbst der Königin und die Königin das traditionelle Ego, das dem Materialismus und der Kontrolle anhaftet. Die Königin sagt tatsächlich, daß sie ihr höheres Selbst töten muß, weil es sie Dinge wahrnehmen läßt, die sie lieber ignorieren würde. Schließlich schrubbt ihr höheres Selbst die Böden des Schlosses, welches das ganze Selbst symbolisiert, einem wahren Mystiker gleich, der Gott in allem sieht und Frieden und Erfüllung in den profansten Tätigkeiten findet.

Die Königin befiehlt ihrem Jäger, Schneewittchen zu töten und ihr Herz zurückzubringen – das mittlere Chakra, welches das höhere und das niedere Selbst miteinander vereint! Wir glauben, daß wir auf etwas Neues stoßen, wenn wir schließlich unsere Biologie mit Emotionen verbinden, aber es ist kein Zufall, daß das physische Herz sowohl in Mythen als auch im Volksmund schon immer mit Wahrheit und Liebe assoziiert wurde, genau den Elementen, die dem vierten Chakra zugeordnet sind.

Anstatt Schneewittchen zu töten, läßt der Jäger es in den Wald fliehen, erlegt ein Schwein und bringt der Königin *dessen* Herz. Dann beginnt Schneewittchens dunkle Nacht der Seele; es verbringt die Nacht im Wald, sich vor all den Augen um sich herum fürchtend. Aber als der Morgen dämmert, wird ihm klar, daß es die Augen der Tiere waren, die es beschützt haben. Nachdem es die dunkle Nacht unversehrt hinter sich gebracht hat, begibt es sich auf eine Reise und erreicht zufällig eine Brücke, die zu einer strohgedeckten Hütte führt. Schneewittchen überquert die Brücke – das klassische Symbol für spirituelle Transformation – und tritt in das Haus seines neuen Selbst ein. Sofort macht es sich an die Arbeit, es zu reinigen und alles neu zu ordnen, so gut es das eben vermag. Die Königin, sein niederes Selbst, ist überwunden.

Die sieben Zwerge, die Bergarbeiter sind, finden sich ein, aber Schneewittchen läßt sie erst eintreten, nachdem sie sich gewaschen haben. Mit anderen Worten, nach der Entdeckung seiner Chakras geht es unverzüglich daran, sie zu reinigen. In der indischen Tradition des Kundalini-Yoga machen sich die Adepten daran, die Chakras von Grund auf zu reinigen und zu läutern, damit die heilige Energie der Lebenskraft, die im

unteren Teil der Wirbelsäule zusammengerollt liegt, durch den Scheitel emporsteigen kann. Diese Reinigung kann allmählich durch Gebet und Meditation vollzogen werden, während sie in einigen Fällen im Nu und ganz spontan erfolgt. Auf jeden Fall ist sie das Vorspiel zu einer Öffnung der Seele.
Im Schloß hat die Königin inzwischen herausgefunden, daß ihr höheres Selbst noch immer am Leben ist. Sie besorgt sich einen vergifteten Apfel – die traditionelle verbotene Frucht des Wissens um Gut und Böse, obwohl sie im 1. Buch Mose niemals namentlich erwähnt wird. Die Königin gibt Schneewittchen den Apfel zu essen, worauf dieses in einen tiefen Schlaf fällt. Während es schläft, steigt es in die Unterwelt des archetypischen Reiches hinab. Um aus diesem archetypischen Schlummer zu erwachen, muß es seinen Animus und seine Anima, den Prinzen und die Prinzessin, die männlichen und weiblichen Bestandteile seiner Seele, miteinander verschmelzen. Aus dieser Verschmelzung geht die Auferstehung eines ganzen Wesens, bewußtes Selbstverständnis und Heilung, hervor.
Unser Ziel ist etwa das gleiche: unser Ego dazu zu bringen, unser höheres Selbst nicht mehr zu bekämpfen, die Bestandteile unseres Wesens miteinander zu vereinen, uns mit unseren sieben Chakras anzufreunden und unser Leben aufzuwekken und es in die Hand zu nehmen. Die schwierigen Etappen der Reise – durch die dunkle Nacht zu wandern, unsere Energiezentren zu reinigen, in die tiefsten Winkel unserer Psychen hinabzusteigen – sind die Schlüssel zu der Herausforderung der Heilung. Es versteht sich von selbst, daß nicht jede Heilkrise ein »Ende wie im Märchen« haben wird, aber jede Anstrengung, die Sie unternehmen, egal, wie unbedeutend sie Ihnen auch erscheinen mag, wird Sie immer näher zu einem Zustand der geistigen und körperlichen Gesundheit bringen.

Danksagung

Zuallererst bin ich meiner hervorragenden Herausgeberin und guten Freundin Leslie Meredith ewig dankbar für ihren Glauben an mich und dieses Manuskript. Chip Gibson, dem Verleger von Harmony Books, gilt mein tiefster Dank für seine ganze Unterstützung. Und mein tiefster Dank gilt auch Andrew Stuart, Leslies Lektoratsassistenten.

Wie immer bin ich meinem Agenten Ned Leavitt dankbar, der mich durch tausend Stürme geführt hat und dabei eine ruhige und weise Kraft in meinem Leben geblieben ist – dir gilt meine ganze Liebe, Ned.

Einen besonderen Dank schulde ich Peter Occhiogrosso, ohne dessen Beistand dieses Manuskript niemals fertig geworden wäre. Peters Aufgabe war gewaltig: die Umgestaltung und Bearbeitung dieses ganzen Manuskripts in Rekordzeit. Während dieser Nervenprobe blieb Peter ruhig und unterstützend, wann immer ich es am meisten brauchte. Für mich war Peter ein Lebensretter, und natürlich ein Buchretter, und ich werde für seinen Beitrag zu diesem Buch und meinem Leben immer dankbar bleiben. Und mein Dank gilt Janet Biehl, der Lektorin dieses Manuskripts.

Tami Simon, Begründerin von *Sounds True Productions*, möchte ich mehr als Dankbarkeit bekunden. Tami brachte vor einigen Jahren zuerst eine Hörkassette über das Grundmaterial dieses Buches heraus. Ihr Glaube an meine Arbeit und an mich und ihre Unterstützung haben mich dazu gebracht, diese Informationen in die öffentliche Arena zu bringen. Ich werde nie in der Lage sein, Tami – und der Belegschaft von *Sounds True* – zum Ausdruck zu bringen, wie sehr ich alles schätze, was sie für mich getan haben.

M. A. Bjorkmon und Rae Baskin, die Begründer von *Conference Works*, sind das Unterstützungsteam für die meisten meiner Workshops und für das wachsende Interesse an meiner Arbeit; ich schätze meine Verbindung mit ihnen.

Wie immer bilden persönliche Freunde und die Familie den Kern der Unterstützungsgruppe einer Person. Und für mich beginnt dieser Kern mit der Liebe meiner Mutter, meines Bruders Ed, meiner Schwägerin Amy, meiner Cousinen und Cousins Marilyn, Mitchell, Chris und Ritchie sowie zu meinen unglaublichen Freunden Norm, Suzanne, Jim G. und Virginia Slayton – die mir zu meiner Karriere als Lehrerin verhalfen. Mary Neville und Paula Daleo stehen in dieser Kategorie allein da, weil sie nicht nur meine Assistentinnen sind, sondern auch »Freundinnen für alle Zeiten«, ohne deren Hilfe und Führung meine Arbeit noch konfuser wäre, als sie es ohnehin schon ist.

Und schließlich bin ich den »Göttern« dafür dankbar, daß sie Donald gerade zum rechten Zeitpunkt in mein Leben geschickt haben. Jeden Tag hilft er mir, die wesentliche Botschaft dieses Buches besser zu erkennen – nämlich daß die Liebe die bedeutsamste Kraft im Leben ist, und vor allem die schönste.

Caroline Myss

Michael Reed Gach
Heilende Punkte

Erleichterung bei Schmerz, Spannung und Stress durch Fingerdruck. Akupressur ist eine uralte Heilkunst, die die Finger gebraucht, um Reflexpunkte auf der Haut zu stimulieren. Anhand der vielen Abbildungen finden Sie leicht die Akupressurpunkte und lernen die richtige Dosierung des Drucks.

Heike Heiduk
Gesund durch Schüssler-Salze

Die Heilpraktikerin Heike Heiduk gibt eine fundierte Einführung in die ganzheitliche Behandlungsmethode mit Schüssler-Salzen. Vorgestellt werden die 12 von Schüssler verwendeten Salze und ihre Anwendungsmöglichkeiten. Die Therapie ist sanft, wirkungsvoll, ohne Risiko und daher ideal zur Selbstbehandlung geeignet.

Knaur MensSana

Ravi und Carola Roy
Selbstheilung durch Homöopathie

Der homöopathische Arzt Ravi Roy beschreibt in seinem Buch Möglichkeiten medizinischer Selbsthilfe, die für jeden anwendbar sind. Die übersichtliche Darstellung der Krankheitsbilder und ihrer Symptome ermöglicht auch dem Laien die Wahl der richtigen homöophatischen Mittel.

Hans Georg Ecker
Das Buch der Wickel

Wickel, Umschläge und Kompressen gehören zu den alten Hausmitteln: Sie sind äußerst preiswert und frei von Nebenwirkungen. Aus der Praxis entwickelte Tipps erklären alle wichtigen Aspekte dieser Behandlungsform.